감수성
수업

Die
Sensibilitätklasse
für dich

감수성 수업

1판 1쇄 인쇄 2024. 6. 14.
1판 1쇄 발행 2024. 6. 26.

지은이 정여울

발행인 박강휘
편집 김성태 이정주   **디자인** 박주희   **마케팅** 정희윤   **홍보** 반재서
발행처 김영사
등록 1979년 5월 17일 (제406-2003-036호)
주소 경기도 파주시 문발로 197(문발동) 우편번호 10881
전화 마케팅부 031)955-3100, 편집부 031)955-3200 | **팩스** 031)955-3111

값은 뒤표지에 있습니다.
ISBN 978-89-349-2088-5 03300

홈페이지 www.gimmyoung.com   **블로그** blog.naver.com/gybook
인스타그램 instagram.com/gimmyoung   **이메일** bestbook@gimmyoung.com

좋은 독자가 좋은 책을 만듭니다.
김영사는 독자 여러분의 의견에 항상 귀 기울이고 있습니다.

느끼는 법을 잊은
당신에게

정여울 지음

감수성 수업

Die
Sensibilitätklasse
für dich

서해문집

감수성이란,
느끼고 깨닫는 능력뿐 아니라
살아가고 이겨내는 능력을 키우는 힘이다.

느끼는 힘을
길러줄
싱그러운 컬렉션

Die
Sensibilitätklasse —————————————————
für dich

책을 펴내며

"너의 진짜 재능은 남들은 못 느끼는 것을 느끼는 감수성이야." 내 오랜 친구는 그렇게 말했다. 글쓰기 이전에 감수성이 있었다. 무언가를 제대로 쓰려면 우선 무언가를 강렬하게 느껴야 한다. 내게 남다른 재능이 있다면, 남들은 못 느끼는 것을 느끼는 예민한 감수성이라는 친구의 말은 오랫동안 내 마음속에서 용기의 원천이 되어주었다. 때로는 남다르게 살 용기를, 때로는 남이 뭐라든 내 길을 갈 수 있는 용기를, 그리고 어떤 상황에서도 끝내 내 생각과 느낌을 믿고 그것을 글로 옮길 용기를. 이 책은 그런 나에게 삶을 견디는 힘과 세상을 새롭게 느끼는 힘을 길러준 감수성 훈련의 기록이다. 친구는 이렇게 말하기도 했다. "너의 몸속에는 마치 보이지 않는 모터가 달린 것 같아. 남들은 천천히 10 정도의 감동을 느낄 때, 너는 순식간에 혼자 타올라서 1,000 정도로 느끼곤 해." 정말 나의 심장에는 보이지 않는 모터가 달려서, 세상을 더 뜨겁고 강렬하고 예민하게 느끼는 재능이 있기를 간절히 바랐다. 내 글을 읽어주는 당신에게도 나의 이 보이지 않는 감수성의 모터가 성공적으로 이식되었으면 좋겠다. 이제 와서 타고난 감수성을 바꾸기엔 모든 것이 너무 늦었다고 생각하는 당신에게, 나는 감수성도 철저한 훈련의 결과임을 고백하고 싶다. 나는 타고난 감수성 때문이 아니라 지금까지 매일 훈련해온 감수성 덕분에 지금껏 행복한 글쟁이로 살아가고 있다. 훈련 방식은 더 많이, 더 자주 느끼고, 깨닫고, 읽고 쓰고 듣고 말하며, 마침내 타인과 함께 공감하기다. 조금 남다른 것이 있다면, 어떤 새로운 느낌이 뜨겁게 말을 걸 때까지 그 자리를 벗어나지 않고 맹렬하게 집중하는 것이다. 내 마음속 보이지 않는 감수성의 모터가 마침내 불타올라 새로운 삶을 향한 힘찬 발걸음을 내디딜 때까지.

책을 읽다가 '이렇게 복잡한 마음을 단칼에 한 단어로 표현하는 단어를 만나다니' 하고 깜짝 놀랄 때가 있다. 독일어 단어 '샤덴프로이데Schadenfreude'는 '타인의 불행이나 고통에서 느끼는 기쁨'이라는 복잡한 뜻을 품고 있다. 다른 사람이 불행할 때 뇌에서 느끼는 불편한 기쁨이 정말 실제로 존재한다는 것에 충격을 받았고, 이 단어가 일상에서 널리 쓰인다는 사실에 더 큰 충격을 받았다. 인간의 본성에 사악함과 망측함이 숨은 것을 발견할 때마다 놀랍고 슬프다. 한국어에 비슷한 단어로 '쌤통'이 있는데, 쌤통은 다소 가볍고 사소한 일에 주로 쓰이기에 샤덴프로이데의 폭넓은 감정의 스펙트럼에 가닿지 못한다.

작가 목수정의 《파리에서 만난 말들》을 읽으며 아름다운 프랑스어의 미묘한 뉘앙스에 눈뜨고 있다. 외국어가 품은 풍요로운 뉘앙스와 아름다운 의미망에 한껏 매혹되는 순간을 경험한다. 새로운 발견의 시간이다. 목수정 작가가 뽑은 '프랑스어에서 가장 경이로운 단어'는 '에파누이스망épanouissement'이다. 한국어로 번역하기 어려운 이 단어는 행복으로 충만해진 자아의 느낌, 궁극의 기쁨에 사로잡혀 계속 그 상태에 머물고 싶은 눈부신 희열의 상태를 뜻한다. 물기를 가득 머금은 꽃봉오리가 충분한 햇빛을 받아 활짝 피어난 것처럼, '지금 이 순간이 내 인생 최고의 기쁨을 누리는 시간'임을 자각한 상태인 것이다. 미운 오리 새끼가 자신과 다르게 생긴 오리들 사이에서 핍박받다가 마침내 진짜 동류, 우아한 백조를 만난 순간 자신이 얼마나 소중한 존재인지를 깨닫는 것처럼.

한국어 표현으로는 '물 만난 고기처럼' 신명 나게 재능과 열정을 펼치는 상태와 비슷하다. 하지만 그것과 완전히 동일하지는 않다. 에파누이스망은 순간순간 느끼는 인생의 기쁨을 가리키기도 하며, 자발적으로 몰입하며 느끼는 기쁨을 포함하는 개념이기 때문이다. 내가 나임을 잊을 정도로 기쁘고 충만한 상태, 완전히 나자신을 그 순간에 던져서 물아일체가 된 듯한 느낌. 그것은 인생에서 딱 한 번만 느낄 수 있는 기쁨이 아니라, 노력만 한다면 하루에도 몇 번씩 느낄 수 있는 기쁨이기에 더욱 부러운 감정이다.

나는 그런 에파누이스망의 순간을 고흐가 밤하늘에 별을 그릴 때의 희열로 상상해보기도 하고, 일곱 살의 내가 처음으로 피아노곡 한 곡을 완전히 외워서 자연스럽게 연주하던 순간의 기쁨으로 회상해보기도 한다. 에파누이스망이 그저 얻어걸린 우연한 행운이 아니라 적극적이고 자발적 노력으로 무언가를 해냈을 때 느끼는 진정한 기쁨을 가리킨다는 점도 마음에 든다. 물론 산들바람에 몸을 맡기고 휘파람을 불며 자전거를 탈 때의 기쁨도 에파누이스망에 속한다. 순수한 열정에 사로잡혀 다른 그 무엇도 이 사람의 마음에 해를 끼칠 수 없는 상태, 보이지 않는 기쁨의 커튼이 그의 존재 전체를 감싸안아 누구도 그를 공격할 수 없을 것만 같은 기분도 함께 연상된다. 한 사람 한 사람의 개성이 모자랄 것 없이 충만하게 개화한 상태가 바로 에파누이스망이다.

　아름다운 외국어 단어를 아는 기쁨은 인식의 지평이 확장되는 지극한 행복을 선사한다. 그동안 심리학 강연에서 '인간의 궁극적 개성의 씨앗이 마침내 발아한 상태'를 '개성화individuation'라는 낱말로 표현했는데, 여기에 에파누이스망을 더하면 전하고자 한 아름다운 본뜻을 잘 살릴 수 있을 것 같다. 영어나 한국어로 표현해도 찬란한 만개의 느낌이 잘 살지 않았는데, 에파누이스망을 설명하다 보니 '이것이 개성화되는 순간의 기쁨을 가리키는 말일 수 있겠구나' 싶어서 더욱 기쁘다. 나는 《오직 나를 위한 미술관》을 쓰며, 우리 각자의 마음속에 루브르 박물관이나 오르세 미술관 못지않은 눈부신 걸작 컬렉션이 존재할 수 있다는 믿음을 이야기하고 싶었다. 우리가 사랑하는 그림들을 마음속 미술관에 한 점 한 점 소중하게 걸어놓을 수만 있다면, 엄청난 비용을 들여 작품을 소유하지 않고도 지극한 에파누이스망을 누릴 수 있지 않을까.

　《감수성 수업》은 당신에게 눈부신 에파누이스망을 선사할 싱그러운 깨달음의 컬렉션이다. 내게 찬란한 개성화의 씨앗을 뿌린 순간의 깨달음, 내게 신선한 충격을 안기며 내 안에 억압된 에파누이스망을 일깨워준 소중한 배움의 순간을 담았다. 그런 깨달음을 표현하기에 가장 적합한 단어는 바로 '감수성'이었다. 감수성은 원래 '외부 세계의 자극을 받아들이고 느끼는 성질'을 말하는데 일상에서 주로 '감수성이 예민하다'와 같이 활용된다. 나는 감수성이 예민하다 못해 감수성이 무진장 풍부한 사람이야말로 이 시대의 심연을 아름답게 건너갈 수 있는 사람이라고 믿는다. 너무 많은 자극, 너무 충격적 자극 속에서 우리는 자칫하면 길을 잃고 개성화의 미로에서 이탈해버릴 수 있기 때문이다.

감수성이 풍부한 사람은 어떤 고통에도 유연하게 반응할 수 있다. 아무리 충격적 상황에서도 '그동안 내가 읽고 배우고 경험한 사건들' 속에서 비슷한 사례를 찾아내고, 그 모든 순간의 깨달음을 지혜롭게 종합해 영민하게 대처할 수 있다. 예민한 감수성의 소유자였지만 유연하고 풍요롭지는 못했던 과거의 나를, 충분히 찬란한 나만의 개성화를 향해 나아갈 수 있게 해준 수많은 깨달음의 컬렉션을 이 책 속에 담뿍 담았다.

부디 당신이 이 책을 통해 당신의 열정, 사랑, 재능을 한껏 발휘할 수 있는 공간을 찾기를. 당신의 꿈을 펼치도록 충분한 자유를 주는 사람과 친구가 되고 연인이 되고 가족이 되기를. 당신의 에파누이스망을 질투하지 않고 당신의 개성화를 마음껏 응원하는 진정한 소울메이트를 찾을 수 있기를. 당신이 이 책을 통해 자기 안의 가장 빛나는 개성화의 꽃봉오리를 봄날의 벚꽃보다 더 화려하게 활짝 터뜨릴 수 있기를.

2024년 6월, 연둣빛 버드나무 잎사귀가 싱그러운 여름날
정여울

자극의 시대,
인문학적 감수성이
필요한 이유

**Die
Sensibilitätklasse
für dich**

전주

인문학, 끝없는 불안을 견디게 하는 힘

"인문학은 돈이 안 되잖아.""그런 공부는 해서 뭐 하니." "넌 그런 끝없는 공부를, 문학인지 나부랭이인지 하는 공부를 아직도 하니." 나는 그런 이야기를 매일 듣고 자랐다. 그래서 우울했지만 그래서 혹독히 단련했다. 웬만한 공격에 끄떡하지 않는 내공이 생겼다. 혼란스럽고 미래가 보이지 않는 형국에서도, 나는 인문학을 공부하는 시간에 가장 행복하다. 시와 소설을 읽고, 철학을 배우고, 글을 쓰는 시간에 완전한 평화를 누린다. 온갖 뉴스를 보는 순간, 포털사이트를 검색하는 순간에는 평정심이 무너지기 때문이다. 오죽하면 내가 《공부할 권리》라는 책을 썼겠는가. "넌 공부에 그토록 한이 맺혔니.""공부가 지겹지도 않니.""공부가 어떻게 권리니, 의무지." 책을 냈더니 주변 사람들은 이런 식의 공격을 퍼부었다. 애정이 담긴 비판이었지만, 그만큼 '공부'라는 단어에 관한 편견이 여전히 많을 뿐 아니라 어떤 사람은 공부라는 단어만 보아도 알레르기 반응을 일으킨다.

《공부할 권리》에서 '공부'는 학교에서 시키는 공부나 자격증을 따기 위한 공부가 아니라 인문학 공부나 내가 진정으로 하고 싶은 자발적 공부를 뜻하는 것이다. 나는 효율성을 따지며 의무를 따르는 공부가 아니라, 각박한 사회에서 어떻게든 살아남는 데 도움이 되는 자격을 얻기 위한 공부가 아니라, 그저 좋아서 하는 공부를 꿈꾼다. 삶의 불가해한 고통을 견뎌내는 내공을 기르는 공부, 삶의 불합리성과 불평등과 모순을 이겨내는 공부 그리고 내 안의 가장

13

아름다운 잠재력을 꺼내 실현하는 공부를 꿈꾼다.

그런 공부는 '정여울이라는 사람이 제멋대로 의미 부여한 새로운 공부'일지도 모르지만, 나에게 공부는 항상 그런 의미다. 대학입시 때문에 어쩔 수 없이 공부해야 했던 시간에서조차 수학 공식은 아름다웠고, 영어 단어는 영롱했고, 문학 수업은 아침부터 저녁까지 계속되어도 좋을 것만 같았다. 무한히 계속되는 원주율의 신비에 감탄했고 피타고라스의 정리를 볼 때마다 신기했다. 인간은 왜 이런 숫자와 공식에 경탄하고, 매혹되고, 그것도 모자라 인생을 바치는 것일까. 아름다운 언어에 대한 그칠 줄 모르는 감동은 내 인생의 원동력이었다. '반려자better half' 같은 아름다운 단어를 볼 때마다 벅차오른다.

그렇다고 '공부가 가장 쉬웠어요'라는 자기 계발식 담론에 찬성하는 것은 결코 아니다. 나는 사회적 성공을 위한 공부가 아니라 '이토록 엉망진창인 나 자신과 함께 잘 지내기 위한 공부'를 사랑하는 것이다. 비록 내 인생이 결핍투성이일지라도, 지금까지 내가 견뎌온 슬픔만으로 어엿한 대형 박물관을 지을 지경일지라도, 내가 그저 공부할 권리를 지키는 순간은 아름다웠다. 수많은 사람이 내 곁을 떠났지만 공부만은 나의 반려자, 그러니까 나보다 더 나은better 나의 반쪽half이 되어주었다.

경제적 어려움을 겪을 때도 공부는 커다란 도움을 주었다. 소중한 사람에게 뭔가 중요한 것을 해줄 수 없을 때나 내 삶이 타인의 삶과 비교당하며 초라해지는 순간이었다. 나 혼자 힘든 것은 어떻게든 참을 수 있는데, 그 고통이 타인과의 관계에서 드러날 때는 어디로든 숨고 싶었다. 하지만 책을 읽는 순간에는 그런 비참함을 이겨낼 수 있었다. 친구가 생일 축하한다며 만나자고 하지만 맛있는 것을 사줄 수 없어 밖으로 나갈 수 없을 때조차도 나는 책을 읽으며 나의 가난을 잊었다. 책이 가난을 해결해주진 못하지만, 책 속의 세계에 빠져들면서 나는 '다른 삶의 주인공이라면 어땠을까'라는 상상 속에 내 피난처를 마련할 수 있었다. 문학작품에 등장하는 상상 속의 친구들에게 삶을 헤쳐나가는 지혜를 얻을 수 있었다.

잃어버린 안전지대를 찾아서

지식은 한 방향으로만 전달되지 않는다. 지식을 전달하려는 사람은 수신자에게 또 다른 지식을 전달받는다. 우리는 그렇게 서로의 지식을 공유하면서 지식의 공동체를 만들어간다. 나는 그런 양방향 소통의 아름다움을 독자와의 관계에서 생생하게 느끼곤 한다.

군발두통cluster headache이라는 희귀 질환을 앓고 있는 독자가 있다. 나는 그녀를 통해 군발두통이라는 질병을 처음 알았다. 일반적 두통이나 편두통과는 달리, 그 어떤 강력한 두통약도 전혀 듣지 않는다고 한다. 너무 아플 때는 벽에 머리를 쿵쿵 찧으면서 '제발 이 고통이 끝나거나 차라리 죽게 해달라'라고 소리친 적도 많다는 그녀의 눈물겨운 고백에 가슴이 저렸다. 고통이 열 시간 넘게 이어질 때도 있어서 스페인에서 한국으로 돌아오는 비행기 안에서는 승무원의 도움으로 바닥에 담요를 깔고 누워 하염없이 눈물을 흘렸다고 한다. 군발두통에 그나마 효과가 있는 것이 고압산소통인데, 워낙 크고 무거워서 휴대할 수가 없다. 언제 끔찍한 두통이 몰려올지 알 수 없어서 일상은 살얼음판이 된다. 그녀는 무시무시한 고통이 엄습해올 수 있다는 불안감을 안고 직장에 간다.

언제 거리에서 쓰러져 응급실에 실려 갈지 모르는 상황에서 매일 하루를 시작한다면 얼마나 두렵겠는가. 나는 그녀가 아플 때마다 쾌유를 비는 메시지를 남기다가, '혹시 내가 다녔던 병원이 그녀에게 맞지 않을까'라는 생각을 했다. 군발두통이 완치되지 않더라도, 건강이 좋아진다면 두통을 견디는 데 도움이 되지 않을까 싶었다. 두통이 심해질까 봐 좋아하는 커피 한 잔을 마음껏 마시지 못하면서 불안에 떨며 사는 상태만이라도 멈춰야 할 것 같았다. 나는 그녀에게 내가 아는 한의원을 추천했고, 다행히 그녀는 그 한의원에 다니면서 몸과 마음의 건강 모두 나아지고 있다.

나는 이렇게 아주 소박한 지식의 공동체가 만들어지는 과정을 사랑한다. 그녀는 나에게 심리학과 문학에 대한 지식을 배웠고, 나는 그녀에게 '나와 같은 하늘을 이고 살지만 그동안 내가 전혀 몰랐던 고통을 앓고 있는 이의 가슴 시린 삶'을 배웠다. 팬데믹을 겪은 후 나는 독자와의 만남을 더 중요하게 여기고 있다. 우리는 서로 고립된 상태에서 제대로 힘을 발휘할 수 없다는 것을 절절히 깨달았기 때문이다. 팬데믹 이후 더욱 심화된 1인 가구의 폭발적 증가와 고독사의 안타까운 급증 같은 문제는 개인이 혼자서 해결할 수 없는 사회적 과제가 되었다. 인간은 '아픈 마음을 기대고, 든든한 소속감을 느끼고, 타인의 보살핌을 받으며 나의 가치를 인정받을 수 있는 곳'에서 살아갈 권리가 있다.

나뿐 아니라 나의 다른 독자도 군발두통을 앓는 그녀의 안부를 묻고, 몸에 좋다는 온갖 것을 알아보며 함께 걱정한다. 함께 아파하는 힘으로, 그녀는 매일매일 조금씩 나아지는 중이다. 이렇듯 서로의 고통을 보살피는 마음의 공동체를 만드는 것이야말로, 내가 읽고 쓰는 삶을 포기할 수 없는 가장 절실한 이유다. 내가 삶의 목표를 잃을 때마다 읽고 쓰는 삶은 나에게 살아갈 이유를 알려주었다. 내가 글을 쓰는 이유는 우리가 함께 읽고 쓰는 공동체에 속하면서 그 누구도 '내 편은 아무도 없다'라는 고립감에 시달리지 않도록 하기 위함이다.

영국의 단체 더 케어 컬렉티브가 쓴 《돌봄 선언》은 팬데믹 이후 전 세계적으로 심화된 '돌봄 노동'의 극심한 인력난과 돌봄 노동자의 인권 문제를 해결할 수 있는 방안 중 하나로 '난잡한 돌봄'이라는 급진적 아이디어를 제시한다. 나는 '난잡한'이라는 형용사가 이토록 아름답게 쓰일 수 있다는 사실에 짜릿한 감동을 느꼈다. 난잡한 돌봄이란 전문성이나 분야를 따지지 않고, 인종이나 남녀노소도 가리지 않고, 누군가가 아프거나 힘들 때는 사회 구성원 누구라도 무차별적 돌봄의 몸짓을 실천하는 것을 의미한다. 그런 무차별적 보살핌의 시선이 없다면 우리는 결코 인생의 고난을 홀로 헤쳐나갈 수 없기 때문이다. 서로가 서로에게 안전지대safety zone를 선물하는 용기와 다정함이야말로 어떤 화려한 권력보다 소중한, 생의 필수품이다.

나는 〈월간 정여울〉이라는 팟캐스트를 6년째 진행하고 있는데, '당신의 감성을 깨우는 글쓰기 프로젝트'라는 부제를 통해 한결같이 말하고자 하는 것은 '읽기와 쓰기를 통해 삶을 바꿀 수 있다'라는 메시지다. 화려한 유튜브 세상에서 마음의 안정과 평화를 찾지 못한 독자들을 위해, 나는 항상 조용하고 진지한 인문학적 글쓰기를 권한다. 누구나 언제든 무료로 온갖 책 이야기를 들을 수 있는 콘텐츠를 일주일에 한 번씩 올리는 것은 내 삶의 작은 보람이다. 매 코너를 끝맺는 말은 항상 같다.

"여러분의 안전지대가 되어드릴게요."

우리가 견디는 고통에 어떤 의미가 있는가

사람들이 극심한 외로움과 고립감, 불안감을 느끼는 결정적 이유 중 하나는 '내 이야기를 제대로 들어줄 사람이 없다'라는 결핍감 때문이다. 금세기 최고의 피아니스트로 꼽히는 알프레트 브렌델은 "경청listen과 침묵silent은 같은 철자로 쓰인다"라고 말한 바 있다. 이 문장을 생각하며 가슴 시린 요즘이다. 진정으로 경청하는 사람들은 침묵을 금처럼 여기며 타인의 아픔을 들어준다. 하지만 현실에서는 경청하는 사람들이 아름답게 침묵하기보다 오직 자신의 의견만을 내세우는 독선적 권력자들이 다수의 대중을 '침 묵시키는' 상황이 더욱 많다.

자신의 의견만이 최고라 여기며 타인의 이야기를 듣지 않는 사 람들이 너무 높은 자리를 장악하고 있고, 대중은 각종 뉴스와 미 디어에서 그들의 독선과 아집으로 가득한 뻔한 이야기를 매일 듣 고 보아야 한다. 우리는 경청하지만 경청함으로써 얻는 것이 너무 없을 때, 경청함으로써 오직 침묵을 강요당하는 느낌에 사로잡힐 때, 또다시 절망한다.

경청하지 않는 사람들의 진짜 문제는 무엇일까. 그들은 어떤 상 황에서도 아무것도 배우려 하지 않는다는 점이다. 반면 세상을 더 낫게 만드는 사람들은 아주 커다란 역경 속에서도 역경이 하는 말을 묵묵히 들으며 커다란 배움의 기회를 잡는다.《데미안》을 쓰 던 시기 헤르만 헤세는 깊은 우울증을 앓고 있었다. 그는 한때는 베스트셀러 작가였지만 당시 모든 면에서 쇠퇴의 길을 겪는 자신 을 인지하고 괴로워했다. 그는 우울증을 치유하려고 카를 구스타 프 융 학파의 심리상담을 받기 시작했고, 융의 수제자였던 요제 프 베른하르트 랑 박사에게 무려 60회 이상의 심리상담을 받으며 서서히 치유된다. 그 고통스러운 치유 과정을 거쳐 그는 걸작《데 미안》을 썼다. 이렇듯 역경 속에서 더 커다란 배움의 기회를 찾는 사람들은 슬픔조차도 하나의 '학교'로 삼을 줄 아는 것이 아닐까.

2024년 제30회 미국배우조합상에서 평생공로상을 받은 바브라 스트라이샌드의 수상 소감이 가슴에 와 박힌다. "나는 대학을 나오지 않았습니다. 내가 알고 있는 거의 모든 것은 영화를 통해 배웠습니다." 대학에서 양질의 교육을 받을 수도 있겠지만, 모두가 원하는 대학에 들어갈 수 있는 것도 아니고 원하는 대학에 가도 자신이 진정으로 꿈꾸던 교육을 받기는 어렵다. 스트라이샌드의 말에는 '어떤 순간에도 기필코 배우려는 의지와 열정'이 깃든 것 같았다. 그녀는 수많은 영화에서 주연배우를 맡았을 뿐 아니라 감독과 제작자로도 활동했고, 영화 음악을 만들기도 하며 영화와 관련된 거의 모든 일을 두루 경험했다. 그 총체적 체험이 그녀에게는 인생 학교이자 평생 교육의 장이 되었다. 여성 최초로 골든글로브 감독상을 받은 것도 스트라이샌드의 위업 중 하나다. 한마디로 그녀에게 영화는 대학이고 대학원이며 인생이라는 거대한 학교였다.

스트라이샌드는 '할리우드 영화에 나오는 미인들과 다르게 생겼다'라는 이유로 차별받았고, 배우로서 인간으로서 가수로서 여성으로서 온갖 역경을 겪었다. 하지만 그 속에서 항상 무언가를 배우는 사람이었다. 인권과 평등, 생태주의 운동에도 끊임없이 참여해온 그녀는 80대의 나이에도 여전히 다채롭게 활동하며 전 세계의 크리에이터에게 영감을 주고 있다.

배움이란 그런 것이 아닐까. 삶의 모든 곳에서 에너지를 흡수하는 것. 삶의 여정에서 만나는 모든 사람과 친구가 되는 것. 삶의 고통과 역경 속에서도 아름다운 깨달음의 기회를 발견하는 것. 나도 그런 삶을 꿈꾼다. 독자들이 나에게 와서 눈을 반짝이거나 눈물을 글썽이며 질문하는 순간, 나는 갑작스럽게 멘토가 되어야 한다. 《끝까지 쓰는 용기》라는 나의 책으로 글쓰기 강연을 하던 중, 70대 여성 독자의 이야기를 들었다. 그분은 내 책에 친필 사인을 요청하며 "저에게 힘이 되는 말을 써주세요"라고 부탁했다. 어떤 힘이 되어드리면 좋을까 여쭈었더니 "나도 작가님처럼 글을 쓰고 싶다"라는 소망을 조그맣게 속삭이면서 눈물을 글썽였다. "너무나 글을 쓰고 싶은데, 죽는 것이 너무 두려워요." 두서없고 갑작스러운 말씀이었지만 나는 금세 알아들었다. 그분은 하루하루 시간이 가는 것이 너무 두려웠던 것이다. 글을 쓰고 싶지만, 하루하루가 너무 빨리 가는 것 같고 이러다가 글을 제대로 써보기도 전에 죽을까 봐 두렵다는 말씀이었다.

70대 할머니 독자의 주름진 눈가에 흐르는 눈물을 보니 가슴이 아팠지만, 그분이 '개성화'의 힘겹고도 아름다운 길을 걸어가는 것 같아 가슴이 벅차올랐다. 타인의 길을 따라가는 사회화는 결국 획일화로 귀결된다. 반면 진정 나다운 나가 되어가는 개성화의 길은 끝이 없고 무한히 창조적이며 이 세상 하나뿐인 나만의 길을 걸어가는 영원한 자기갱신의 몸짓이다. 개성화의 길을 걷는 한 70대도 80대도 무덤에 들어가기 직전이라도, 결코 늦은 시간이란 없다.

"K님, 부디 끝까지 써주세요." 나는 그분이 들고 온 나의 책에 이렇게 썼다. 조금 더 강력한 하드 트레이닝이 필요하다 싶을 때,

독자가 힘든 여정을 감당할 준비가 되어 있을 때는 더 심한 말을 쓴다. "매일, 끝까지, 더욱더 끝까지 써주세요." 독자의 얼굴은 그럴 때 환해진다. 개성화를 향한 길에는 결코 쉬운 길이 없다는 것을 진정으로 깨달을 때, 그 길을 멀리서 응원해주는 사람이 한 명이라도 있을 때, 우리는 더 커다란 용기를 낸다.

개성화의 길은 그렇다. 진정 내가 되는 길은 본래 내 안에 있던 아름다움을 되찾는 것이지만 동시에 아직 내 삶에 깃든 적 없는 아름다움을 매번 창조하는 것이기도 하다. 그 길은 외롭고 험난하고 가슴 아플 수밖에 없다. 수많은 관성과 오래된 습관을 깨부숴야 하기 때문이다. 익숙하고 타성에 찌든 오랜 삶의 습관을 힘겹게 깨뜨려야만, 더 나은 나the higher self를 향한 진정한 깨달음의 여정, 개성화의 도정이 시작된다.

《데미안》에서 싱클레어가 인생에서 가장 어두운 시기를 겪고 있었다고 회고하자 데미안의 어머니 에바 부인이 건네는 말이 있다. 그 길이 정말 아프기만 했냐고. 그 길은 아프고 힘들긴 했지만 정말 아름답지 않았냐고. 나는 그 말이 참 좋았다. 고통의 한가운데서는 아픔만 느껴진다. 내가 겪는 아픔에 아무런 의미가 없다는 생각 때문에 더욱 화가 난다. 하지만 고통의 여정이 끝나고 어느새 살 만해지면, 고통마저 아름다웠던 시간이 있었음을 깨닫게 된다. 그것은 고통에 의미를 부여하는 과정이고, 그 무엇과도 연결될 수 없었던 고립된 고통이 '내 삶의 이야기'라는 거대한 네트워크 속에서 나의 중요한 일부가 되어가는 과정이다.

고통의 한가운데 있을 때 나는 '내가 그저 고통받기 위해 태어났을까'라는 질문에 시달렸다. 나를 향한 질문 자체에 삐딱함이 가득했다. 하지만 고통의 클라이맥스를 넘어 '이제 조금 괜찮아진다'라는 생각이 들 무렵, 나는 내 고통의 의미를 생각하게 되었다. "내가 이런 고통을 겪지 않았다면 아주 오만하고 재미없고, 고통으로 농담도 할 줄 모르며, 굴곡도 풍파도 없는 지루한 모범생의 삶을 계속 살았겠구나."

그만큼의 여유가 생기자, 비로소 나는 내 고통에 거리를 두게 되었다. '나에게 없는 것'을 가진 사람들을 부러워하고 질투하던 시니컬한 시선에서 벗어나, '나에게 이미 있는 것'에 감사하는 새로운 눈을 가지게 되었다. 나는 나에게 이렇게 속삭이는 나를 발견했다. "나는 글을 쓸 수 있잖아. 그것도 아주 끈질기게 쓸 수 있잖아. 매일 글을 써도 지겹지 않잖아. 여러 번 실패했어도 언제 그랬냐는 듯 새로운 책을 쓰고, 새로운 인연을 만나 기뻐하잖아. 사람에게 수없이 배신당했지만 그래도 사람이 좋아서, 사람이 그리워서, 사람을 만날 일을 자꾸만 새롭게 만들어내잖아." 나는 이렇게 내가 지닌 것들의 소중함, 내가 버릴 수 없는 것들의 아름다움을 깨달았다.

그렇게 고통에 서사를 부여하는 순간 우리는 눈부신 개성화의 길 위에 서게 된다. 나는 이런 과정을 반복하며 하루하루 '예전보다 나은 나'를 향해 조금씩 더듬거리며 걸어가고 있다. 심리학도, 문학도, 여행도, 전시 관람도 그리고 나를 가장 아프게 한 사람들과의 우정과 배신과 재회조차도 모두 찬란한 개성화의 순간들을 이루는 아름다운 모자이크 한 조각 한 조각이 되었다.

삶에 대한 사랑을 되찾기 위하여 시작할 것들

나는 책과 음악을 사랑하는 사람들이 쓴 댓글이나 서평을 자주 읽는다. 책, 음악, 미술 등 인간의 창조적 작업, 그중에서 아날로그적 성격이 강한 작품에 관심을 가지는 사람들에게는 공통점이 있기 때문이다. 그들은 일반 사회에서 우리가 만나는 불특정 다수의 대중보다 훨씬 공격성이 약하다. 이들은 '내가 왜 이 작품을 사랑하는지'에 대해 주로 이야기할 뿐, '내가 왜 이 작품이나 창작자를 싫어하는지'에 대해 별로 이야기하지 않는다. 나는 일반 사회보다 '감사'와 '기쁨'과 '소박한 행복'이라는 단어를 많이 쓰는 '문학과 예술을 사랑하는 사람들'의 공동체를 사랑하는 나를 발견한다. 비난하고, 공격하고, 서로를 짓밟는 사회 분위기에 너무 지쳤기 때문이다.

인간은 본래 생존경쟁의 상황에서 공격성과 비판적 사고가 '만렙'을 찍을 때까지 나 자신을 가혹하게 몰아간다. 하지만 문학과 예술을 사랑하는 사람들은 자기 안에 숨은 공격성을 부끄러워한다. 물론 그들 중에 비난을 일삼는 사람은 있지만 극소수다. 문학과 예술을 사랑하는 사람들은 그 자체로 감사하는 마음을 배운다. 아름다운 피아노 소리를 들으면 내가 왜 귀를 달고 태어났는

24

지 깨닫고, 위대한 미술작품을 보면 그저 눈이 있음에 감사한다. 생존경쟁에서 우리는 주어진 조건에 감사하기보다 내게 없는 것을 자주 생각하면서 남과 비교하거나, 만난 적 없는 대단한 사람에 비해 내가 얼마나 열등한 존재인지를 상기하면서 극심한 자기혐오에 시달린다. 그러니 문학과 예술을 진심으로 사랑하는 사람들의 보이지 않는 공동체에 가입해보면 어떨까.

'문예사('문학과 예술을 사랑하는 사람들'의 줄임말)'에 가입한다면 우리는 평소 느낄 수 없던 무시무시한 목마름을 느낄 것이다. 더 많은 책을 읽고 싶고, 더 자주 음악을 듣고 싶고, 더 맹렬하게 미술관에 가고 싶을 것이다. 이 갈망이 나를 비로소 살게 했다. 그런 욕심은 우리의 '에고ego'를 강화하기보다 '셀프self'를 강화하기에 훨씬 더 자기 자신을 풍요롭게 한다. 에고를 강화하는 욕심은 남과 경쟁해서 이기려는 열망을 부추긴다. 에고의 욕망을 따르면 더 많은 돈과 더 많은 소셜미디어 팔로워, 더 화려하고 대단한 것을 자꾸만 원하게 된다. 이러한 에고와 반대편에 있는 셀프에, 나는 '내가 나다움을 회복하는 마음'이라는 이름을 붙이고 싶다. 에고가 사회화를 지향한다면 셀프는 개성화를 지향한다. 개성화란 내가 나다움을 하루하루 만들어가는 과정이기도 하다. 셀프는 타인의 시선이 아니라 내가 나를 바라보는 시선이기 때문에 더 솔직하고 용감하고 여유로워질 수 있기 때문이다.

문학과 예술을 사랑하는 사람들의 보이지 않는 공동체에 가입해보자. 나는 세상에 이렇게 아름다운 작품들이 많다는 것을 알고서 '아모르 파티Amor Fati', 즉 삶에 대한 사랑, 운명에 대한 사랑을 절절하게 깨달았다. 내 삶이 지긋지긋한 형벌처럼 느껴지는 순간에도, 태어난 것이 지독한 불운처럼 느껴지는 순간에도, 루트비히 판 베토벤의 〈비창〉이나 세르게이 라흐마니노프의 〈보칼리제〉를 들으면 다시 살아날 힘이 샘솟곤 했다. 도대체 왜 그런지 논리적으로 설명할 수는 없었지만, 나도 모르게 눈물이 흐를 때도 많았다. 노랫말 없는 클래식 음악을 들을 때 느끼는 감동에 비하면, 오페라나 가곡은 그래도 '왜 감동적인지'를 설명할 수 있다는 점에서 좀 더 친근하게 느껴진다. 오페라 〈토스카〉에서 '별은 빛나고'를 듣고 있으면, 인생을 예술과 아름다움을 향해 온통 바쳤음에도 결코 사랑하는 사람을 얻을 수는 없었던 자신의 비참한 인생을 되돌아보는 여주인공의 비애에 공감하지 않을 수가 없다.

문학과 예술 속에는 무리 중에 가장 뛰어난 재능과 능력을 지니고 있지만 가장 참혹한 운명을 맞이하는 주인공이 많다. 그들의 참담한 슬픔과 비극을 바라보면서 인간이 경험할 수 있는 고통의 끝까지 걸어가는 체험 또한 아름다움의 일종이라는 것을 알았다. 어여쁘고 사랑스러운 아름다움뿐 아니라 추악하고 불편하며 소름 끼치는 아름다움도 있다는 것을 《프랑켄슈타인》과 《데미안》, 심지어 《햄릿》을 읽으며 알았다. 예컨대 메리 셸리의 《프랑켄슈타인》을 읽으면 '도대체 이 괴물에게 무슨 죄가 있는가'라는 생각에 가슴이 아프다. 프랑켄슈타인 박사는 '그것'이라 불리는 괴물을 창조하고도, 그 피조물에 책임도 연민도 사랑도 느끼지 않는다.

그는 과학자로서 대단한 영광을 꿈꾸며 인류 최초로 남자와 여자의 결합이 아닌 과학자의 실험으로 생명체를 만들겠다는 욕망을 실현한다. 그러나 그 피조물의 외모가 너무 끔찍한 데다가 엄청난 괴력을 가지고 있음을 알게 된 뒤, 그 피조물을 매몰차게 버린다.

《프랑켄슈타인》의 괴물은 자신의 끔찍한 모습을 보자마자 비명을 지르며 도망가는 사람을 목격한 뒤 프랑켄슈타인 박사에게 간절히 부탁한다. 너무 외롭고 비참한 자신을 위해서 '나와 똑같은 괴물 암컷'을 만들어달라고. 그리고 그 간절한 소망을 곱씹으면서 이렇게 속삭인다. "물론 우리는 세상과 동떨어져 괴물로 살아가겠지. 하지만 바로 그 때문에 우리는 서로를 더 깊이 사랑하리라." 나는 이 문장을 읽는 순간 '그것'이라 불리는 괴물이 오히려 그에게서 도망치려는 인간보다도 훨씬 아름다운 영혼을 지녔음을 깨달았다. 그는 버림받고, 짓밟히고, 추방당하지만, 인간보다 더 아름다운 인간다움을 지닌 존재였던 것이다.

슬픔과 고통, 참혹함과 두려움 속에서 깨닫는 아름다움은 이런 것이다. 사랑받지 못하더라도, 누구에게도 인정받지 못하더라도, 다만 끝내 나 자신이 되기 위하여 분투하는 영혼의 아름다움을 나는 수많은 문학작품에서 배웠다. 이런 기쁨을 우리가 놓치지 않았으면 좋겠다.

빈센트 반 고흐는 자본이 거의 없는 개인의 열정과 창조성이 마침내 인류를 구할 것이라고 이야기했다. 자본을 거의 가지지 못한 개인의 노력이 결국 미래의 씨앗이 될지 모른다는 것이다. 그

것은 고흐 자신의 이야기이자 저마다의 춥고 외로운 자리에서 자기만의 오롯한 작품 세계를 창조하기 위해 매일 분투하는 세상의 모든 작가와 화가, 음악가의 이야기이기도 하다. 나는 자본이 거의 없는 예술가들을 상상하면 눈시울이 뜨거워진다. 나도 자본이 거의 없는 작가였기에. 무언가를 끊임없이 소유하려고 분투하고 경쟁하고 남과 비교하며 좌절하는 우리에게, 나는 이렇게 속삭이고 싶다.

가진 것이 부족하다고 나 자신을 탓하지 말자. 당신은 이미 당신에게 필요한 것을 다 가지고 있다. 사랑과 우정, 친절과 공감 그리고 열정과 창조성. 이런 것들만 꼭 붙들고 놓지 않는다면, 우리는 끝내 나은 방식으로 세상에서 거주하는 방법을 찾아낼 수 있다. 더 나은 방식으로 세상 모든 생명체와 연대하고 공감하며 서로의 아픔을 치유할 수 있다. 힘 있는 자들끼리만 잘사는 세상이 아니라 누구도 배제하지 않고 우리라는 거대한 울타리 안에서 서로를 보듬는 드넓은 품을 지닌 세상을 만들 수 있다.

내 안에서는 매일 '아무도 짜주지 않은 아름다움의 시간표'가 알차게 실현되고 있다. 아침에는 피아노 소나타를 들으며 원고를 쓰고, 점심에는 좋아하는 미술작품을 찬찬히 들여다보고, 저녁에는 하루를 돌아보며 책을 읽고 오늘의 단상을 메모한다. 어떻게든 문학과 미술과 음악의 끈을 놓지 않으려는 나의 몸부림은 팬데믹 시대에도, 내가 가장 우울했을 때도, 인간관계가 단절되어 가장 외로웠을 때도 나를 기어이 구해주었기에.

차례

2부   장소와 사물

3부   인물과 캐릭터

개념과 낱말

[1부]

Die
Sensibilitätklasse
für dich

삶은 프로이트가 믿었던 것처럼 쾌락을 추구하는 것도 아니고,
알프레드 아들러가 가르쳤던 것처럼
권력을 추구하는 것도 아니라 의미를 추구하는 것이다.
모든 사람에게 가장 큰 과제는 자신의 삶에서 의미를 찾는 것이다.

빅터 프랭클

푼크툼과
스투디움

상식의 원천과
감동의 원천

글을 잘 쓰지 못하면 생각을 잘할 수 없습니다. 당신이 생각을 잘하지 못하면, 다른 사람이 당신 대신 생각을 해줄 것입니다.

오스카 와일드

당신은 당신의 얼굴을 보기 위해 유리 거울을 사용합니다. 당신은 당신의 영혼을 보기 위해 예술작품을 사용합니다.

조지 버나드 쇼

좋아하는 음악조차 때로 듣기 싫을 때가 있다. 청각의 피로감 때문이다. 24시간 내내 끊임없이 소리와 이미지에 노출된 채 살아가는 현대인에게는 온갖 미디어의 현란한 소리와 이미지에서 해방되는 시간이 필요하다. 그런데 놀랍게도 그런 순간조차 '사람의 목소리'는 듣고 싶다. 아무리 피곤한 날에도, 유튜브로 음악을 선곡해 듣는 것조차 귀찮은 날에도, 아름다운 사람들의 멋진 문장을 읽고 싶다.

꼭 유명 작가의 명언이 아니어도 좋다. 일상에서 참 어여쁜 말을 하는 사람들이 있다. K 선배는 한 모임에서 후배를 우연히 만난 뒤 이렇게 말했다. "네가 보고 싶은지 몰랐는데, 너를 막상 보니까 그동안 엄청나게 보고 싶었다는 걸 알았어." K 선배는 '언

35

제 만날지 모르지만 되도록 조만간 만나자'라는 말을 이런 식으로 한다. "여울아, 우리 300시간 안에 꼭 만나자." 이렇듯 일상의 아주 작은 몸짓도 소중히 해야겠다는 깨달음을 주는 문장들은 다 아름답다. 예컨대 틱낫한 스님은 우리가 걸을 때도 되도록 최대한 아름답게 걸어야 한다고 조언한다. "마치 당신의 발로 지구에 키스하는 것처럼 걸어라."

안보윤 작가는 《이효석문학상 수상작품집 2023》의 수상소감 〈문장의 무게〉에서 이렇게 말했다. "글자를 몇 개 조합하는 것만으로 와락 일어서는 세계란 얼마나 매혹적인지요." 아름다운 말들은 다 그렇다. 글자를 몇 개 조합하는 것만으로도 와락 일어서는 세계, 자음과 모음이 몇 번 어우러지는 것만으로도 세상 전체가 다시 조립되는 것 같은 기쁨이 바로 문장의 아름다움이다.

작가 윌리엄 포크너는 우리가 누군가와 사랑에 빠지는 이유를 이렇게 설명했다. "당신은 무엇 때문에 사랑하는 것이 아니라 그럼에도 불구하고 사랑하는 것이다. 상대방의 미덕 때문이 아니라, 상대방의 결점에도 불구하고 그를 사랑하는 것이다." 아름다운 문장들은 뼈아픈 진실을 실어 나른다. 그 사람의 출중함이나 화려함 때문이 아니라, 그 사람의 결점을 다 알면서도 사랑에 빠지곤 했던 그 모든 순간이 가슴을 아프게 할퀸다. 명언 제조기로 유명한 오스카 와일드의 사랑에 관한 문장은 또 어떤가. "당신을 평범하게 대하는 사람을 절대 사랑하지 마십시오." 정말 그렇다. 우리는 저마다 자신을 세상에서 가장 특별한 사람으로 대해주는 사람을 마침내 만나려고 이토록 오랜 기다림을 감내하고 있는 것인지도 모른다.

문장뿐 아니라 단어로도 감동을 불러일으킬 수 있다. 어떤 단어는 그저 마음속으로 떠올려보는 것만으로도 가슴이 설렌다. 내게는 문학평론가 롤랑 바르트의 '스투디움studium'과 '푼크툼punctum'을 떠올릴 때가 그렇다. 바르트는 상투적이고 전형적 이미지를 스투디움, 가슴을 찌르는 충격적이고 독특한 이미지를 푼크툼이라고 명명했다. 난민을 떠올리면 젓가락처럼 빼빼 마른 소말리아의 어린이들을 연상하고, 가족사진이라고 하면 어쩐지 불편하고 어색한 포즈를 취하며 화목함을 가장하는 동네 사진관의 사진을 떠올리는 것이 바로 스투디움의 사례다. 이에 반해 뾰족한 물건으로 찌른 듯 날카로운 상처를 뜻하는 푼크툼은 우리의 마음을 아프게 찔러, 세계를 '그 이전'과 '그 이후'로 나누는 충격적 전환점이 된다. 그 이미지를 알기 이전의 세계로 돌아갈 수 없는 상태로 만드는 것, 그것이 푼크툼의 진정한 역할이다.

빨간 티셔츠를 입은 세 살 꼬마가 해변에 엎드린 채 죽어 있던 시리아 난민 사진은 충격을 주었고, 난민을 바라보는 전 세계의 패러다임을 바꾸었다. 시리아 내전으로 가족과 함께 유럽으로 탈출하던 중 지중해에서 배가 난파되었고, 아이는 튀르키예 보드룸의 해변에서 죽은 채로 발견되었다. 죽어가면서도 "아빠, 죽으면 안 돼. 꼭 살아야 해요"라고 외쳤다는 가여운 세 살 아이의 이름은 아일란 쿠르디Ailan Kurdi다. 아이의 소원대로 아빠는 살았지만,

아이는 세상을 떠났다.

쿠르디의 사진은 앙겔라 메르켈 전 독일 총리를 비롯한 많은 유럽 지도자의 생각을 바꾸었고, 그동안 차별받고 박해받던 난민을 전폭적으로 받아들여 그들의 일자리와 보금자리를 마련하도록 하는 정책의 시발점이 되었다. 빨간 티셔츠를 입고 너무나도 앙증맞은 남색 운동화를 신은 쿠르디의 모습이 안타까워서 잠 못 이루던 사람들이 얼마나 많은가. 어떤 네티즌은 쿠르디의 사진에 새하얀 천사의 날개를 그려 넣어 아픔을 달랬다. 이렇듯 우리 마음속에 지울 수 없는 아픈 상처를 남기는 이미지들은 세상을 바꾸고 싶은 강렬한 의지를 불태우게 만든다.

스투디움은 상식의 원천이 되고, 푼크툼은 감동의 원천이 된다. 전형적 이미지, 상투적 이미지를 초월해 가슴속에 평생 잊을 수 없는 날카로운 상처를 남기는 이미지를 찾아 헤매는 것이 우리 인생의 여정인지도 모른다. 스투디움이 이해와 분석의 대상이라면 푼크툼은 충격과 감동, 착시와 현기증을 불러일으킨다. 우리 가슴속에 강렬한 흔적을 남기며 오래오래 남는 명언이나 격언, 선언 같은 문장들은 마치 잊을 수 없는 푼크툼의 이미지 같다. 우리 마음속에 아름다운 문장이나 단어를 새겨두는 것은 삶을 바꾸는 원동력이 되기도 한다. "만국의 노동자여, 단결하라!"라는 카를 마르크스의 문장은 프롤레타리아 혁명의 상징이 되었으며, "착한 여자는 천국에 가지만, 나쁜 여자는 어디에나 간다"라는 헬렌 브라운의 문장은 페미니즘의 상징이 되었다.

문해력은 문장을 사랑하는 마음에서 시작된다. 절대적으로 아름다운 문장이 아니어도 좋다. 문해력은 내 곁에 다가온 문장을 사랑하는 마음이다. 문해력은 나쁜 문장을 식별해낸다. 아무런 해가 없는 것처럼 위조된 문장, 매끄럽게 꾸몄지만 어떠한 유익한 내용도 없는 문장이 판치는 세상이다. 가짜 뉴스처럼 편파적이고, 공익 광고처럼 보이지만 교묘하게 강자의 이익을 대변하는 언어를 식별해내는 능력이야말로 지혜로운 문해력의 시발점이다.

문장을 사랑하는 마음, 좋은 문장을 감지하는 문해력이 없었다면 나는 문학을 사랑하는 사람도 작가도 되지 못했을 것이다. 작가는 자신을 바꾼 아름다운 문장을 보물 지도처럼 항상 가슴속에 품고 있는 사람이 아닐까. 눈부신 문장을 금은보화처럼, 아니 금은보화보다 더 사랑하는 마음이야말로 진정한 문해력의 시작이다.

아름다운 문장이 내 안에 자리 잡는 과정은 사랑에 빠지는 과정과 비슷하다. 아름다운 문장은 감정의 소용돌이를 이루며, 어느새 나만의 문장과 창조성이 버무려진 새로운 문장이 된다. 어떤 문장의 씨앗이 내 안에 뿌려져 나도 모르는 사이에 더 아름답고 새로운 문장으로 만들어지기까지, 내 안에서는 언어의 발효와 숙성이 이루어진다. 영롱한 문장의 씨앗이 가슴속에 뿌리를 내려 언젠가 문장이라는 꽃과 문단이라는 나무로 자라나기까지, 마침내 기다리고 기다린 그 문장이 반가운 손님처럼 찾아올 때까지, 우리는 끊임없이 읽고 쓰고 말하고 들으며 매일 단어와 문장을 소중히 갈고닦아야 하지 않을까.

중독, 알코올 그리고 거식증과 우울증

현대인을 옥죄는
수많은 강박의 이름

인간은 끝없는 욕망, 결핍, 외로움과 평생 싸워야 하는 존재일까. 작가 캐럴라인 냅은 거식증과 알코올 의존증에 얽힌 뼈아픈 체험을 고백하는 글쓰기로 수많은 독자의 심금을 울렸다. 촉망받는 기자이자 작가였던 그녀는 거식증과 알코올 의존증을 함께 앓으며 거의 뼈밖에 보이지 않는 앙상한 몸이 되었다. 지독한 외로움과 싸우며 그녀는 자기 인생의 진짜 주인공이 '나 자신'이 아니라 '타인의 시선'이었음을 깨닫는다. 그녀는 끔찍한 거식증의 뿌리에 '사랑받고 싶은 욕구'가 있음을 받아들인다. 부모님과 연인과 친구에게 받지 못한 사랑, 세상에 받지 못한 인정, 그 모든 사랑받지 못한 고통과 결핍의 기억이 술을 갈망하게 했고 거식증에 빠지게 했다.

유난히 잠들기 어려운 밤, 캐럴라인의 책을 읽었다.《명랑한 은둔자》《욕구들》《드링킹, 그 치명적 유혹》《개와 나》등의 책으로 알려진 그녀의 삶은 '영원히 채워지지 않는 갈망'을 힘겹게 채우기 위한 투쟁의 연속이었다. 항상 애정 결핍에 시달리던 그녀가 '마른 몸매'를 갖기 위해 시작한 무리한 다이어트는 그녀를 치명적 거식증으로 몰아갔고, 거식증을 몰아내기 위한 투쟁의 과정에서 알코올 의존증을 앓게 되었으며, 알코올 의존증을 치유하는 과정에서 그녀를 구원한 것은 글쓰기와 사랑이었다. 그녀의 거식증은 '마른 몸매를 가지면 사랑받을 수 있다'라는 치명적 상상과 '나는 음식에 대한 욕구를 완벽히 통제할 수 있다'라는 그릇된 성취감이 어우러져 자신의 육체를 학대하는 결과를 낳은 것이었다. 나는《욕구들》을 읽으며 '끊임없이 무언가를 갈망하지만, 그 어떤 갈망으로도 충족되지 않은 우리 자신의 슬픔'과 만났다.

　그녀는 질문한다. 우리의 멈출 수 없는 식욕은 정말 배고픔 때문일까, 아니면 슬픔 때문일까. 만약 운동을 평소보다 30분 더 한다면, 그것은 건강을 위한 것일까 아니면 또 한바탕 자신을 징벌하는 것일까. 그녀의 뼈아픈 질문은 내 마음속에서 또 다른 질문의 방아쇠를 당겼다. 우리는 정말로 먹고 싶어서 먹고, 정말로 사고 싶어서 사는 것이 아니라, 마그마처럼 무시무시하게 끓어오르는 슬픔을 참지 못해, 그 슬픔으로 텅 비어버린 우리 마음을 채우기 위해 눈에 쉽게 보이는 욕구들(식욕과 물욕 등)에 눈 돌리는 것이 아닐까. 우리는 '타인의 욕망(당신은 더 날씬해져야 하고, 더 아름다워

져야 하며, 모든 면에서 더 완벽해져야 한다)'에 사로잡혀 정작 '나 자신의 욕망(나는 타인의 시선에 휘둘리지 않고 그냥 투명하게 나 자신의 삶을 살고 싶다)'을 억압하고 있는 것은 아닐까.

그렇다면 모든 욕구를 없애버리고 싶은 욕구야말로 성숙한 인간의 자세일까. 하지만 그것은 또 다른 자기학대일 수 있다. 캐럴라인 냅은 '욕구를 없애버리고 싶은 욕구'가 참이 아니라, 정반대로 '욕구 자체에 대한 욕구', 즉 무언가를 진정으로 갈망하는 것이 참임을 깨닫는다. 무언가를 간절히 원해도 괜찮다는 마음, 솔직하게 내가 원하는 것이 무엇인지 말해도 된다는 안정감, 있는 그대로 나의 갈망을 실현할 수 있다는 믿음. 그것이야말로 건강한 상태가 아닐까.

그렇다면 나는 무엇을 진정으로 원하는 것일까. 최근 나는 무언가 소중한 대상을 향해 나를 진실로 다 쏟아붓고 싶은 갈망을 느꼈다. 그런데 그것이 무엇인지 좀처럼 알 수 없었다. 글쓰기는 어느새 내 삶의 자연스러운 일부가 되어, 글쓰기가 아닌 다른 무언가를 열망하기 시작했다는 것 정도만 짐작할 뿐이었다. 그러던 어느 날 리베카 솔닛의 《걷기의 인문학》을 다시 읽다가, 갑자기 울컥해지는 대목을 만났다. 내 인생을 어딘가에 바친다면, 그곳 또한 나를 향해 그만큼을 되돌려준다는 것이다. 나도 어딘가를 향해 나를 바치고 싶다는 사실을 깨달았다. 사람을 향해서가 아니라 장소를 향해서. 사람을 향해 바치는 사랑은 저쪽에서 원하지 않을 수도 있으니, 사람을 향해 일방적으로 사랑을 퍼붓다가는 내가 다치는 경우가 많으니. 이제는 장소를 향해 나를 바치고 싶었다. 평생 머물고 싶은 장소를 찾아내고 그곳에 내 인생을 다 쏟아부어, 언제든 누군가를 초대하고 불특정 다수까지도 환대할 수 있는 삶을 살고 싶다. 나의 장소에 나의 이야기를 불어넣어, 내 몸과 내 장소와 내 이야기를 떼어놓을 수 없는 삶을 살고 싶다. 마음껏 원해도, 온 힘을 다해 열망해도, 그것이 결코 어색하거나 부끄럽지 않은, 그런 당당하고 용감한 삶의 주인공이 되고 싶다.

캐럴라인은 세 가지 방법으로 끝없는 결핍과 멈출 수 없는 욕망의 사슬에서 벗어났다.

첫째, 자기학대와 자기혐오를 멈추고 나 자신을 돌보기 시작했다. 먹고 싶은 욕망을 통제함으로 다른 욕망까지 통제할 수 있다는 믿음을 버리고, 자신의 욕구들을 있는 그대로 인정했다. 사랑받고 싶고, 인정받고 싶고, 맛있는 음식을 먹고 싶고, 아름다워지고 싶은 그 모든 욕구를 있는 그대로 받아들였다. 특히 그녀는 조정을 배우면서 몸에 관해 더 잘 알게 되었다. 물살을 가르며 천천히 앞으로 나아가는 기쁨, 자연의 힘과 인간의 힘이 조화를 이루어 배를 움직이는 기쁨을 통해 내가 내 인생의 주인공이라는 믿음을 회복할 수 있었다.

둘째, 욕망의 대상이기를 멈추고 욕망의 주체이기를 선택했다. 타인에게 사랑받기 위해서 깡마른 신체를 보여주고 싶었던 마음에는 단지 외모 강박이 아니라 '나는 고통받고 있어요'라는 구조 신호가 숨어 있었다. 그녀는 타인에게 호감을 얻기 위해 투쟁하기보다 욕망의 주체로서 능동적으로 살고 싶은 자신을 발견했다. 고통받고 있다는 구조 신호를 보낼 것이 아니라, 내 안의 강력한 해방 의지로 '과거의 나'라는 감옥을 탈출하는 길. 그것은 타인에게 의존하지 않고도 삶의 기쁨을 발견하는, 나 자신의 강인한 모습을 발견하는 길이었다.

셋째, 사랑받고 싶은 마음을 사랑을 주는 실천으로 바꾸었다. 그녀는 가족과 연인과 친구에게 더 많은 사랑과 더 제대로 된 사랑을 받고 싶은 열망을, 스스로 먼저 사랑을 적극적으로 주는 실천으로 바꾸었다. 내 마음에 꼭 들게 나를 사랑해주지 않는 가족과 연인을 탓하는 일을 그만두고, 반려견을 입양해 그 사랑스러운 생명체를 온 힘을 다해 사랑하기 시작했다. 반려견을 향한 사랑은 타인에 향한 사랑으로 확장되었고, 사랑을 받기만을 열망하던 캐럴라인은 오히려 사랑을 끊임없이 적극적으로 주면서, 자기 안에 짐작했던 것보다 크고 깊은 사랑이 아직 무궁무진하게 남아 있음을 발견했다.

끝없는 결핍과 상대적 박탈감에 시달리는 우리에게, 나는 캐럴라인의 용기와 열정과 사랑을 선물하고 싶다. 욕망에 끝은 없지만 '끝없이 무언가를 갈망하는 마음'과 단호하게 결별할 용기는 있다. 사랑의 대상이 되기 위해 전전긍긍하기보다는 내가 먼저 사랑의 주체가 되자.

트라우마

**함께한다면
이겨낼 수 있는 그것**

3장

〈더 글로리〉, 지울 수 없는 트라우마의 이름

얼마 전 심리상담 전문가에게 이런 말을 들었다. "이제 여울 씨의 지난날을 애도해보세요. 혼자 견디기에 버거운 수많은 짐을 짊어지고 살아온 자신의 삶을 애도하는 시간이 필요해요." 그 말이 왜 그토록 서글펐을까. 나는 이렇게 멀쩡히 살아 있는데도 나 자신의 삶을 애도해야 한다는 사실에 눈시울이 뜨거워졌다. 애도라는 말에는 단절의 의미가 있다. 힘겨웠던 그 시간을 견디낸 과거의 나를 지금의 나로부터 떼어놓는 것이다. 죽은 사람을 땅속에 묻은 뒤 아픈 마음을 부여잡고 애써 단호하게 돌아서서 집에 돌아오는 심정으로. 그 많은 짐을 다 짊어지고 살아온 당신이 대단하다는 칭찬을 들었다면 전혀 슬프지 않았을 것이다.

45

대단하다는 칭찬에는 그 시간의 소유주가 여전히 나라는 의미가 들어 있으므로, 과거에서 나를 분리할 필요가 없다. 하지만 나는 고통스러운 과거와 작별하는 제의적 몸짓으로서 지난날의 나를 처절히 애도할 필요가 있었던 것이다.

하여 애도는 죽은 대상만을 향하지 않는다. 지금의 내가 살아남기 위해 과거의 나를 죽여야 할 때도 애도가 필요하다. 〈더 글로리〉의 문동은처럼. 학대와 폭력으로 얼룩진 과거를 결코 잊지 않으면서, 이제부터 '찢기고, 짓밟힌 나'가 아닌 다시 '온전한 나'로 살아갈 용기를 얻기 위하여. 김은숙 작가가 창조한 이 잔혹한 복수극의 세계가 전 세계인에게 뜨거운 감동을 준 이유는 이 작품이 '용서'라는 말에 숨은 포기와 비겁함에서 우리를 구해주기 때문이다.

가해자의 잘못을 용서할 수 없는데도, 지금의 내가 그저 간신히 살아남기 위해 표피적 용서를 택해왔던 수많은 나날. 그 비굴하고 수치스러운 과거에서 우리를 구해주는 것은 문동은의 철두철미한 복수의 시나리오, 강현남의 처절하지만 끝내 명랑한 순수, 사랑하는 사람을 위해 기꺼이 체면을 버리고 미친 칼춤을 추는 망나니가 되어준 주여정, 자살의 위기에서 문동은을 구해준 에덴빌라 주인 할머니의 따스한 미소다. 세상 누구도 날 구해주지 않는다고 믿었던 문동은은, 처절한 복수의 시나리오를 빠짐없이 실현하고 나서야 자신을 줄기차게 응원하던 낯선 타인의 친절이 자신을 구해주었음을 깨닫는다. 지금은 추우니까, 나중에 더 따뜻할 때 '봄에 죽자'라던 말은 '봄에 피자'라는 말이었다는 것도.

우리가 과거의 자신을 애도해야 하는 가장 중요한 이유, 그것은 단지 살아남기 위해서가 아니라 우리가 언젠가는 활짝 피어나는 봄을 살아내야 하기 때문이다. 과거의 트라우마와 줄기차게 싸워왔던 나는 어느 날 깨달았다. 나를 괴롭혔던 수많은 사람보다 이제는 내가 훨씬 강해졌음을. 어느새 나도 모르게 강인해졌음을. 과거에 나를 괴롭혔던 그 누구보다도 내가 더 강하고 지혜로우며 씩씩해졌음을.

세상 모든 '동은이'들이여. 제발 포기하지 말고, 제발 홀로 슬퍼하지 말고, 부디 당신의 활짝 필 봄날을 응원해줄 강현남을, 에덴빌라 집주인을, 칼춤까지 쳐줄 사랑스러운 망나니 주여정을 찾기를. 그리고 그 모두가 없을지라도, '나를 위해 칼춤을 쳐줄 나 자신'이 있음을 결코 잊지 말기를. 내가 나의 주여정이 될 때, 내가 나의 문동은이 될 때, 우리는 기필코 승리하는 눈부신 복수극의 주인공이 된다. 살아 있지만 사실 죽은 것 같았던 시간에서 나 자신을 구해내는 것. 그것이야말로 우리의 과거를 애도하는 새로운 길이 아닐까.

우리, 함께 그리고 같이

감당하기 힘든 슬픔이 밀려올 때는 '차라리 혼자 있고 싶다'라는 마음이 생긴다. 나도 그럴 때가 있다. 누군가와 함께 있으면 그 사람의 기분을 생각해야 하고, 그 사람을 챙겨야 하니 나의 마음에 온전히 집중하기 어렵기 때문이다. 하지만 헤어나기 어려운 슬픔에 하염없이 그저 빠져 있고 싶을 때, 나아질 수 있다는 희망이 보이지 않을 때, 그 누구도 위로가 되지 않을 것 같을 때조차도 우리는 누군가와 함께해야 한다. 혼자만 있으면 결국에는 더 깊은 절망의 수렁에 빠질 수 있기 때문이다.

극도로 우울한 감정에 빠져 간신히 몸을 추슬러 지방 강연에 나섰던 때가 있다. 외상 후 스트레스 장애PTSD 연구의 세계적 권위자인 베셀 반 데어 콜크는 기념비적 저서 《몸은 기억한다》에서 트라우마와 몸의 상관관계에 주목하며, 우리 몸은 우리가 느끼는 모든 트라우마의 기억장치이자 저장소라고 지적한다. 트라우마는 마음뿐 아니라 몸에 커다란 타격을 남긴다. 의식적으로 아무리 힘을 내려 해도 힘이 나지 않는 이유는, 트라우마가 깊은 상태에서는 몸도 쇠약해지기 때문이다.

그날이 바로 내가 몰랐던 트라우마가 내 몸을 약하게 만들었던 날이었다. 나는 '오늘까지만 버티고 내일은 쉬자'라는 마음으로 강연에 임했다. 그런데 강연이 시작되는 순간 놀라운 일이 일어났다. "정여울 작가입니다"라는 인사를 하자마자 우레 같은 박수 소리로 나를 맞아준 독자들의 눈빛이 나를 우울의 늪에서 번쩍 끌어올린 것이다. 어떻게 박수 소리만으로도 사람이 그토록 힘이 날 수 있는 것인지, 신기하고도 감격스러웠다. 박수라는 것이 그 자체로 응원이 되고 원기 회복을 돕는다는 것을 처음 강렬하게 체험했다.

나는 갑자기 힘을 내어 강의하기 시작했다. 강한 의무감에서 시작된 강의가 진정한 신명으로 번져나가는 것을 느낄 수 있었다. 온 힘을 다해 내 강의에 귀 기울여주는 사람들, 마스크를 쓴 상태에도 어떻게든 강렬한 공감을 표현하려고 눈이 마주칠 때마다 고개를 힘차게 끄덕여주는 사람들, 세상에서 가장 중요한 이야기라도 듣는 듯 열심히 손 글씨로 필기하는 사람들, 내 책을 읽고 공감해 귀농했다며 눈망울을 반짝이던 사람들.

그들을 바라보고 있으니 그동안 힘들고 우울하다며 나 자신을 돌봐주지 못한 스스로에게 미안해졌다. 청중의 반응이 열정적이니 나도 덩달아 기운을 냈고, 준비한 것 이상의 수많은 이야기를 거침없이 들려주었다. 이들은 나를 온전히 환대하고 있구나. 내 모든 것을 하나도 빠짐없이 받아들이려고 온 마음으로 내게 집중하고 있구나. 그런 생각이 드니 문득 눈시울이 뜨거워졌다.

그제야 나는 깨달았다. 우리는 이야기를 함께 나눠야 비로소 더 나은 저마다의 자기다움을 되찾을 수 있다는 것을. 힘들고 아플수록 모여서 서로를 토닥이고 붙잡아주어야 함을. 그동안 독자에게 위로를 주어야 한다는 의무감을 가졌던 것이 부끄러울 정도로, 나는 독자에게 거꾸로 위안을 받았다. 내가 독자에게 힘을 드려야 하는데, 강의를 들으러 와주신 분들에게 오히려 내가 힘을 얻어서 죄송한 느낌과 함께 고마운 마음, 그래도 매일매일 기운을 내야 한다는 다짐이 마구 엉켜서 집에 돌아오는 자동차 안에서 눈물을 쏟았다.

우리는 아무리 힘들어도 함께 있어야 힘을 얻는 존재라는 것을 눈물 속에서 깨달았다. 우리 함께 서로를 돌보고 보살피는 언어 속에서 힘을 내기로 하자. 수없이 타인에게 실망할지라도 우리는 혼자선 자신을 위로할 수는 없는 존재이며, 타인에게 진정한 위로를 받을 수 있는 존재이기 때문이다. 사람이 상처의 뿌리일지라도 결국 사람만이 희망이기 때문이다. 우리 함께 서로의 손을 꼭 붙들고 좋은 사람이 되기 위한 안간힘을 멈추지 않으면 좋겠다.

당신과 함께해야 비로소 나는 내가 되기에.

책임

나를 향한
영원한 공전에서
벗어나기

기적은 땅 위를 걷는 일이다.

임제 선사

4장

우리의 창백한 푸른 점을 위하여

심리학을 사랑하지만 때로 나로 시작해 나로 끝나는 하루에서 벗어나고 싶을 때가 있다. 심리학은 '나'라는 주체가 주인공이자 목적지이기에 '나'를 향한 영원한 공전을 멈추지 못한다. 왜 우리 인간은 나로부터 시작해 나로 끝나는 삶에서 벗어날 수 없을까. 나는 왜 평생 나를 데리고 살아야 할까. 하루라도 나로부터 벗어나고 싶었다. 그런 고민을 하던 시기에 세계 평균 기온이 지구 관측 사상 가장 높다는 신문 기사를 읽었다. 바로 이때다 싶었다. 나를 향한 관심을 우리가 사는 지구로 이동할 때임을.

최근 지구 평균 기온이 역대 최고치를 경신하면서 지구온난화 문제가 그 어느 때보다도 심각해졌다. 연일 폭염으로 고통받

51

는 지구인을 가장 크게 위협하는 것은 바로 우리 자신이 방출하는 이산화탄소가 아닐까. 유니버시티칼리지 런던 기후학과 교수인 크리스 브리얼리는 "우리가 대기 중으로 이산화탄소를 방출하는 행위를 멈출 때까지 지구 기온은 계속 상승할 것이다"라고 지적했다. 우리는 저마다의 자리에서 최대한 이산화탄소를 덜 배출하는 길을 연구해야 하지 않을까. 세계적 탐험가 로버트 스완은 "지구에 대한 가장 큰 위협은 다른 누군가가 지구를 구할 거라는 믿음이다"라고 이야기했다. 누군가 지구를 구할 것이라 기대하지 않고, 우리 자신이 지구를 구해야 한다는 절박함을 느껴야 하지 않을까. 미국의 44대 대통령 버락 오바마의 말처럼 우리는 기후변화의 영향을 느끼는 첫 번째 세대이자 기후변화에 대해 뭔가 할 수 있는 마지막 세대이기 때문이다.

공중을 날거나 물 위를 걷는 것이 아니라, 우리가 두 발을 땅에 디디고 걷는 것이 기적이다. 앙투안 드 생텍쥐페리는 이렇게 말했다. "아침에 제일 먼저 자신을 돌보고, 양치질하고, 얼굴을 씻지 않습니까? 두 번째로 해야 할 일은 지구를 돌보는 것입니다." 우리가 자기를 돌보는 일의 절반만큼만 지구를 돌본다면, 모든 쓰레기의 양을 줄이고 물과 에너지를 아끼며 서로의 옷이나 물건을 나눠 쓴다면, 지구라는 아름다운 별에 머물 수 있는 날을 하루라도 더 늘릴 수 있지 않을까.

남산에서 열린 결혼식에 참석했다가, 아무리 더운 날에도 숲 근처는 시원하다는 사실을 새삼 깨달았다. 숲속을 산책하는 것만으로도 우리 인생은 물론 지구의 인생을 바꿀 수 있다. 에어컨 바람에 너무 오래 몸을 맡기는 대신 공원이나 숲길을 걷는 시간을 늘린다면, 탄소발자국도 에너지 낭비도 줄일 수 있으니 우리 인류도 즐겁고 지구 또한 기뻐하지 않을까. 모든 교통수단 가운데 가장 느려 보이지만, 사실은 가장 빠르게 삶의 본질과 자연의 한복판으로 동시에 뛰어드는 방법이 바로 걷기다. 게다가 걷기는 장소를 이동하는 방법을 넘어 시간을 뛰어넘는 방법이고, 너와 나 사이의 장벽을 뛰어넘는 길이며, 서로 이해할 수 없었던 모든 존재 사이의 장애물을 넘어서는 가장 아름다운 방법이다. 우리 모두의 유일한 집인 창백한 푸른 점, 지구를 지키기 위해 우리가 할 수 있는 모든 일을 오늘부터 실천하자.

전쟁의 반대말이 장미 정원이 되는 세계

전쟁의 반대말은 무엇일까. 평화와 사랑, 이해와 관용 등의 멋진 말들이 떠오르지만《남자들은 자꾸 나를 가르치려 든다》로 전 세계의 주목을 받은 작가 리베카 솔닛은 이렇게 말한다. 전쟁의 반대말은 '정원'이라고. 아름다운 정원을 가꾸는 삶이야말로 전쟁과 폭력과 그 모든 끔찍한 갈등의 반대편에 있는 게 아닐까. 꽃과 나무와 풀의 향기 그리고 그 싱그러운 생명체를 쓰다듬고 보살피는 인간의 열정이야말로 세상 모든 것을 잔인하게 파괴하는 전쟁의 공포에 맞설 수 있는 우리 인류의 고유한 힘이다.

팬데믹 시대를 견디게 해준 내 안의 작은 위로는 식물을 바라보는 기쁨에서 비롯했다. 나는 식물을 키우는 데 재주가 없었지만, 꽃다발이나 화분을 선물 받을 때마다 식물에 더 큰 관심을 지니게 되었다. 나는 식물이 수동적이지만은 않다는 사실을 깨달았다. 식물은 자기 나름대로 미세한 몸짓과 독특한 향기로 의도를 표현한다. 동물처럼 소리를 내며 몸을 움직이는 직접적 방식은 아니지만, 식물은 분명 자기만의 표현법을 가지고 있다. 해가 비치는 곳으로 몸을 한껏 기울여 햇살이 얼마나 절실히 필요한지 보여주고, 여러 실험에서 입증된 것처럼 아름다운 음악을 들려주면 빨리 성장하기도 한다.

식물이 겉보기와 다르게 매우 적극적이고 강인하며 역동적이기까지 하다는 사실을 깨달을 때마다, 나는 '움직이지 않는 것처럼 보이지만 분명 움직이는 내 삶'을 생각했다. 드라마틱한 변화는 아닐지라도 우리 삶에는 매일매일 변화가 일어난다. 매일 내 삶에 바지런히 물을 주고 햇볕을 쬐어주며 정성껏 보살핀다면, 식물처럼 끝내 아름다운 꽃을 피워내는 우리의 또 다른 내일을 기대할 수 있지 않을까.

나는 커다란 정원을 가꾸는 호사는 누리지 못했지만, 집 안에서 작은 화분을 조금씩 키우는 소박한 기쁨을 사랑하게 되었다. 분홍색 장미 꽃다발을 한 아름 사 들고 와 꽃병에 꽂아두고 매일 바라보는 기쁨도 알게 되었다. 수돗물을 냉장고에 보관해두었다가 매일 물을 갈아주면 꽃병 속 식물이 오래 살 수 있다는 것도 알게 되었다. 물에 닿는 줄기 쪽을 매일 미세하게 잘라주면 오래오래 장미의 탐스러움을 바라볼 수 있다는 것도 알게 되었다. 그러면서 식물을 바라보기만 해도 마음속에 진정한 휴식이 찾아온다는 사실을 깨달았다. 특히 루콜라를 키우기 시작하면서부터 놀라운 속도로 자라나는 루콜라의 생장 능력에 감탄하고 있다. 루콜라는 금방금방 따서 요리에 넣어 먹을 수도 있다. 파릇파릇한 잎사귀가 매일 쑥쑥 자라는 것을 바라보는 기쁨, 아주 작은 정성만 보여주어도 '사랑받는 티'를 물씬 보여주는 식물을 바라보는 기쁨, 이런 기쁨은 수많은 스트레스를 이겨낼 수 있는 회복탄력성의 원천이기도 하다.

우크라이나전쟁을 비롯해 수많은 악조건에서 저마다 고군분투하는 우리 인류를 위해, 리베카는 정원을 사랑한 작가 조지 오웰의 아름다운 문장과 '장미가 흐드러지게 피어나는 정원'이라는 눈부신 해결책을 제시한다. 눈에 보이는 전쟁뿐 아니라 먹고살기 위한 가혹한 생존의 전장에서 분투하고 있는 우리 모두를 위해, 리베카는 살아 있는 모든 것을 지키기 위한 정원 가꾸기라는 향기로운 투쟁의 비결을 알려준다. 우리가 정원사의 기쁨과 슬픔을 이해한다면, 온갖 전쟁으로 부서지고 메말라가는 이 세상을 마침내 구원할 수 있을 것이다. 세상 모든 정원이 살아 있는 한, 우리는 끝내 괜찮을 것이다.

사회적 죽음

끝내 경청해야 할,
죽은 자의 말들

서이초, 선생님 그리고 교육

학창 시절, 성적이 오르는 것보다 더 기쁜 일은 선생님이 칭찬을 해주실 때였다. 꼭 공부에 대한 칭찬이 아니더라도, 심지어 청소를 잘한다는 사소한 칭찬까지도 좋았다. 담임선생님이 좋으면 모든 과목의 성적이 올랐다. 감동적 수업을 들으면 배움을 향한 무한한 동경이 싹텄다. 중고등학교 때 국어 수업을 듣지 않았다면 지금의 나는 없었을 것이다. 국어 수업에서 나는 문학에 대한 사랑, 읽기와 쓰기 실력은 물론 세상을 바라보는 따스한 시선과 통합적 문해력까지 다 배웠다. 그 힘으로 지금까지 20년째 작가 생활을 하고 있다. 이 모두가 공교육의 힘이다. 나는 세상에서 가장 고귀한 직업은 교사라고 생각한다. 험난한 세상을 헤쳐

56

가는 법도 훌륭한 선생님들에게 배웠다. 공교육이 없다면 오늘의 나는 없을 것이다.

2023년 7월 18일 서이초등학교 교사가 교내에서 스스로 목숨을 끊는 일이 일어났다. 사망한 교사가 학부모들의 악성 민원으로 힘들어했다는 증언이 이어졌다. 교사는 학교 측에 열 차례 상담 요청을 했으나 학교는 제대로 된 대책을 마련해주지 않았다. 이 사건은 전국적으로 교권 추락에 대한 담론을 촉발했고, '교사 생존권 보장'을 외치는 시발점이 되었다.

공교육은 시스템만으로 움직이지 않는다. 선생님 한 분 한 분의 열정과 헌신, 학생에 대한 사랑과 책임, 학생의 노력과 학부모의 협조가 있어야만 공교육은 힘을 발휘한다. 그런데 아무런 도움도 받지 못하고 홀로 고통받다 죽어간 서이초 교사를 추모하며 결정적 공교육 구성요건이 하나 더 떠올랐다. 교사에게도 교사가 필요하다는 점이다. 교사 생활의 어려움을 함께 나누고, 선배로서 후배를 이끌어주고, 교사로서 노하우를 가르쳐줄 교사들의 교사가 절실한 시대다. 꽃다운 나이에 죽음을 선택한 초임 교사에게 필요했던 것은 고민을 함께 나눌 멘토, 무조건 당신 편이라고 응원해줄 선생님들이었다. 하지만 지금 저마다 자신만의 문제로 고통받는 교사들은 동료를 도울 여유조차 없다. 교사가 학부모의 민원에 시달리는 환경에서는 동료애가 싹트기 어렵다. 교사들을 위한 멘토링 수업과 함께 교사들을 전적으로 응원하고 지지해주는 상담 및 소모임을 향한 정부 지원이 절실하다.

"아이들은 예나 지금이나 비슷해요. 학부모들이 문제지요. 학부모 민원만 없어져도 교사라는 직업은 여전히 보람찬 직업이에요." 주변 교사들이 들려준 이야기다. 교사는 서비스직종이 아니다. 학교는 기업이 아니다. 특히 공교육은 결코 상품이 되어서는 안 된다. 아이들이 책임 있는 시민으로 성장하게 도와줄 의무가 우리 어른들에게 있다. 학부모들은 '내 아이의 소중함'만을 생각할 것이 아니라 '교사가 바로 서야 교육이 바로 선다'라는 사실을 기억해야 한다. 교사가 마음껏 자신의 능력을 펼칠 수 있도록 응원해줘야 교실이 살아나고, 교육이 힘을 발휘한다.

교사인 내 친구가 아이들에게 가장 많이 듣는 새 학기 소원은 이것이라고 한다. "많이 예뻐해주세요." 예나 지금이나 아이들은 교사가 자신을 예뻐해주고 칭찬해주고 응원해주길 바란다. 학부모들은 교사들이 행복한 교실, 교사들이 마음 놓고 자기의 뜻을 펼칠 수 있는 교실을 되돌려줘야 한다. 세상의 모든 선생님에게 말하고 싶다. 당신의 영향력은 학생의 평생을 좌우할 수 있습니다. 절대 두려워 말고, 절대 기죽지 말고, 당신이 지닌 가장 아름다운 빛을 아이들에게 나눠주세요.

지하철역에 붙은 그 말, "살아서 퇴근하고 싶습니다"

2022년 9월 14일 서울 2호선 신당역 여자 화장실에서 순찰 중이던 여성 역무원 A씨가 같은 직장에서 근무했던 전주환에게 살해당하는 사건이 벌어졌다. 가해자는 전 서울교통공사 직원이었으나 직위 해제된 사람이었고, 불법 촬영과 스토킹 등의 범죄로 이미 징역 9년이 구형되어 있었다. 그 남성에게 무려 2년 가량 심각한 스토킹을 당한 피해자의 고통을 생각하면, 흉기에 찔려 죽어가는 참혹한 고통에서도 비상벨을 눌러 현장에서 피의자가 검거될 수 있도록 한 그녀의 용기를 생각하면, 도저히 잠을 이룰 수가 없었다.

A씨는 여자 화장실을 순찰하다가, 즉 우리 시민의 안전을 지켜주려다가 살해당했다. 그녀는 스토킹이라는 무서운 범죄에서 보호받지 못하고, 직장에서도 안전을 보장받지 못한 채, 겨우 스물여덟 살에 세상을 떠나고 말았다.

사실 아무런 잘못이 없는 스토킹 피해자가 살해당하는 사건은 수없이 반복되고 있다. 스토킹에 시달리는 여성들은 매일 무시무시한 불안에 시달리고 있으며, 스토킹 피해자가 결국 싸늘한 시신으로 발견되는 악순환은 계속되고 있다. 피해자의 여동생은 〈경향신문〉과의 인터뷰에서 말했다. "직원들이 (피해자가) 우리 언니인 줄 모르고 '그 사람(가해자)은 착하고 좋은 사람인데 누가 신고했을까' 이런 식으로 이야기했다고 한다. 그때 직원들이 언니를 한 번 죽인 것"이라고. 피해자 여동생의 인터뷰가 밤새도록 머릿속을 맴돌아 가슴 한구석에서 아프게 메아리쳤다.

고통받고 있는 사람에게 결코 해서는 안 될 말이 있다. 사람들은 고통에 몸부림치는 사람에게 또 한 번 상처를 준다. 그것이 2차

트라우마를 부른다. 그 사람 착한 사람인데 누가 고발을 했는지 모르겠다는 말. 그 말은 피해자의 가슴속에 얼마나 커다란 상처로 남았을까. 불법 촬영으로 직위 해제된 사람이 착한 사람인가? 2년이나 스토킹해서 한 사람의 인생을 파괴한 사람이 착한 사람인가? 서울서부지법은 "주거가 일정하고 증거인멸 우려와 도주 우려가 없다"라는 이유로 구속영장을 기각했다. 이런 말도 고통받는 사람에게 결코 해서는 안 될 말이다. 스토킹 가해자는 증거인멸 및 도주 위험뿐 아니라 피해자의 생명까지 위협할 위험이 있다.

신당역 역무원 살인 사건에 대한 기사를 처음 봤을 때, 나는 지방 강연을 마치고 집으로 돌아가고 있었다. 고속도로 휴게소 화장실에 가려고 하는데, 나도 모르게 이런 절규가 터져 나왔다. "너무 무섭다. 화장실에 가는 것이 무서워." 여성이 혼자 화장실에 가는 것조차 이렇게 무서운 세상에서 우리는 어떻게 살아야 할까. 나는 이 공포가 처음이 아님을 깨달았다. 강남역 살인 사건이 일어났을 때도 이런 공포에 떨어야 했다.

여성이 단지 여성이라는 이유만으로 상처받고 다치며 죽을 때마다 나는 공포에 사로잡힌다. 우리는 혼자 지하 주차장에 가야 할 때도 무섭고, 밤길을 혼자 걸어야 할 때도 무섭다. 이 비극을 끝장낼 힘이 우리에게 없을까 봐 더더욱 두렵다. 하지만 우리는 결코 포기하지 않을 것이다. 우리는 아파하는 사람들의 목소리에 더더욱 귀를 기울일 것이다. 그럼에도 희망을 이야기하는 사람들의 목소리를 경청할 것이다.

여성에 대한 스토킹 범죄에는 반드시 무거운 처벌이 뒤따라야 한다. 사건에 대해 섣불리 말하기 전에 우선 피해자의 목소리를 들어야 한다. 이번에야말로 스토킹으로 고통받는 사람들이 진정으로 하고 싶은 말을 마음껏 할 수 있도록, 우리가 경청해야 한다. 신당역에는 A씨를 추모하는 포스트잇이 붙었다. "살아서 퇴근하고 싶다." "언제까지 강력범죄를 모른 척하는 나라에서 개인이 몸서리치며 살아야 합니까." 이런 말들이 우리가 들어야 할 말이며, 먼저 간 사람들이 다하지 못한 간절한 외침이다.

사랑

**소중한 존재에게
무덤덤해지지 않는
능력**

자세히 보세요.
아름다운 것은 작을지도 모릅니다.

이마누엘 칸트

부모님 댁에 갔다가 화가 잔뜩 난 얼굴로 나올 때가 있다.
다 큰 어른인데도 아직 어린아이처럼 부모님에게 서운함을 표출
한다. 나이가 들면 철들 줄 알았는데…. 화를 참는 연기력은 조금
늘었지만, 철은 조금도 들지 않은 것 같다. 그러다가 퍼뜩 깨닫는
다. 아, 우리 부모님, 이제 연로하시구나. 이렇게 화가 난 채로 헤
어지면 안 돼. 다시 돌아가서 내가 다 잘못했다고 말하자. 그래도
사랑한다고 말하자. 이제는 아주 쉽게, 이렇게 먼저 화해를 청한
다. 우리가 분노했던 순간이 부모님과의 마지막 작별 인사가 되
면 안 되니 말이다.

드라마 〈나의 해방일지〉에서 가장 가슴 아팠던 장면은 평생 고
생만 하던 엄마와의 갑작스러운 이별이다. 드라마에서 그동안 누

구도 엄마의 이름을 부르지 않았기에, 장례식에서야 그녀의 이름이 밝혀진다. 고 곽혜숙. 그녀는 365일 쉬는 날 없이 다섯 식구와 일꾼 구씨의 몫까지 삼시 세끼를 챙기고 공장 일을 거들며 뙤약볕 아래서 밭일까지 해왔다. 아무도 고생만 하는 엄마에게 다정한 말 한마디 못 했는데, 엄마가 갑자기 세상을 떠난다.

장녀 염기정은 엄마가 그토록 보고 싶어 한 사윗감 조태훈 앞에서 엄마의 신분을 숨긴 적이 있다. 사윗감 얼굴 한 번 보겠다고 몰래 음식점에 따라 나온 엄마가 창피했던 것이다. 사윗감을 그토록 사랑스러운 눈빛으로 쳐다보는 엄마를 어떻게 숨길 수 있는지. 딸의 태도가 가혹하게 느껴졌다. 정식 상견례가 아니었기에, '엄마가 딱 한 번 몰래 얼굴만 보겠다'라고 무리한 만남이었기에, 딸의 마음도 이해가 갔다. 엄마가 연애에 과도하게 관심을 가지는 것이 딸로서는 불편할 수 있다. 하지만 엄마의 관심이 어떻게 과도하지 않을 수 있을까.

큰딸의 남편감에 어떻게 관심이 없을 수 있었을까. 딸을 그토록 사랑하는데 어떻게 거리를 둘 수가 있나. 자식에게 진심으로 쿨할 수 있는 엄마가 세상에 몇 명이나 있을까. 하지만 옛날 사람인 엄마는 딸에게 그런 마음을 잘 표현하지 못한다. 딸은 엄마의 간절함을 모른 채, 엄마와 작별 인사도 나누지 못한 채, 모녀는 영원히 헤어진다. 모든 식구가 엄마를 당연한 사람으로 여겼다. 당연히 늘 집에 있는 사람, 당연히 세끼 밥상을 차려주고, 빨래와 청소를 해주고, 그저 거기서 한없이 우리를 기다리는 사람. 하지만 엄마는 그런 존재가 아니다. 엄마는 그냥 그렇게 당연히 우리를 기다리기만 하는 존재가 아니다. 엄마는 온 힘을 다해 온 가족을 지켜주고 있었던 것이다.

가까운 사람에게 진심으로 친절하기는 왜 이토록 어려운 걸까. 데면데면, 티격태격, 겉은 무뚝뚝하고 속만 따뜻한 '츤데레(쌀쌀맞아 보이지만 속으로는 다정한)' 같은 그런 사랑 말고, 겉과 속이 비슷하게 다정하고 예의 바른 사랑을 할 수는 없는 걸까. 완벽한 사랑은 아닐지라도 아주 조심스러운 사랑은 가능하다. 가까운 사이에서도 서로의 가장 아픈 부분, 서로의 아킬레스건을 존중해주는 사려 깊은 사랑은 필요하다.

우리가 받아온 모든 사랑은 결코 당연하지 않다. 가까운 이의 사랑을 당연하다는 듯 무덤덤하게 받아들인다면 그것은 우리의 자만심일지 모른다. 우리가 받아온 모든 사랑은 힘겹게 인생의 장애물을 뛰어넘은 사람들의 안간힘에서 빚어진 것이다. 부모의 사랑도, 연인이나 친구나 스승의 사랑도 결코 당연하지 않다. 고통에 무너지고 넘어지며 무릎을 꿇어본 사람만이 이 당연하지 않은 사랑에 배어 있는 깊은 슬픔과 고귀함을 안다.

엄마에게 전화를 건다. 그동안 '겉으로는 무뚝뚝하고 속으로만 다정하던' 나를 버리고, 겉도 속도 다정한 해맑은 딸로 잠깐이나마 변신해본다. "엄마, 나 낳아줘서 고마워. 그리고 엄마, 내 엄마가 되어줘서 정말 고마워. 사랑해." 가장 아픈 곳에서 태어나는 가장 따스한 사랑이 마침내 우리를 버티게 한다.

큐레이션

취향을 넘어,
열정의 대상을 찾아내는
훈련

언제부턴가 '큐레이션(선별, 분류, 선택)'이라는 단어가 미술 뿐 아니라 쇼핑몰, 웹사이트, 뉴스, 강연, 패션, 음식, 책에 이르기까지 모든 분야에서 광범위하게 쓰이고 있다. 모든 사람이 모든 상품과 콘텐츠를 큐레이션해야 할 것 같은, 숨 가쁜 시대다. 정보의 홍수뿐 아니라 정보의 대혼란을 겪는 현대인에게는 불가피하게 온갖 정보의 선별 작업이 필요하다. 그런데 이러한 큐레이션조차 홍보 목적으로 변질하면서 본래의 '전문가적 성찰'을 담은 선별 과정보다는 '상품으로서의 가성비'를 따지는 사람들이 많아진다는 것이 안타깝다. 큐레이션의 과정을 살펴보지 않고 결과만을 손쉽게 얻으면, 타인의 안목이 아닌 나 자신의 눈으로 세상을 이해하고 분석하는 능력이 떨어진다. 이용자의 취향에 맞춰 읽을

65

거리를 골라주는 뉴스 큐레이션이나 넷플릭스의 추천 콘텐츠에 의존하면, 내 머리로 생각하고 내 마음으로 느끼는 능력이 점점 퇴화하지 않을까.

빅데이터를 통해 개인의 취향을 분석해 나에게 꼭 맞는 콘텐츠를 추천하는 큐레이션은 우리 두뇌의 온갖 편견과 확증편향을 강화할 위험성이 높다. 무엇보다 큐레이션의 목표가 소비자를 설득하는 마케팅 활동으로 변질하는 점이 우려스럽다. 잘 팔리는 책만 큐레이션을 하다 보면 독자 한 명 한 명을 그저 소비자로 바라보게 되고, 잘 팔리는 미술작품만 큐레이션을 하다 보면 미술작품을 재테크의 관점으로 바라보게 된다. 그렇게 작품의 진정한 의미는 잊히고 상품으로서의 교환 가치만 중요해진다. 나는 우리가 대기업이나 유명 인사의 큐레이션에 의존하기보다 나의 눈과 귀, 나의 결단과 직감을 믿고 내가 진정으로 사랑할 대상을 직접 찾아내는 감성의 훈련을 시작했으면 좋겠다.

큐레이션은 대상 하나하나를 의미 있게 바라보기보다 덜어내기와 쳐내기를 목적으로 하는 경우가 많다. 어떻게든 '덜 중요한 것'을 가려내 '최고의 가성비'를 뽑아내려는 상업적 큐레이션은 모든 대상을 그래도 의미 있게 바라보려 안간힘 쓰는, 우리 안의 빛나는 순수를 빼앗아 간다. 나는 위대한 책에서 많이 배웠지만 조금은 아쉬운 듯한 책에서도 많이 배웠다. 뛰어난 걸작 영화에서 감동을 받았지만, '별점 테러'를 받은 그저 그런 영화에서 뜻밖의 깨달음을 얻었다. 나에게 반짝이는 감수성을 선물한 수많은 책과 영화와 음악과 미술작품은 그것이 콘텐츠이거나 큐레이션의 대상이기 때문이 아니라 하나하나 우리 인류가 만들어낸 소중한 작품이기 때문에 의미가 있다. B급 콘텐츠조차 자기만의 아우라가 있고, 아무도 거들떠보지 않는 독립 영화야말로 천재의 산실일 수 있다. 권위 있는 큐레이션에 의해 추방되고 배제된 작품들이야말로 우리가 끝내 소중히 여겨야 할 문화적 자산일 수 있다.

그렇다면 '나를 믿고 시작하는 나만의 큐레이션'을 하기 위해서는 어떤 훈련이 필요할까.

첫째, 전문가들이 추천한 최고의 작품이 아니더라도 내가 나의 말로 내 감동을 설명할 수 있는 작품을 천천히 찾아보는 것이다.

둘째, 교환 가치나 가성비가 아니라 사용 가치와 진정한 심리적 가치를 평가할 줄 아는 훈련이 필요하다. 다섯 작품 중에서 나에게 맞는 한 작품을 고르는 것이 아니라, 다섯 작품을 빠짐없이 보고 나의 언어로, 나의 마음으로, 그 모든 작품에 관한 이야기를 나눌 수 있는 용기가 필요하다.

셋째, 틀릴 자유, 망가질 자유, 방황할 자유를 느껴보자. 서점의 베스트셀러 코너만 급하게 돌아볼 것이 아니라, 무작정 소설이나 에세이 코너로 돌진해 내게 감동을 주는 문장을 기어이 찾아낼 때까지 그곳에서 버텨보는 것이다. 멋진 서점이나 도서관은 아름다운 책들의 숲을 거리낌 없이 방황할 자유를 선물한다. 그 안에서 '반드시 성공해야만 하는 나'의 미래를 레고 모형처럼 철저히 조립하는 것이 아니라, 틀려도 괜찮고 망가져도 괜찮으며 방황해도 괜찮은 나를 만날 수 있다.

대단한 것 딱 하나만 골라내는 큐레이션 시대에, 나는 다른 길을 선택하고 싶다. 한 작가의 모든 작품을 빠짐없이 읽고 그의 작품 세계를 총체적으로 이해하려 하는 전작주의가 그것이다. 나는 김훈 작가의 《저만치 혼자서》에 푹 빠지고 나서, 그의 모든 작품을 처음부터 다시 읽는 행복한 전작주의자를 꿈꾸게 되었다. 그 모든 작품을 꼼꼼하게 다시 읽으면 예전보다 1,000배쯤 더 깊은 감동을 받을 것이 분명하니까. 발터 벤야민, 버지니아 울프, 카를 구스타프 융, 김소연, 권여선, 윤이형은 내 머릿속에서 항상 펼쳐진 책갈피의 주인공들이다. 인류학자 김현경의 《사람, 장소, 환대》는 나도 모르게 세 번이나 읽었다.

나는 넷플릭스나 유튜브 추천 콘텐츠를 일부러 피하는데, 내 취향이 거대 기업에 분석당한다는 사실만으로도 내 영혼을 도둑맞는 기분이 들기 때문이다. 그 어떤 통계로도 분석당하지 않는 마음, 분류당하거나 통계화되지 않는 자기만의 독특한 감성이야말로 우리가 저마다 지켜야 할 나다움이 아닐까. 내가 단 한 번이라도 사랑했던 누군가의 손길이 닿은 모든 것은, 끝내 빠짐없이, 모든 부분이 소중하니까. 우리가 사랑했던 모든 것은 끝내 눈부시게 빛나니까. 큐레이션은 단순한 취향의 선택을 넘어, 우리가 기꺼이 열정을 쏟아부을 가치가 있는 대상을 찾아내는 감각의 훈련이니까.

리추얼

모닝페이지 글쓰기,
매일 조금씩
한 걸음씩 나아가기

언젠가 시간이 충분하면 산속에 들어가 세계문학 전집을 다 읽을 수 있지 않을까. 언젠가 진정으로 마음의 여유가 생기면 공모전에도 도전해볼 수 있지 않을까. 20대 시절 자주 하던 생각이다. 그때는 서른 살만 넘으면 삶의 여유가 생길 줄 알았다. 서른 살이 넘으면 진짜 어른답게 내 삶의 모든 것을 책임지며 눈부시게 살아갈 것이라는 막연한 기대감이 있었다.

그러나 세상은 그리 녹록지 않았다. 나는 쉬지 않고 안간힘 썼지만 열정 페이는 끝날 기미가 보이지 않았고, 나의 재능을 진심으로 인정해주는 사람을 만나기도 쉽지 않았다. 하루하루 꿈을 실현하는 것이 아니라 항상 내 상상 속 '꿈의 구장' 한편에 '벤치 워머bench warmer'로 처량하게 앉아 있는 느낌이었다. 그러던 어느 날 나는 결심했다. 먼 훗날 여유가 생기고 언젠가 실력을 쌓으면 제대로 된 글을 쓰자는 생각을 버리기로. 오늘부터 한 줄 한 줄, 말이 되든 안 되든 어떻게든 글을 써보기로. 매일 한 페이지씩만 쉬지 않고 쓴다면 365일 후에는 무려 365페이지의 두꺼운 원고 뭉치가 탄생하지 않을까. 그것을 고치고 또 고치면 언젠가 좋은 책이 되지 않을까.

그런 간절함과 단순함 속에서 출발한 나의 '매일 글쓰기 운동'은 20대 후반에서 지금까지 이어지고 있다. 아파서 쓰러질 것 같은 날에도, 일이 너무 많아 졸음이 쏟아지는 날에도, 어찌 되었든 엉성하고 서툰 미완성 원고라도 써둔다. 그다음 날 퇴고하고 또 그다음 날 윤문하면 되니까. 어떤 글은 책이 나올 때까지 열 번 넘게 고치기도 한다. 매일 쓰고 독자뿐 아니라 편집자와 지인에게 자주 내 원고를 보여주면, 글을 더 나은 방향으로 수정할 방법이 환하게 드러난다.

내 책의 제목이기도 한 '끝까지 쓰는 용기'만큼 '남에게 보여줄 용기'가 중요하다. 남에게 보여주지 않는 비밀스러운 일기 쓰기는 실력 향상에 큰 도움이 되지 않는다. 나는 불만스러운 글이라도 일단 남에게 보여주고, 어떻게 하면 더 나은 글로 발전할 수 있을지 따끔한 조언도 겸허하게 들었다. 남이 내 글에 대해 아주 자그마한 지적이라도 하면 집에 가서 눈물을 철철 흘리는 유리 멘탈의 소유자였던 내가, 지금은 온갖 악성 댓글을 마주하면서도 버티는 강심장을 갖게 되었다. 누군가를 비난하는 것은 쉽지만,

매일매일 무언가를 창조하는 것은 결코 쉽지 않으니까. 비난하는 사람은 결국 잊히지만, 창조하는 사람은 결국 작품을 남기니까.

나에게 '매일 글 쓰는 사람'이 된다는 것은 '쉬지 않고 꿈꾸는 사람'이 되는 것과 동의어였다. 매일 글을 쓰다 보면 소재를 찾기 어렵지 않냐는 질문을 받곤 하는데, 실은 그 반대다. 매일 글을 쓰려고 애쓰기 때문에 더욱 눈에 불을 켜고 소재를 찾는다. 한참 쉬었다가 어느 날 갑자기 영감이 떠오르면 글을 쓰는 것이 아니라, 매일 기를 쓰고 조금이라도 어제와 다른 소재를 찾으려고 노력하기 때문에 새로운 소재를 찾는 혜안이 생긴다. 영감이 떠오르면 글을 쓰는 것이 아니라, 글을 쓰다 보면 영감이 떠오른다. 내 인생에 한 번뿐인 대단한 영감이 찾아오기를 기다리면 그 순간이 평생 오지 않을 수도 있다. 번개 같은 영감, 활화산 같은 영감에 따르는 것이 아니라 매일 만 보씩 걷기 운동을 하듯 그 자체로 몸에 좋은 것. 글쓰기는 책을 내거나 돈을 벌거나 타인의 인정을 받기 위함이 아니라, 그냥 그 자체로 좋은 것이다. 내게 글쓰기는 그렇게 하루하루 더 나은 나를 만들어가는 과정이었다.

'모닝페이지'는 글쓰기의 완성도를 생각하지 않고 그저 생각나는 대로 매일 아침 마음껏 메모하는 글쓰기를 의미한다. 당신이 어떤 직업을 가졌든, 어떤 꿈을 지녔든 매일 글을 쓰는 습관은 매우 큰 도움이 될 것이다. 모닝페이지는 창조성을 자극할 뿐 아니라 매일 조금씩 더 나은 나를 만들어준다. 그 외 장점이 수없이 많으나, 크게 세 가지 장점으로 정리할 수 있다.

첫째, 그날의 기분이나 몸 상태에 휘둘리지 않고 작은 성취를 쌓아가는 습관을 들일 수 있다. 글을 쓰기 싫을 때 우리는 '오늘은 몸 상태가 안 좋으니까' '오늘은 기분이 안 좋으니까' 같은 변명을 하며 도피한다. 크고 작은 핑계를 대다가 오늘 할 수 있는 일을 내일로 모레로 미루는 습관이 생긴다. 반면 매일 한 걸음씩 나아가는 글쓰기는 상황에 상관없이 나의 일을 끝까지 해낼 수 있는 용기를 준다. 아무리 곤란한 상황이라도 어쨌든 한 페이지는 채우는 것, 그렇게 나를 단련하는 기쁨이 더 나은 내일을 만들어준다.

둘째, 시간의 경이로움을 깨닫게 된다. 하루 한 페이지, 혹은 그 이상을 쓰다 보면 하루하루의 시간이 얼마나 많은 에너지를 품고 있는지 알 수 있다. 우리가 하루 동안 읽고 듣고 말하고 쓸 수 있는 분량이 얼마나 많은지를 깨닫고 나면 1분도 허투루 쓰고 싶지 않게 된다. 이 소중한 시간을 어떻게 하면 더 지혜롭고 풍요롭게 보낼 수 있을지 고민할 때 하루하루는 소중해지고 삶은 더욱 아름다워진다.

셋째, 결국은 무엇인가를 이룰 수 있다. 1일 1페이지 쓰기가 익숙해지면 그보다 훨씬 많은 분량을 쓰는 것도 가능해진다. 더 나은 작업을 위해서 무엇이 필요한가도 자연스럽게 알게 된다. 나는 매일 글을 쓰면서 암기력이 향상되는 것을 느꼈고, 기억을 분석하고 점검하는 능력도 커지는 것을 느꼈다.

여기에 더해 단지 나만 보는 일기에서 나아가 타인에게 보여줄 글을 완성도 있게 한 페이지 이상 쓰는 훈련을 하면, '사람들에게 보여줄 수 있는 나'와 '사람들에게 보여줄 수 없는 나'의 경계도 알게 된다. 내 깊은 속마음을 어디까지 타인에게 보여줄 수 있는지 생각해볼 시간도 생긴다. 이렇게 내가 공부한 것, 관찰한 것, 경험한 것, 사랑한 것, 미워한 것, 슬퍼한 그 모든 것에 대해 글을 쓰다 보니 '어떤 작가가 되고 싶은가'에 대한 비전도 생기기 시작했다.

결국, 책 한 권을 매번 무사히 완성해내는 힘도 매일 글 쓰는 습관에서 나왔다. "선생님은 어떻게 그렇게 많은 책을 내셨나요?" 이런 질문을 받을 때마다 쑥스럽지만, 매일 글을 쓰는 작은 습관이야말로 유일한 비결이다. 그런데 대충 쓰는 것이 아니라 정말 맹렬하게, 열성을 다해 글을 써야 한다. 최선을 다하지 않으면 반드시 후회하게 되기 때문에. 최선을 다하지 못했을 때는 타인보다 앞서서 내가 가장 먼저 부끄럽기 때문에.

그래도 매일 진지한 글을 쓰는 것이 너무 어렵다는 생각이 든다면, 리뷰형 글쓰기를 추천한다. 매일 아주 짧은 글을 한 편씩 읽고 그 글에 대한 느낌을 써보는 것이다. 나는 신문 칼럼을 자주 활용했다. 우선 신문 칼럼 중 좋은 것을 골라 읽는다. 그러다 보면 좋은 글을 선별하는 능력이 생긴다. 칼럼을 고른 뒤에는 세 번 정도 반복해 읽는다. 반복해 읽다 보면 나도 이렇게 좋은 글을 쓰고 싶다는 동기부여가 된다. 그런 다음 그 글에 대한 내 생각과 느낌을 적는다. 초고는 거칠게 쓰고 퇴고할 때 더 나은 글로 수정한다.

모닝페이지를 쓰는 또 하나의 비법은 문답형 글쓰기다. '내가 왜 그 사람을 좋아했을까?' '내가 왜 그와 이별했을까?' '나는 아직도 미련이 있을까?' '내가 진정으로 꿈꾼 삶은 무엇이었을까?' 이런 질문에 스스로 대답하는 글쓰기를 해보는 것이다. 내가 쓴 글을 세 번 정도 읽은 뒤 문장을 가다듬고 더 나은 표현을 찾아내기 위해 궁리한다.

궁리窮理라는 말이 참 좋다. 궁리, 그저 오래오래 생각해보는 몸짓을 이렇게 아름다운 말로 표현하다니. 생각을 실타래처럼 늘여보기도 하고, 생각을 공처럼 굴려보기도 하고, 생각을 마그마처럼 폭발시켜보기도 하는 것. 그것이 글쓰기다. 마침내 내 안에 꿈틀거리고 있었던 가장 아름다운 빛을 꺼내서 매일매일 세상으로 내보내는 것. 그것이야말로 매일 한 페이지씩 글쓰기의 아름다움이다.

침묵

묵묵 속에서
'참나'를 발견하다

가장 깊은 감정은 항상 침묵 속에 있다.

토머스 모어

글쓰기 수업을 진행하다가 즉흥적으로 써 내려가는 과제를 낼 때가 있다. 그날의 과제는 이것이었다. "가장 견디기 어려웠던 침묵에 대해서 써보라."

당시 '침묵'이란 주제를 이야기한 것은, 그때 내가 상대방의 견디기 힘든 침묵으로 고통받고 있었기 때문이다. 그렇게 즉흥적으로 글을 써보라고 했더니, 모두가 평소보다 더 나은 글을 썼다. K는 '헤어지기 직전, 남자 친구의 침묵'에 대해 썼다. 그날 유난히 자신에게 말을 걸기 힘겨워하는 연인의 괴로운 얼굴을 보고, 그의 견딜 수 없는 침묵에서 이제 사랑이 끝났음을 깨달은 것이었다. 그 침묵은 관계의 마침표를 의미하는 확실한 신호였다. 이별을 먼저 통보하기 힘들어하는 남자 친구의 침묵이야말로 그

75

안타까운 연인의 마지막 소통이었다. 때로 침묵이 많은 말보다 더 많은 것을, 더 깊은 의미를 전달한다.

마크 C. 테일러의 《침묵을 보다》는 침묵 속에서 비로소 더 깊은 인생의 진실과 만나는 우리 인간 조건에 대한 이야기다. 예술은 침묵을 표현하는 가장 효과적 매체다. 이를테면 세계적 예술가 케테 콜비츠의 수많은 작품은 아무 말 없이, 비명이나 절규조차 없이, 죽은 아들을 필사적으로 끌어안는 어머니의 모습을 보여준다. 바로 그 고통스러운 침묵의 포옹 속에서 우리는 전쟁의 참상을 깨닫는다. 아들이 본인의 의지로 참전하는 것을 도저히 막을 수 없었던 부모의 고통, 하루하루 제발 일어나지 않기를 간절히 기도했던 최악의 상황이 일어나버린 순간, 그때부터 영원한 침묵 속에서 살아가는 듯한 부모의 고통을 관객도 함께 느낀다.

침묵은 '아무것도 없는 것'이 아니라 '다른 소리를 내지 않으며 내 안의 소리를 듣는 것'이기도 하다. 상대방의 침묵은 때로 고통의 견딤이나 슬픔의 억누름이다. 이제 막 시작하는 연인의 첫 데이트에서 말을 고르느라 망설이는 침묵은 설렘과 두근거림의 신호이기도 하다. 이 모든 상황에서 침묵은 커다란 빛을 발한다. 하지만 우리는 너무 많은 미디어의 각종 정보를 급하게 섭취하느라 침묵의 뉘앙스를 읽어내는 데 자주 실패한다.

내가 견디기 힘들었던 침묵은 스승의 침묵이었다. 나의 멘토이자 벗이었던 황광수 선생님이 암 투병으로 힘겨워하시던 나날들의 침묵. 병문안도 거부하고 오직 치료에만 집중하겠다고 말씀하신 선생님의 깔끔한 성격을 이해하기에 나는 차마 자주 연락드리지 못하고 연락을 기다리기만 했다. 너무 걱정스러워 문자메시지를 남겨놓으면 선생님은 "응, 지금 병원이라서. 잘 있으니 걱정말거라"라고 다정하게 답장을 보내주셨다. 하지만 어느 순간부터 답장이 오지 않았다. 아무리 기다려도 답장이 없었다. 그 침묵이 이 세상에서 단 하나뿐인 내 소중한 스승의 위험을 알리고 있었다. 답장을 안 하실 분이 아니기에 나는 위험한 상황이 닥쳐왔음을 직감했다.

나는 선생님의 가족에게 연락을 취했고, 선생님이 중환자실에서 사경을 헤매고 있다는 소식을 들었다. 그 견디기 힘든 침묵의 나날, 나는 선생님과의 영원한 작별을 준비해야만 했다. 그 쓰라린 침묵은 한없이 다정한 그분에게 당해보는 첫 번째 고통이었다. 그 첫 번째 고통을 끝으로 우리는 마지막 이별을 준비해야만 했다. 어떤 침묵은 영원한 헤어짐을 예고하는 것이었다. 나는 그 침묵으로 새삼 깨달았다. 나에게 선생님은 우연히 같은 학교에서 만난 단순한 사제 관계가 아닌, 오직 나의 자발적 선택으로 만난 단하나의 스승임을. 선생님은 나와 핏줄로도 지연으로도 학연으로도 얽히지 않지만, 나를 아무런 조건 없이 사랑해준 최초의 타인임을. 다시는 그런 사랑을 누군가에게 받을 수 없다는 것을. 존재의 침묵은 존재의 의미를 깨닫게 하는 소중한 기회이기도 했다.

침묵이 우리에게 새로운 깨달음을 주는 이유가 있다. 한 번도 제대로 깊이 생각해본 적 없는 것을 갑자기 생각해봄으로써, 그동안 돌아본 적 없는 삶의 귀중한 측면을 엿볼 기회가 생기기 때문이다. 어떤 학생은 나에게 이렇게 편지를 썼다. "선생님, 멋진 과제를 내주셔서 감사해요. 그 과제 때문에 제가 그동안 왜 힘들었는지를 알게 되었어요. 삶을 돌아보는 글쓰기가 왜 치유의 효과가 있는지 알겠어요." 그 학생의 '침묵' 때문에 나는 '내 수업이 재미없나?' 하고 의구심을 가졌는데, 역시 그 침묵마저도 수업에 열심히 참여하면서 나 자신을 돌아보는 기회였나 보다.

그런데 모든 침묵이 깊고 진지한 통찰만을 요구하는 것은 아니다. 가볍고 사랑스러운 침묵도 있다. 새근새근 잠든 아기의 살짝 벌린 입술에 깃든 달콤한 평화. 아름다운 오케스트라 연주가 시작되기 직전, 설렘과 긴장으로 터져버릴 것 같은 팽팽한 공기 속에서 몇 초간 계속되는 상쾌한 침묵. 이런 달콤한 침묵도 내게는 아름답고 소중하다.

굳게 봉인된 감각에 자극을 주는 것. 이것이야말로 침묵의 결정적 역할이다. 그리하여 가장 싱그러운 아이디어가 떠오르는 순간도 모두 잠들어 침묵으로 가득한 새벽이다. 아무도 일어나지 않았을 때 이른 새벽에 깨어 있는 기쁨. 그 차분한 침묵 속에서 나는 잃어버린 시간을 돌려받는다. 새벽의 침묵 속에 조용히 명상에 잠기면 특정한 사람이 아니라 우주 전체에서 그토록 안타깝고 소중한 시간, 잃어버린 모든 시간을 돌려받는 느낌이다. 세속의 시간에서 부딪히고 사람들에게 상처받고 나 또한 나도 모르는 사이에 누군가에게 상처를 주었다는 것을 뒤늦게 깨닫는다. 침묵은 내가 미처 알지 못하던 내 안의 이야기들, 미처 다 말하지 못한 슬픔, 한 번도 터뜨린 적 없는 분노와 대면하게 만든다. 침묵이 없다면 우리는 홀로 생각하며 내 안의 또 다른 나와 만날 기회를 잃어버린다. 새벽의 침묵 속에서 나는 내 안의 또 다른 내가 속삭이는 소리를 듣는다. '일하는 능력으로 너를 평가하지 마. 일하지 않을 때의 너도 충분히 소중한 거야. 일 중독에 빠져 너를 증명하려고 하지 마. 너의 몸은 간절히 휴식이 필요해.'

테일러는 또한 침묵이야말로 치유의 도구가 될 수 있다고 말한다. 특히 수많은 소음과 소문 속에서 괴로울 때, 무슨 말을 해도 위로가 되지 않을 때, 최고의 테라피는 침묵 속에 잠기는 것이다. 소문의 늪에 빠져 허우적댈 때가 있다. 사람의 영혼을 갉아먹는 악성 루머들, 끝내 그 사람의 영혼을 파괴해 삶의 의지조차 꺾어버리는 악의적 소문들. 그런 소문이 우리를 괴롭힐 때 최고의 치유제는 침묵이다. 가장 조용한 곳에서 어떤 소문에도 귀를 막고 나 자신을 쉬게 해야 한다. 나쁜 소문에 귀 기울이지 말자. 바깥에서 들려오는 나쁜 소문이 아니라 내 마음속에서 들려오는 좋은 소식에 귀 기울이자. 드디어 고요한 침묵의 소리를 듣기 시작한 내 마음속에서는 이런 좋은 소식이 들려온다. 오늘부터 더욱 건강해지고, 소문 따위엔 신경도 쓰지 않고, 우리의 마음을 차분한 침묵으로 가라앉힐 수 있는 해맑은 사람이 되겠다고. 침묵이라는 보이지 않는 조약돌로 내 마음 주변에 탄탄한 성벽을 쌓아, 너무 많은 소리에 고통받는 나 자신을 지켜내자고.

에이징

아름다운
나이 듦을 꿈꾸며

우리 모두가 가질 수 있는 가장 중요한 관계
는 당신 자신과의 관계이며, 당신이 취할 수
있는 가장 중요한 여정은 자기발견의 여정
이다.

아리스토텔레스

노화는 누구에게나 찾아오지만 '아름다운 나이 듦'은 소수
에게만 주어지는 축복이다. 그렇다면 아름다운 나이 듦은 어떻게
가능한 것일까. 영화 〈바비〉를 보고 그 비결을 발견했다. 여성의
외모가 완벽하기를 바라는 사회의 압력에 시달리던 주인공 바비
는 우연히 벤치에 앉아 있는 한 할머니를 만난다. 할머니는 너무
도 평화로운 얼굴로 그윽한 미소를 띠며 벤치에 앉아 있고, 바비
는 할머니의 모습에 감탄해 자신도 모르게 이렇게 말한다. "당신
은 정말 아름답군요!" 그러자 할머니는 전혀 놀라지 않은 표정으
로 느긋하게 응수한다. "나도 알아요." 두 사람은 그 순간 뭔가 통
했다는 듯 여유로운 미소를 지은 채 서로를 다정하게 바라본다.
바비는 여성의 키, 몸무게, 생김새 등을 끊임없이 평가하는 사

회에 질려 있었고, 오후의 햇살을 즐기고 있는 할머니의 모습에서 그 모든 사회적 압박을 뛰어넘은 아름다움을 발견한 것이 아닐까. 주름 가득한 할머니의 얼굴에는 노화의 흔적뿐 아니라 아름다운 삶을 살아왔다는 자부심이 깔려 있었다. 그 아름다움은 주름을 지우는 시술이나 특별한 피부 관리가 아닌, 눈부시게 살아온 지난 세월에서 나오는 보이지 않는 흔적이었다.

세상은 이런 아름다움이 필요하다. 삶을 아름답게 살아온 자부심으로 가득한 향기로운 노년의 아름다움 말이다. 권력과 재력, 외모로 사람을 판단하는 것이 아니라 그 사람이 지닌 고유한 영혼의 나이테를 알아보는 혜안이 필요하다. 끊임없이 외모를 가꾸기 위해 피곤해지는 현대인의 삶은 안티에이징anti-aging을 겨냥한다. 나이 듦aging에 반대anti하는 것, 즉 나이 듦을 거부하거나 세월을 거스르기를 바라는 것이다. 이런 부자연스러운 안티에이징과 달리 웰에이징well-aging은 멋지고 건강하게 나이 들어가는 것이다. 안티에이징이 자연의 흐름을 억지로 거스르려고 한다면 웰에이징은 자연의 흐름을 있는 그대로 받아들인다. 외모에 지나치게 신경 쓰는 대신 나이 들어도 행복한 삶 그 자체에 초점을 맞춘다. 나이 들어도 활동성을 잃지 않고 계속 주변에 좋은 영향을 끼치며 살아가는 사람들을 '액티브 시니어active senior'라고 부르기도 한다. 액티브 시니어로서 웰에이징하려면 나이 들어도 변함없이 추구할 수 있는 삶의 가치를 찾는 것이 중요하다. 단지 직업을 넘어 내가 살아갈 이유를 찾는 힘이 웰에이징의 핵심이다.

작가 마야 안젤루는 진정한 성숙의 어려움을 가리켜 이렇게 말했다. 대부분의 사람은 성장하지 않고 그저 늙어갈 뿐이라고. 주차 공간을 찾아내고, 신용카드에 의존하고, 결혼하고, 아이를 낳으며, 그것을 성숙이라 부를 뿐이라고. 하지만 그것은 성숙이 아니라 노화일 뿐이다. 영혼의 성숙을 동반하지 않는 육체적 노화야말로 가장 위험한 것이다. 그런 영혼의 성숙을 위해서는 중년부터 적극적 준비가 필요하다.

벤 허친슨의 《미드라이프 마인드》는 중년의 삶과 아름다운 나이 듦을 이야기하는 문학작품을 소개하는 책이다. 그리고 단테, 몽테뉴, 괴테, 보부아르나 베케트처럼 중년을 살아가기를 제안한다. 대문호들은 나이 들어서도 더 나은 삶을 향한 갈망을 멈추지 않고 끊임없이 새로운 창작을 이어갔다. 그들의 삶과 작품에서 우리는 계속 배우고 영감을 얻을 수 있다.

그중에서도 사뮈엘 베케트의 '실패할 용기'라는 대목이 마음을 울렸다. 대다수는 나이 들수록 덜 실패하기를 원한다. 하지만 더 나은 삶을 꿈꾸는 한, 우리는 끊임없이 실패하게 되어 있다. 이런 현실 속에서 그저 편안하게 '도전하지 않는 삶'을 선택하기보다는 '실패하더라도, 늘 도전하는 삶'을 택하는 것이야말로 아름다운 나이 듦의 비결이라고 책은 이야기한다.

소설가이자 철학자인 파스칼 브뤼크네르의 《아직 오지 않은 날들을 위하여》는 노년을 소비만 하고 노동은 하지 않는 삶으로 규정해서는 안 된다고 강조한다. 경험치와 통찰력은 나이가 들수록 더 두터워지기에, 노인들이 일을 계속하거나 새로운 일을 찾는 것은 개인은 물론 공동체를 위해서도 좋다는 것이다.

작가 새뮤얼 버틀러는 인생은 바이올린을 배우면서 동시에 사람들 앞에서 바이올린을 연주하는 것과 같다고 했다. 바이올린을 완벽히 배운 다음에 대중 앞에서 연주하는 것이 아니라, 바이올린을 배우면서 동시에 연주를 해야 한다니. 그 기발한 비유만큼이나 매 순간 마치 처음처럼 배우는 삶이야말로 아름다운 나이 듦의 비결이 아닐까. 인생의 마지막 날까지도 우리는 연습하고, 무대에 서고, 서툴게 한 음 한 음 연주하며 '어제보다 나은 삶'을 향해 나아가는 것이라고 생각하면 마음이 훨씬 편해진다. 인생의 행로를 완벽하게 외워서 실수 하나 없이 철두철미하게 실현해야 한다는 강박에서 벗어나, '매일 배우는 삶'을 향해 한 걸음 나아갈 수 있기를 바란다.

브뤼크네르는 프랑스의 사상가 피에르 베일의 말을 인용해 '의식이 방황할 권리'를 주장한다. 뭔가 완성된 태도로 삶을 마무리하는 것이 아니라 끝까지 방황할 권리야말로 노년의 아름다움일 수도 있지 않을까. 인생은 빈틈없이 완성된 진리를 실현하는 것이 아니다. 새로운 학설을 증명하기 위해 실험하는 과학자처럼 살아갈 용기가 필요하다. 노년은 가파른 인생의 내리막길이 아니라 오히려 오르막길처럼 적극적으로 힘을 내어 걸어가야 하는 새로운 삶의 여정이다.

《아직 오지 않은 날들을 위하여》는 나이 듦의 기술, 즉 생물학적 나이에 굴복하지 않는 법을 이야기한다. 그 기술은 바로 욕망을 포기하지 말라는 것, 포기하는 마음 그 자체를 포기하라는 것이다. 베르톨트 브레히트는 이렇게 말했다. 죽음을 두려워할 것이 아니라 추악한 삶을 두려워해야 한다고. 아름다운 삶을 위해 멈추지 않고 도전하는 것이야말로 멋진 나이 듦의 비결이다. 겉으로는 움직이지 않는 것처럼 보이지만, 내면에서는 부지런히 또 다른 봄을 준비하는 것이야말로 노년기의 아름다움이 아닐까. 브뤼크네르는 말한다. 좋아하는 일, 할 수 있는 일을 최대한 늦게까지 하라고. 어떠한 기쁨이나 호기심도 포기하지 말고 불가능에 도전하라고. 인생의 마지막 순간까지 사랑하고, 일하고, 여행하며, 우리의 모든 힘을 시험하라고.

오래전 북유럽 패키지 여행을 갔을 때 나이 지긋하신 할머니 두 분이 함께 오신 것을 보았다. 파란만장한 여행이 다 끝나고 나서 할머니들이 사시는 곳을 물어보니 부산이라고 했다. 인천공항에 도착하자마자 기차역으로 가서 부산으로 이동한 다음 각자의 집으로 가기 위해 또 버스를 타야 하는 기나긴 여정이 남았다. "장시간 비행도 지치실 텐데, 집으로 돌아가는 여정이 너무 길어서 어떡해요." 내가 걱정하자 그분들은 환하게 웃으며 말했다. "여행이 끝난 뒤 또 아름다운 여행이 남은 거잖아요." 그분들을 위로하려다가 오히려 내가 위로받았다.

70대가 되어서도 죽마고우와 머나먼 북유럽 여행을 떠날 수 있는 용기, 그리고 그 기나긴 여행이 끝나고 나서도 인천에서 부산까지 돌아가는 기나긴 여정을 '그냥 불편한 이동 시간'이라고 생각하지 않고 '또 하나의 아름다운 여행'으로 바라보는 마음. 그것이 그분들을 그렇게 환한 미소와 아름다운 노년기의 주인공으로 만들어준 것이었다. 이렇듯 사람과 세상과 삶을 끝없이 사랑하는 마음이야말로, 아름다운 나이 듦을 여는 눈부신 황금 열쇠가 아닐까.

돌봄

자신을 파괴하지 않는 건강한 태도

나는 내 심장의 모든 박동을 다해 당신을 사랑하기 위해 태어났습니다.
나는 내 인생의 모든 날을 돌보기 위해 태어났습니다.

프레디 머큐리

자기 돌봄은 왜 이토록 어려운 것일까. 남을 돌보는 것도 쉬운 일이 아니지만, 특히 아픈 자신을 돌본다는 것은 매우 어려운 일이다. 남이 보살필 수 없는 마음 깊숙한 곳의 통증까지 들여다보고 받아들이며 극진히 돌보아야 하기 때문이다. 몸이 아픈 환자를 또 한 번 찌르는 마음의 통증은 헤아릴 수 없이 다채롭다.

첫 번째 통증은 자기 자신에 대한 최소한의 기대를 한없이 낮추어야 한다는 두려움에서 찾아온다. 매일 들던 가방이 왜 이토록 무겁게 느껴지는 것일까. 평소 걸어 올라가던 계단을 왜 똑같은 속도로 올라가기 힘든 것일까. 몇 발자국만 움직여도 왜 이렇게 피곤하고 지치는 것일까. 이렇듯 자기 자신에 대한 실망감은 환자의 마음을 어둡게 물들이지만, 자기 자신을 돌보라는 신호다. 융은 무의식이 의식에게 보내는 신호를 읽으라고 조언한다. 쉬어야 할 때 쉬지 못했고, 놀아야 할 때 놀지 못했고, 고요와 평온을 원했지만 한 번도 제대로 된 고요와 평온을 얻지 못했던 우리 자신을 향해, 무의식은 끊임없이 구조 신호를 보내고 있다. 몸의 아픔이야말로 우리 자신을 더욱 극진히, 정성스럽게 보살피라는 신호일 수 있다.

두 번째 통증은 주변 사람들에 대한 서운함에서 찾아온다. 가족은 왜 내 아픔을 충분히 배려해주지 않는 것일까. 친구들은 왜 나에게 연락이 뜸해지는 것일까. 나를 찾아오는 사람들은 왜 별로 없는 것일까. 이런 주변 사람들에 대한 기대와 실망은 환자의 자존감을 낮추고, 삶에 대한 만족감을 떨어뜨린다. 나의 스승 황광수 선생님은 암 투병 중에 '아무도 찾아오지 말라'라고 하시면서 주변에 대한 기대를 낮추셨다. 제자들이 서운해하자 선생님은 이렇게 말씀하셨다. "나는 병을 고치는 데 집중할게. 아플 때는 오히려 혼자가 편하단다." 선생님은 진심으로 고요와 평온을 원하셨고, 제자들은 그의 뜻을 존중해주었다. 병문안이나 선물은 받아주지 않는 대신 편지나 이메일은 받아주셨다. 진심 어린 대화나 소통을 바라셨던 것이다. 나는 선생님께 요즘 읽는 책이나 아름다운 영화, 풍경, 사람에 대해 편지를 썼고, 선생님은 꿈 이야기나 어린 시절 이야기를 전화로 들려주셨다. 그때 우리는 예전보다 더 깊은 친밀감으로 서로에게 다가갈 수 있었다. 만날 수 없지만 더욱 친근해진 느낌, 더 깊은 우정이 싹튼 느낌이었다. 잦은

병문안으로 환자의 마음을 어지럽히지 않고, 어설픈 위로나 틀에 박힌 인사로 환자를 귀찮게 하지 않고, 몸은 멀어도 마음은 더욱 가까워지는 편지나 이메일을 통해 우리는 더욱 깊은 우정을 나눌 수 있었다.

세 번째 통증은 자신과 세상을 향한 분노에서 찾아온다. 암 투병의 고통 중 하나는 자꾸만 세상과 자신을 탓하게 된다는 점이다. 병을 받아들이기도, 병과 싸우기도 힘든데, 여기에 자책감이나 세상을 향한 분노까지 더해지면 마음은 더욱 갈피를 잡기 어려워진다. 내가 왜 이런 병에 걸렸는지, 그때 그 시절 스트레스에 시달려 이런 병에 걸린 것은 아닌지, 자책하거나 세상을 향해 분노를 터뜨리는 것은 병을 치료하는 데 도움이 되지 않는다. 이럴 때는 병에서 눈을 돌려, 슬픔이나 분노나 두려움에서 나를 멀리 탈출시키는 방법을 고안해야 한다.

윌 슈발브의 《엄마와 함께한 마지막 북클럽》은 암 환자인 어머니와 출판 편집자인 아들이 병원에서 나눈 책 이야기를 들려준다. 엄마가 항암 치료를 받는 것을 기다리기 너무 고통스러웠던 아들은 항암 치료일마다 엄마와 '둘만의 북클럽'을 열어 서로 좋아하는 책에 대해 이야기하기로 한다. 엄마와 웃음꽃을 피우며 아들은 엄마가 더 이상 '고통받는 환자'가 아니라 세상에서 가장 멋진 토론 상대이자 위대한 이야기꾼임을 깨닫는다. 소중한 책들이 두 사람 사이에 놓이자 어린 시절 나누지 못한 이야기, 그때 서운했지만 지금 할 수 있는 이야기까지 술술 풀려나온다.

환자가 병에서 잠시나마 눈을 돌릴 수 있도록 진정한 집중의 대상을 찾는 것은 매우 중요하다. 바로 이런 것이 블리스bliss, 즉 더없는 기쁨이자 희열이다. 고통에서 눈 돌릴 수 있게 하는 내면의 기쁨을 찾아내는 것이야말로 환자에게 소중하다. 블리스는 시간의 흐름뿐 아니라 몸의 이런저런 아픔까지도 잊게 하는 내면의 희열이다. 아프다면 건강할 때 미루고 또 미루던 일, 이다음에 여유가 생기면 꼭 하고 싶었던 일을 지금 바로 시작하는 것이 어떨까.

블리스의 추구는 텔레비전 시청이나 온라인 게임처럼 수동적 기쁨을 좇는 것이 아니다. 꽃을 가꾸고, 산책을 하고, 커피를 내리고, 책을 읽는 것처럼 아주 구체적이고 능동적이며 적극적 기쁨을 추구하는 것이다. 심리학자 엘렌 랭어는 요양원의 노년층을 대상으로 흥미로운 실험을 했다. 음식이나 공간은 똑같이 통제하고, A 그룹 환자들에게는 철저히 요양원의 시간표대로 살라고 주문한 반면 B 그룹 환자들에게는 해야 할 일, 키워야 할 식물 그리고 커다란 자유를 주었다고 한다. 몇 달 후에 놀라운 변화가 찾아왔다. 이제껏 그랬듯 아무런 변화도 능동적 의지도 없이 살았던 A 그룹에서는 심장질환을 비롯한 다양한 질병과 우울증 관련 증상들이 나타났고, 책임감을 지니고 능동적으로 일정을 계획했던 B 그룹에서는 우울증과 각종 스트레스가 현저히 줄어들었을 뿐 아니라 육체적 건강이 좋아졌고 기대수명까지 늘어난 것이다.

해야 할 일이 있고, 지켜야 할 인간관계가 있고, 자신이 온전히 책임져야 할 생명(화초)이 있다는 것. 사회적 활동과 개인적 취미 활동이 어우러졌을 때 노년층 환자들은 훨씬 더 재미있고 적극적으로 살 수 있었다. 이렇듯 인간은 능동적으로 활동하면서 치유되고 성장할 수 있는 존재다. 아무리 힘든 상황과 맞닥뜨려도 우리는 무언가를 배우려는 노력을 게을리하지 않아야 한다. 무언가를 배울 수 있다는 것, 그것이 살아 있다는 가장 눈부신 신호이기 때문이다.

나를 새롭게 자극하는 소박한 기쁨을 찾아보자. 화초를 키우고, 우쿨렐레를 배우고, 책을 읽고, 글을 쓰며 '아직 괜찮은 나의 마음'을 끌어내보자. 식물을 사랑하고, 음악을 사랑하며, 배움의 과정 하나하나를 만끽하는 과정에서 우리는 블리스를 체험한다. 이렇게 내면의 기쁨을 누릴 수 있는 시간을 카이로스Kairos의 시간이라고 한다.

카이로스의 시간은 달력이나 시계로 계산할 수 있는 수치적 시간, 즉 크로노스Chronos의 시간과 반대되는 개념이다. 얼마나 창조적이고 자유롭고 적극적으로 카이로스의 시간을 살 수 있는지가 치유의 결정적 요인일 뿐 아니라 행복한 삶의 기준점이 되지 않을까. 당신을 기쁘게 하는 모든 일 중 하나를 골라 오늘부터 시작해보자. 병원에서도, 치료를 받으면서도, 분명히 시작할 수 있는 일, 소박한 기쁨을 주는 취미들이 분명 있을 것이다. 간호사에게 다정하게 말 걸기, 간병인에게 미소 지으며 말하기, 가족에게 짜증 내지 않고 마음속에서 일어난 좋은 변화에 대해 말하기.

이런 소박한 실천만으로도 우리는 아름다운 카이로스의 시간을 만들 수 있다. 타인에게 너무 쉽게 의존하지 말고 '아픔에도 불구하고, 그럼에도 불구하고 내가 할 수 있는 일'을 찾자. 나를 도와주는 사람들의 노동과 배려를 당연하게 여기지 말고, 남이 더 잘해주기만 바라지 말고, 그들을 칭찬해주고 격려해주는 것. 내 안에 아직 괜찮은 마음, 아직 건강한 부분이 생각보다 많이 남아 있음을 깨닫는 것이야말로 아름다운 카이로스의 시간을 여는 출발점이 될 것이다.

마음챙김

생각을 멈출 수 없는
당신을 위한 마음챙김

부정적 생각을 긍정적 생각으로 억누르는 것은 좋을까. 예컨대 '하면 된다'라는 생각을 주입해 '나는 왜 이렇게 되는 일이 없을까'라는 상념을 지우는 것은 과연 좋을까. '나는 나를 혐오한다'라는 생각을 무조건 '나를 사랑해야 한다'라는 강박관념으로 지울 수 있을까.

심리치료사 낸시 콜리어의 《나는 왜 생각을 멈출 수 없을까?》는 그런 '생각 말살하기'야말로 마음챙김의 방해물임을 간파한다. 딱따구리가 끊임없이 나무를 쪼아대듯 머릿속에서 우리를 들쑤시는 잡생각들과 상념들. 심장박동처럼 살아 있는 한 꿈속에서도 멈추지 않는 생각들은 우리가 벗어날 수 없는 감옥 같기도 하다. 하지만 저자는 억지로 생각을 멈추려 하지 말라고 조언한다. 긍

92

정적 생각을 억지로 주입해 어두운 생각들을 몰아내지 말라고 조언한다. 온갖 잡생각보다 더 나쁜 것은 생각 자체를 조종하려는 억압과 통제니까.

생각을 억누르는 또 다른 생각보다는 '나와 생각은 일치하지 않는다는 깨달음', 즉 나는 생각의 장이지 생각 자체가 아님을 깨닫는 것이 잡생각과의 투쟁에서 살아남는 비결이다. 나는 생각이 일어나는 장소이지 생각 자체와 동일하지 않다는 깨달음이야말로 생각과의 불화에서 해방되는 첫걸음이다. 화가 날 때 화를 숨기려고만 하거나 화풀이할 만한 엉뚱한 희생양을 찾는 일은 도움이 되지 않는다. 콜리어는 '생각과의 관계를 재정립'함으로써 마음의 짐을 덜어보라고 권한다. 걸핏하면 내 삶의 운전대를 빼앗으려 하는 온갖 잡생각에서 한 걸음 물러서서 '알아차림' 연습을 하는 것이다.

"나를 가장 아프게 하는 생각이 멈추질 않아.""나는 왜 이 모양일까?""다른 사람들이 문제야!""일이 잘못되면 어쩌지?"이런 부정적 생각들을 잠시 내려놓고 '나는 나를 괴롭히는 생각보다 더 커다란 존재'임을 깨닫는 것이 중요하다. 그런 다음에는 생각만 하느라 정작 놓치고 있는 삶의 기쁨으로 돌아와야 한다. 그를 위해 콜리어는 '마음 굶기기 연습'을 제안한다. 수많은 '해야 할 일 리스트'로 나 자신을 괴롭히기보다는, 마음이 진정한 배고픔을 느낄 수 있도록 마음에 아무런 먹이(고민거리)를 주지 않는 것이다. 아무것도 하지 않는 기쁨을 느껴본 적이 있다면 공감할 것이다. 온갖 계획과 스케줄에서 잠시나마 한없이 자유로워지는 것. 생각에 대한 생각에서 자유로워지는 것. 마음은 익숙한 방식으로 자꾸만 잡생각을 토해내겠지만, 그럼에도 생각에 '먹잇감'을 주지 않는 것이다. 판단하지 않고, 내버려두고, 비판하지 않고, 있는 그대로 놓아주기. 내 마음속에서 떠오르는 온갖 생각들을 최선을 다해 가만히 보고 있기. 그러다 보면 '생각에 대한 생각, 또 그 생각에 대한 또 다른 생각'이라는 연쇄반응의 습관이 서서히 잦아들기 시작한다.

또 하나의 마음챙김 비결은 실수를 인정하고 책임진 뒤 바로 다음으로 넘어가는 것이다. 실수에 끊임없이 이야기를 더하는 것, 실수를 회상하며 자존감을 깎아내리는 것, 결국 그런 일이 일어난 것은 내가 못난 사람이기 때문이라는 식으로 비약하는 것이야말로 '마음의 암살자'가 되는 길이라고 콜리어는 이야기한다. 실수를 기회로 삼고, 실수는 실수일 뿐이라고 인정하고, 실수의 챕터를 끝내고 인생의 다음 장으로 향하는 과감함이야말로 생각 중독에서 벗어나는 길이다.

미리 걱정하지 않는 것도 콜리어가 강조하는 마음챙김 비결이다. 우리 마음속에서 떠오르는 재앙 대부분은 실제로 짐작과 똑같은 모습으로 일어나지 않는다. 예컨대 여행이 시작되기 전 사람들은 비행기 사고에 대한 걱정을 많이 하지만, 실제로 비행기 사고가 일어날 확률은 집에서 죽을 확률보다 낮다. 재난에 대한 과도한 시뮬레이션은 아무런 도움이 되지 않는다. 생각의 꼬리를 무는 과도한 연쇄반응으로 자신을 피로하게 만드는 것보다는 '무작정 걷기'나 '차 마시기'처럼 구체적으로 긴장을 이완하는 행동을 하는 것이 좋다.

생각 자체를 없애기는 어렵지만 '아름다운 것들과 소중한 것들'을 생각하면서 어둠의 심연으로 가라앉는 자신을 구할 수는 있다. 생각에 꼬리표처럼 달라붙는 '과도한 의미 부여'라든지 '자기혐오적 습관'이 더 이상 당신을 괴롭히지 않도록. 당신은 당신의 생각에 그치는 존재가 아니다. 당신의 생각이 당신의 모든 것을 이루는 것도 결코 아니다. 당신은 당신의 생각보다 훨씬 크고 풍요롭고 소중한 존재다.

모욕

삶의 존엄을
지키기 위해
거부해야 할 것

당신이 동의하지 않는다면,
아무도 당신에게 열등감을 안겨줄 수 없다.

엘리너 루스벨트

누군가가 나에게 모욕을 줄 때가 있다. 그럴 때 가장 중요한 것은 그 모욕을 인정하지 않는 내면의 힘이다. 모욕은 대부분 상대의 의지나 재능을 꺾으려고 할 때 발생하는데, 우리는 그런 터무니없는 비난이나 무차별적 공격에 매우 취약하다. 나 또한 마찬가지였다. 그러나 '내가 그것을 인정하기 전까지 절대로 나는 열등하지 않다'라는 사실을 끊임없이 되새기자 평정이 찾아왔다. 나는 내 꿈과 재능을 인정하지 않는 사람들이 마구 퍼붓는 모욕의 말에 무너질 정도로 나약하지 않은 사람이라는 사실을 깨달은 것이다.

타인을 비난하고, 악성 댓글을 남기고, 각종 증오의 표현으로 괴롭히는 사람들의 특징은 무엇일까. 그들에게는 타인이 지닌 '삶의 의미'를 부정한다는 공통점이 있다. 천신만고 끝에 나치의 수용소에서 살아남은 오스트리아의 심리학자 빅터 프랭클은 《의미를 향한 소리없는 절규》에서 '삶의 의미'를 지켜내는 것이야말로 자살 충동을 막는 결정적 동력이라고 이야기한다. 프랭클은 자살 충동을 느끼는 사람들의 80퍼센트 이상이 '삶이 무의미해 보여서' 자살을 시도한다는 것을 발견한다. 심지어 성적도 우수하고, 가족과의 관계도 좋고, 사회 활동에 적극적으로 참여하는 학생들조차도 자살 충동을 느끼는 경우가 빈번하다. 타인에게 좋은 평판을 얻고 있는 사람들 중에도 '내 삶이 무의미하다'라는 생각에서 벗어나지 못하는 이들이 많은 것이다.

프랭클은 삶에 의미를 부여하는 것이 우울과 불안에서 벗어나는 중요한 동력임을 강조한다. 삶의 의미를 찾는 것은 서랍에서 잃어버린 물건을 찾듯이 '어딘가 분명 있는데, 잘 안 보이는 것'을 발견하는 것이 아니다. 삶의 의미란 주어진 여러 답안 중에서 한 가지를 고르는 것이 아니라, 매 순간 새롭게 내 삶에 적극적으로 의미를 부여하는 하루하루의 실천이다. 그러니 중요한 것은 '타인이 내 삶을 어떻게 생각하는가'가 아니라 '내가 내 삶에 어떤 의미를 부여하고 있는가'인 것이다. 타인의 말에 상처받고 슬퍼하는 이가 있다면 나는 프랭클의 《빅터 프랭클의 죽음의 수용소에서》를 읽어주고 싶다. 프랭클은 자극과 반응 사이의 빈 공간이야말로 우리가 새로운 선택을 할 수 있는 기회임을 알았다. 어떤 일이 일어났는지가 중요한 것이 아니라, 그 일에 어떻게 반응하는지가 그 사람의 인격을 보여주는 것이기 때문이다. 자극과 반응 사이에서, 우리는 항상 선택의 기회가 있다는 것을 잊지 말아야 한다.

아무리 노력해도 상황이 바뀌지 않을 때, 더 이상 내가 지닌 힘으로는 세상을 견뎌낼 수 없을 것 같을 때마다 나는 프랭클을 생각한다. 나치의 수용소에서 강제 노동을 하고 있던 프랭클은 더 이상 한 발짝도 움직일 수 없을 만큼 힘겨운 상황에 놓였다. 지칠 대로 지쳐 바닥에 쓰러진 프랭클은 자신을 향해 총구를 겨누는 나치 병사를 보면서 '이제는 죽을 때가 되었구나'라는 절망감에 빠진 적이 있었다. 병사는 얼른 일어나지 않으면 총을 쏠 것이라고 위협했지만, 프랭클은 차라리 죽는 것이 나을지도 모른다고 생각했다. 나치의 총탄을 피하기 위해 일어설 힘조차 없었던 것이다.

그때 그는 섬광처럼 어떤 환상 속의 이미지를 봤다. 자신이 몇 년 후에 거대한 강당에서 대중을 향해 강연을 펼치고 있는 멋진 장면이었다. 마치 미래에 희망찬 모습을 한 자신이 현재의 절망한 자신에게 텔레파시를 보내는 것 같았다. 상상 속 미래의 프랭클은 현재의 절망에 빠진 프랭클에게 용기를 주었다. 너는 몇 년 뒤 저 강의를 해야만 하기에, 지금 아무리 힘들어도 일어서서 저 총탄을 피해야 한다고. 반드시 살아남아, 온 세상 사람들에게 너의 연구 결과를 발표해야 한다고. 프랭클은 그렇게 죽음의 유혹을 이겨냈다. 도저히 한 발자국도 더 뗄 여력이 남지 않은 상황에서도, 미래의 자신이 보내온 응원의 메시지 덕분에 힘을 낸 것이다.

차라리 죽는 것이 더 나아 보이는 상황에서도, 굶기를 밥 먹듯 하고 모욕과 매질이 일상화된 강제 수용소의 생활 속에서도, 그는 삶의 '의미'를 찾으면서 나 자신을 구원한다. 나치의 수용소에서 매일 인간 이하의 취급을 받으며 먹을 것, 마실 것, 입을 것은 물론 살아갈 이유조차도 찾을 수 없었던 프랭클이 고통을 견디며 살아남아 위대한 심리학자가 될 수 있게 만들어준 것은 '의미를 향한 멈출 수 없는 갈망'이었다. 그는 수용소에 갇힌 채 매일 견디는 고통이 훗날 더욱 훌륭한 학자가 되기 위한 밑거름이 될 거라고 믿었다. 인간은 자신이 추구하는 의미를 찾을 수만 있다면, 그로 인한 고통을 각오하고 희생을 감내하며 필요하다면 생명까지도 바친다. 눈에 보이는 자신의 모습이나 한계를 뛰어넘는 사람들만이 인생의 진정한 의미를 깨달을 수 있다.

모욕이 완성되는 것은 내가 그 모욕의 내용을 인정할 때다. 내가 진심으로 인정하지 않는다면 누구도 나를 모욕할 수 없다. 그런 각오로 세상의 폭풍우와 싸울 수 있는 뚝심이 필요하다. 그것이 너무 어렵다면 이것만이라도 기억하자. 나의 인생은 누군가의 말 한마디로 쉽게 무너질 정도로 엉성한 건축물이 아니라는 것을. 나를 모욕하는 사람은 말 한마디로 나를 붕괴시키려 하지만, 내가 지금까지 쌓아온 삶은 매일매일의 내 노력과 정성이 깃든 것이 아닌가.

그러니 상처받은 이들이여, 결코 무너지지 말자. 당신의 인생은 당신을 비난하는 그 누구의 나쁜 의도보다도 아름답고 소중하며 중요하다. 누군가의 소중한 삶을 말 한마디로 붕괴시키려 하는 모든 권력에 맞서서, 우리는 우리의 존엄을 지켜내야 한다. 당신을 비난하는 말들에 상처받지 말라. 상처받기보다 내 삶의 소중한 의미를 떠올리며 당신을 비난하는 모든 말에 당당하게 맞서자.

　나는 힘들 때마다 미래의 나를 향해 구조 신호를 보낸다. 미래의 나는 매번 온 힘을 다해 나에게 구원의 메시지를 보낸다. 너는 네가 생각하는 것보다 훨씬 용감하고 재능 있고 끈질기며 포기를 모르는 존재라고. 나는 그렇게 지금보다 자유롭고 강인한 미래의 나를 통해 매일매일 치유되고 있다.

애도

억압된 슬픔,
간절히
숨 쉴 공간을 찾다

내가 진실로, 진실로 원하는 것은 우리의 사랑이 나와 당신 안에 있는 최고의 모습을 이끌어내는 것입니다.

조니 미첼

코로나19가 우리 사회를 스쳐간 후 젊은이들은 숨을 곳을 잃어버렸다. 힘들 때 의지할 곳, 일이 풀리지 않을 때 도움을 청할 곳, 쉬거나 놀고 싶을 때 돈 걱정 없이 찾아갈 곳이 어디에도 없다. 물가가 천정부지로 올라 커피 한 잔, 밥 한 끼도 마음껏 즐기지 못하는 젊은이들이 많다. 취직하고 싶어도 일자리가 부족하고, 공부하고 싶어도 그 공부로 무엇을 할지 미래가 불투명하다. 기성세대는 젊은이들을 '이해할 수 없는 MZ세대'라 부르지만, 그렇게 구분해서는 안 된다. 모든 청년 시절에는 똑같이 푸르른 꿈과 빛나는 열정이 있기 때문이다.

2022년 10월 29일 기나긴 팬데믹의 터널을 지나 3년 만에 설레는 마음으로 외출에 나선 젊은이들을 비극적 참사가 덮쳤다.

골목길을 걷기만 해도 떠들썩한 축제 분위기가 나는 핼러윈데이의 이태원은 젊은이들에게 아주 잠깐 열린 해방구이자 숨통이었을 것이다. 이태원은 얇은 지갑만으로 축제를 즐길 수 있는 곳, 간단한 분장과 새로운 의상으로 잠시나마 어제와 다른 사람이 되어 낯선 설렘을 느낄 수 있는 곳이었다.

입시 준비와 취업 준비로 제대로 놀아본 적도 쉬어본 적도 없는 이들. 이번 하루만 잠깐 놀고 와서 다시 열심히 공부하겠다고 다짐한 10대 청소년들. 마음껏 뛰어놀고 싶고, 친구들과 여행도 가고 싶고, 하고 싶은 것도 보고 싶은 것도 많은 이들이 그곳에 있었다. 그날 이태원에서 희생된 이들은 더 많은 응원과 보살핌, 지원이 필요한 우리 사회의 젊은이들이었다.

도대체 거기를 왜 갔느냐고 비난해서는 안 된다. 조롱해서는 안 된다. 헐뜯어서는 안 된다. 유족들의 가슴에 대못을 박을 그 어떤 참혹한 사진도 올려서는 안 된다. 그들은 설렘과 기대를 가득 품고 핼러윈데이라는 기념일의 열기를 느끼고 싶었을 뿐이다. 유치원에 다닐 때부터 핼러윈데이 의상을 입고 축제 분위기를 느껴본 젊은이들에게 핼러윈데이는 무척 친근하고 반가운 날이었다. 그들은 열심히 공부하고 일해온 우리 평범한 사람들의 금쪽같은 딸과 아들이었다. 아름다운 추억을 만들고 싶었던 젊은이들뿐 아니다. 그곳에는 함께 나들이 온 일가족도 있었고, 축제 날에도 일하던 다른 나라의 노동자들도 있었다.

취직만 하면 코로나19가 사라지면 평화로운 일상이 돌아오리라 믿으며 참고 또 참아온 젊은이들이 있었다. 엄마 손을 꼭 잡고 부푼 마음으로, 거리두기 해제 후 첫 번째 핼러윈데이 축제에 참여했던 열다섯 살 소녀도 있었다. 다정한 엄마와 딸은 끝내 집으로 돌아오지 못했다. 생일을 맞아 한국으로 잠깐 돌아간 남자친구가 이태원에서 참사를 당해, 머나먼 미국 땅에서 사랑하는 이를 영원히 잃어버린 사람도 있었다. 아무 일 없을 거라고, 휴대전화를 잃어버려서 카카오톡 메시지를 확인하지 못하는 것 같다고, 조금만 기다리라고, 내가 달려갈 테니 조금만 버텨달라고 애원하던 남자 친구가 보낸 카톡 메시지에서 '1(읽지 않음 표시)'이라는 숫자는 끝내 지워지지 않았다.

그들은 외국 문화에 현혹되어 분장을 하고 유행에 휩쓸린 철부지들이 아니다. 공부만 하고 일만 하다 그날 하루 모처럼 나들이를 간 사람들도 있다. 그들은 기성세대의 눈으로는 도저히 이해할 수 없는 신인류가 아니라 저마다 부푼 설렘을 안고 오랜만의 축제를 즐기러 간, 우리 모두와 똑같은 사람들이다. 숨 쉴 공간이 전혀 없어 '살려달라'라는 소리조차 내지 못한 채 질식해 죽어간 젊은이도 있다. 사방에서 짓누르는 무시무시한 인파의 압력 때문에 친구의 손을 놓쳐버린 젊은이는, '내 탓'이라고 자책하며 자신이 친구를 못 구했다고 괴로워했다. 그들은 아비규환 속에서 휴대전화를 소지품도 잃어버렸다. 아무리 전화해도 받지 않는 딸의 휴대전화를 낯선 경찰관이 받았을 때, 부모님의 심정은 어떠했겠는가. 딸이 어느 병원에 안치되어 있는지 알 수 없어 발을 동동 구르며 사방팔방 헤매고 다녔을 부모님의 마음은 어떠했겠는가. 시신의 얼굴을 분명히 확인하고도 차마 믿지 못하겠다며 다시 한번 우리 애가 맞는지 확인하러 가겠다고 일어서다 실신한 엄마의 마음은 어떠했겠는가. "우리 아기 찾으러 왔어요"라는 엄마의 울먹임에 경찰관도 함께 울었다. 우리 딸 얼굴이 왜 멍투성이냐며, 왜 우리 딸은 심폐소생술CPR조차 받지 못했냐며 울먹이는 엄마의 절규가 온종일 귓가에서 쓰라리게 울린다.

국민의 투표로 선출되어 국민의 세금으로 그 자리를 누리고 있는 정치인들에게, 세상에서 가장 소중한 사람을 잃은 유족의 슬픔에 찬물을 뿌리는 그 어떤 말도 하지 말라고 부탁하고 싶다. 네티즌들에게는 어떤 악성 댓글도, 어떤 조롱과 비방도 멈춰달라고 부탁하고 싶다. "경찰이나 소방 인력을 미리 배치함으로써 해결될 수 있었던 문제는 아니"라는 이상민 행정안전부 장관의 말은 누구를 위한 변명인가. "구청에서 할 수 있는 역할은 다 했다"라는 박희영 용산구청장의 변명은 무엇을 지키기 위한 궤변인가. 책임져야 하는 사람들은 왜 반성하는 모습을 보이지 않고, 최선을 다해 인명을 구한 사람들은 왜 트라우마에 시달려야 하는가. 그날 수많은 사람에게 심폐소생술을 했지만 현장에 친척이 있었다는 사실을 뒤늦게 알고 오열한 의용소방대원도 있었다. 자신이 조금 더 일찍 현장에 가서 응급조치를 했다면, 우연히 쓰러진 친척을 봤더라면, 살릴 수 있었을지 모른다고 말하며 그는 울었다. 왜 위로받고 칭찬받아야 할 사람이 고통스러워하고, 통렬하게 책임지고 반성해야 할 사람들은 공허하게 '깊은 애도를 표한다'라고 공염불만 남발하는 것일까.

참사가 일어날 때 우리는 무엇을 할 수 있을까. 무참한 슬픔 속에서는 아무것도 할 수 없을 것 같지만, 우리가 할 수 있는 일은 분명 있다. 바로 서로를 향한 무차별적 돌봄과 보살핌과 어루만짐이다. 서로의 손을 꼭 붙들고 어떻게든 서로를 도우려는 따스한 마음만이 우리를 다시 일어나게 할 것이다. 슬픔에 빠진 유족들에게 다가가는 것조차 쉽지 않다. 내 곁에 오지 말라고 도움을 거부하더라도, 서운해하지 말고, 언제든 부르면 바로 닿을 거리에 있어주길 바란다.

슬픔을 견디기 위해서는 나 자신을 일으키고 돌보는 것이 무엇보다 중요하다. 자기혐오를 멈추고, 구하지 못했다는 자책을 멈추고, 유족들에게 힘이 되어줄 수 있는 모든 일을 시작했으면 좋겠다. 넘어져서 압사한 사람들뿐 아니라 숨 쉴 공간이 없어 똑바로 선 채로 질식한 사람들도 많다는 이야기에 억장이 무너졌다. 지금 이렇게 숨 쉬고 있다는 것이 미안하다. 이 한 모금의 공기가, 이 한 움큼의 산소가, 그들에게는 얼마나 간절한 소원이었을까 생각하면 숨 쉬는 마디마디가 아프다. 그 길밖에 없다. 우리 모두가 서로를 필사적으로 돌보고 보살피고 아껴주며 어루만져야만 한다. 그 길밖에 없다.

바람이 되어 우리 곁에 머물러줄 꽃다운 젊은이들을 위하여, 우리는 앞으로도 무너지지 않을 것이다. 우리는 결코 부서지지 않을 것이다. 애도 기간이란 잠시 공식 행사를 연기하고 '애도를 표한다'라고 선언만 하는 것이 아니라, 유족들에 대한 전폭적 지원을 약속하기만 하는 것이 아니라, 온 마음을 다해 함께 슬퍼하고 서로의 손을 꼭 붙들어주며 아파하는 사람들이 '나는 혼자다'라고 느끼지 않도록 그저 곁에 있는 것이다. 그 길밖에 없다. 함께 슬퍼하고, 함께 아파하고, 온 힘을 다해 그들 곁에 있어야 한다. 우리가 평범하게 보낸 오늘 하루는 떠나간 이들이 그토록 살고 싶던 내일이었다. 바람이 되어 우리 곁에 머물러줄 그들, 별이 되어 하늘에서 반짝일 그들을 위해 우리는 절대로 무너지지 말고 버텨야 한다. 국가가 국민을 지켜주지 않는 시대, 국민은 서로를 지켜주며 눈물을 닦아주고 서로의 손을 꼭 붙들며 다시 이런 일이 일어나지 않을 미래의 세상을 만들어가야 한다.

이 모든 참사의 책임자들은, 국민의 투표와 세금으로 엄청난 권세를 누리는 그들은, 정녕 우리가 슬픔과 절망으로 무너지기를 바라는 걸까. 우리가 정녕 아무 힘이 없다고 생각하는 걸까. 우리는 태산 같은 분노와 슬픔의 힘을 남김없이 끌어모아 다시는 이런 참사가 벌어지지 않는 세상을 만들 것이다. 아무리 짓밟히고 버려지고 무시당하더라도, 우리는 태양처럼 달처럼 바다처럼 매일 떠오르고 빛나고 차오를 것이다. 먼저 간 이들을 다시는 볼 수 없을지라도, 그들을 향한 우리의 사랑은 끝나지 않으니까. 참혹한 고통 속에 국가의 아무런 보호도 받지 못하고 떠난 모든 이의 이름도 얼굴도 모르지만, 나는 벌써 당신이 그립다.

기념일

**세상에 없는 자를
기억하는 날**

정의의 핵심은 내 가족에게 사랑을 담아 해
주는 일을 다른 가족에게도 인간애를 가지
고 똑같이 대해주는 것이다.

카이칠리우스 락탄티우스,
1989년 영국 힐즈버러 스타디움 참사 조사위원회
보고서 서문에서 인용한 문장

슬픔과 슬픔이 이어질 때

모든 슬픔은 타인의 슬픔과 끝내 연결되기를 꿈꾼다. 이
것이 슬픔의 본성이다. 나뿐 아니라 당신도 그들도 온 세상이 똑
같은 슬픔을 앓고 있다는 것을 알면, 슬픔은 마음껏 소리 내어 울
수 있는 안식처를 찾는다. 내 심장에만 갇힌 슬픔이 당신과 나의
맞잡은 손, 내 흐느끼는 어깨를 감싸는 당신의 손길 위에 머물기
시작하면, 바위처럼 단단하게 굳은 슬픔은 노래처럼 연기처럼 풀
어헤쳐져 당신과 나, 우리의 '사이'에 존재하게 된다. 그것이 치유
의 첫걸음이다. 슬픔에 빠진 사람을 결코 혼자 두지 않는 것. 그를
얼마든지 울어도 좋은 드넓은 슬픔의 마당에서 기다려주고 함께
하며 안아주는 것. 그리하여 골방에 홀로 숨어 눈물짓는 사람의

슬픔은 영원히 달랠 수가 없다. 진정으로 함께 아파하는 사람들, 같은 아픔으로 고통받는 사람들의 뜨거운 공감 없이 치유는 시작되지 못한다.

이태원 참사 이후 우리는 저마다 슬픔의 방에 갇혀 혼자만의 고통을 앓았다. 위패도 영정도 없는 분향소에서 정해진 시간까지만 울도록 만든 정부의 애도는 슬픔의 주체를 슬픔으로부터 소외시킨 것이 아닐까. 슬퍼하는 방식도 장소도 기한과 용어까지도 정부가 결정함으로써, 유족과 친지는 물론 진정으로 함께 슬퍼하고 싶은 우리 평범한 사람들의 공감과 연대가 차단되었다. 유족뿐 아니라 참사 현장의 소방대원, 간호사, 기자, 뉴스를 보며 고통스러워했던 수많은 국민이 심각한 집단 트라우마를 겪어야 했다.

'참사는 내 책임이 아니다'라는 생각을 품은 채 겉으로만 사과나 애도를 말하는 것은 진정으로 슬퍼하는 사람의 태도가 아니다. 정부는 우선 트라우마에 시달리고 있는 사람들에게 '슬픔을 마음껏 이야기할 권리'를 돌려주어야 한다. 10·29 참사 때 우리는 위패도 영정도 없는 분향소에서 정해진 시간까지만 울 수 있었다. 이는 저마다 슬픔의 방에 갇혀 혼자만의 고통을 앓도록 하는 일이다. 애도의 형식과 프레임을 정부가 모두 독점함으로써 진짜 슬픔의 주체에게서 마음껏 슬퍼할 권리까지 빼앗는 것이다. 상처받은 사람들의 이야기가 서로 연결되어 더 커다란 이야기의 네트워크가 되는 것을 가로막는 것이다.

참사 시기, 나 또한 나를 지켜주고 있던 온갖 치유의 말들을 몽

땅 잃어버린 느낌이었다. 어떤 말로도 타인을 위로할 수 없을 때가 있다. 그런데 내가 잠시 간과한 것이 있었다. 우리 또한 목격자의 트라우마를 겪고 있다는 사실이었다. 내가 아끼는 편집자 J는 참사 이후 수없이 악몽을 꾸었고 낮에도 일에 집중하기 힘들다고 고백했다. 이렇게 아프고 힘든데도 '아무렇지 않은 척, 정상인 척' 살아가는 것이 자신을 속이는 것처럼 느껴졌기 때문이다. 방송사 기자인 선배 S도 '그저 숨 쉬는 것조차 미안한 계절'이라며 안타까워했다.

홀로 울고 있는 이들의 모든 말을 다 들어줄 수 있는 천만 개의 귀가 있다면 얼마나 좋을까. 모든 아픈 이야기를, 아무리 더듬거리며 말해도 다 이해해줄 수 있는 천만 개의 귀가 있다면. 죽은 자들이 아무런 위로도 받지 못한 채 어딘가를 떠돌고 있는 것만 같은데, 책임 있는 자들은 물러서지도, 제대로 사과하지도, 살아남은 자의 눈물을 닦아주지도 않는 세계에서 남은 자들은 분노한다. 우리는 단지 죽은 자들에 대한 슬픔만으로 분노하는 것이 아니라, 최소한의 정의가 이루어지지 않는 사회의 불의에 대해 분노하는 것이다.

슬픔은 통제와 감시의 대상이 되어서는 안 된다. 슬퍼하느라 다른 것을 생각할 겨를이 없는 와중에도 우리는 우리의 슬픔도 죄가 되나 싶어 눈치를 봐야 하는가. 정부가 정한 시간과 공간에서만 애도하는 것이 어떻게 진정한 애도일 수 있는가. 우리는 함께 유족들의 아픔을 이야기하고 들어주며 함께 울 수 있는 진정으로 자유로운 공간을 원한다. 우리는 슬픔을 제대로 슬퍼할 권리를 되찾고 싶다. 우리는 정부가 정해준 규격화된 슬픔의 언어로 애도하는 나라가 아니라, 슬퍼하는 사람들의 마르지 않는 눈물을 닦아줄 진짜 사람의 얼굴과 손길과 포옹을 원한다.

슬픔조차 통제하고 감시해선 안 된다. 공감은커녕 연민조차 없는 냉정한 얼굴로 '이날까지만 각자의 골방에서 슬퍼하고, 광장으로 나와 슬퍼하는 얼굴을 보이지 말라'라고 명령해선 안 된다. 유가족들은 언론 인터뷰조차도 정치 쟁점화가 될까 봐 두렵다고 이야기한다. 기댈 곳도 의지할 곳도 없는 상태에서 슬픔을 표현하는 길조차 막혀 있다. 슬픔에 빠진 유가족들에게 이런 두려움까지 안겨주는 것은 분명 잘못된 일이다.

나 또한 나의 직업이고 생계이며 내 모든 것인 글쓰기를 하고 있을 때도 '이 문장이 문제가 되지 않을까' 두려워하며 나 자신을 검열하게 된다. 하지만 나는 비겁해지고 싶지 않다. 용감한 사람이 되고 싶고, 좋은 어른이 되고 싶다. 이 세상에 대한 사랑과 희망을 잃지 않은 채 글을 쓰며, 슬픔에 빠진 사람들이 언제든지 기댈 수 있는 어른으로 살고 싶다. "이태원에서 언니, 오빠 들이 왜 죽은 거예요?" "왜 아무도 도와주지 않았어요?" 어린이들이 그렇게 물을 때마다 눈물을 삼키며 "다시는 그런 일이 일어나지 않도록, 우리 어른들이 최선을 다할게"라고 약속하고 그 약속을 지키는 어른으로 살고 싶다. 내 심장에서 터져 나오는 가장 따스한 언어로 슬픔에 잠긴 당신을 꼭 안아주고 싶다. 우리는 두려움 없이 슬픔과 분노를 이야기할 권리를 되찾아야 한다. 우리 손으로 이 세상을 더 나은 곳으로 만들 수 있다는 뜨거운 희망을 되찾아야 한다.

산 자와 죽은 자가 마침내 연결되는 시간

팬데믹 시기에는 축제와 기념일의 행사가 많이 줄어들었다. 그런 것들이 꼭 필요하지 않다는 사람들도 있었지만, 축제와 기념일은 인류 역사에서 매우 중요한 역할을 해왔다. 축제를 통해 우리는 나 한 사람이나 내 가족만으로 이루어진 좁은 세상을 벗어나 '내가 속한 공동체의 힘'을 발견하기 때문이다. 특히 세상을 떠난 사람들을 추모하거나 그들의 삶을 기억하는 의식은 꼭 필요하다. 죽은 자들의 아름다운 삶을 기억함으로써 '죽음은 결코 완전한 끝이 아님'을 깨닫는 시간이기 때문이다. 장례식이나 추도식을 비롯한 수많은 죽음의 의례는 세상을 떠난 사람을 아름답게 기억하는 사람이 이토록 많다는 것을 깨닫는 시간이다. 그의 삶이 결코 헛되지 않았다는 위로, 나의 삶 또한 언젠가 이렇게 아름답게 기억되기를 바라는 마음이 한데 어우러져 '죽음을 기억하는 의례'는 삶과 죽음이 공존하는 기억의 공동체를 만들어낸다.

그리하여 장례식과 추도식, 수많은 기념일은 산 자와 죽은 자가 비로소 연결되는 시간을 창조해낸다. 우리는 기념일을 통해 죽은 자들까지도 '우리가 살아 있는 시간과 장소' 속으로 초대한다. 이 모든 기념의 행사들을 '리추얼ritual(의례)'이라고 표현할 수 있다. 리추얼은 힘든 시간을 개인이 홀로 외롭게 견디지 않도록 공동체가 함께 그 아픔을 공감해주는 열린 관계성을 지향하는 것이다. 좋은 사회는 살아 있는 사람들로만 구성된 것이 아니라 죽은 사람들을 위한 아름다운 기억의 공간도 지니고 있다. 정당한 애도에는 슬픔만이 있는 것이 아니라 축제적 그리움이 함께하는 것이다. 예컨대 네덜란드의 반 고흐 뮤지엄Van Gogh Museum은 매일매일 고흐를 사랑하는 사람들로 북적이며, 고흐가 남긴 아름다운 그림들은 죽음이 결코 끝이 아님을 증명한다. 이런 아름다운 기념비적 공간에는 깊은 슬픔과 뜨거운 그리움, 떠나간 사람을 향한 강렬한 사랑이 굽이치며 축제적 공감대가 형성된다.

축제와 기념일들은 쳇바퀴처럼 규칙적으로 지나가는 시간의 흐름을 끊어내고, '자, 이제 우리의 소중한 사람들을 기억해야 할 시간입니다'라는 메시지를 알려주는 역할을 한다. 안타깝게 죽은 사람들, 기약 없이 떠난 사람들, 영원히 만날 수 없는 사람들이야말로 축제나 기념일의 진정한 주인공이 아닐까. 아름다운 장례식이나 축제에서는 산 자와 죽은 자가 '사랑과 추억'의 이름으로 연결되어 뜨겁게 소통하는 기적이 이루어지지 않는가.

그리하여 가슴 아픈 역사일수록, 진정 수많은 사람에게 깊이 사랑받은 사람들일수록, 기념일의 리추얼은 어딘가 축제를 닮아 있다. 죽은 이의 사진, 음성, 예술작품 등을 통해 죽은 이를 생생하게 다시 만나는 것 같은 아름다운 환상을 모두가 함께 느낄 수 있기 때문이다. 가수 고 김광석의 추모 앨범에서 수많은 가수가 별세한 김광석과 '함께' 노래를 부를 때의 감동을 생각해보면 알수 있다. 죽은 자의 목소리와 산 자의 목소리가 어우러져 울려 퍼지는 화음은 너무 아름다워서, 죽음은 결코 완전한 끝이 아님을 느낀다.

결코 죽음이 끝이라고 생각하지 말기를. 우리는 죽음의 리추얼을 통해 살아 있는 오늘의 소중함을 느끼고, 죽은 사람들이 못다 한 삶의 몫까지 더욱 온 힘을 다해 살아내야 할 책무를 느낄 수있다. 우리는 죽은 자들이 미처 하지 못한 말을 들어주는 따스하고 아름다운 환대의 공동체가, 간절히 필요하다.

필로제니아

경계심을 풀고 친절을

10여 년 전 서울 시내 한 지하철역에서 길을 못 찾고 헤매는 외국인을 도와준 적이 있다. 필리핀에서 온 외국인 노동자였는데, 나는 그가 지하철 노선을 잘못 골라 탔다는 것을 알려주고, 목적지까지 안전하게 갈 수 있도록 자세히 길을 알려주었다. "이렇게 친절한 사람은 처음 봤어요. 정말 감사합니다." 그는 더듬거리는 한국어로 자신의 의사를 분명히 표현했다. 자신이 한국에 처음 와서 너무 모르는 것이 많아 도움받을 사람이 필요하다며 내게 전화번호를 물어보았다. 나는 그의 눈빛이 간절해 차마외면할 수가 없어 전화번호를 알려주었다. 가르쳐주면서도 '설마정말 전화를 하지는 않겠지?' 하는 생각이 들었다. 그 순간의 절박함과 고마움이 그리 오래가지는 않으리라 믿었던 것이다.

그런데 며칠 후 정말 전화가 왔고 나는 당황했다. 옆에서 보고 있던 친구 K가 대경실색하며 전화를 받지 말라고 말렸다. "그 사람이 널 괴롭히면 어쩌려고 그래. 스토커일 수도 있어. 전화번호를 가르쳐주다니, 너 정말 조심성이 없구나. 순진한 너를 상대로 사기를 치려는 거면 어쩔 거야?" 나는 친구에게 한참 잔소리를 듣고, '정말 그런 나쁜 일이 내게 일어나면 어떡하지?'라는 두려움에 사로잡혀 전화를 받지 못했다. 그는 전화를 몇 차례 했지만 나는 끝내 받지 않았다. 그가 낯선 남자이고, 나는 낯선 남자에 대한 두려움을 학습한 여자라는 사실이 그 통화를 끝내 거부하게 만들었다.

그 후로도 길 잃은 외국인을 도와줄 때마다 그 사람이 떠올랐다. 내가 전화를 받지 않아 그는 아주 많이 상처받지 않았을까. 전화번호를 가르쳐주었으면 '당신을 돕겠다'라는 의미로 받아들였을 텐데, 나는 낯선 남자에 대한 두려움 때문에 그 간절한 구조 신호를 외면한 것이 아닐까. 전화번호가 아니라 메일 주소를 알려주었다면 내 두려움을 완화하면서 그에게 도움을 줄 수 있었을 것이라는 생각도 들었다.

그런데 나중에는 K의 지나친 잔소리에 숨은 전제가 궁금해졌다. '낯선 타인은 무조건 위험하다'라는 판단 때문에, K는 무조건 낯선 남자를 극도로 조심하는 세계관을 갖게 된 것이 아닐까. "타인은 지옥이다"라는 말은 타인의 호의나 좋은 점을 깡그리 무시하게 만들지만, 내가 이방인이 될 때가 있다는 것을 전혀 전제하지 않는 세계관에서 나온 것은 아닐까. 내가 외국에 가서 이방인이 될 때 유일하게 기댈 곳은 타인의 무조건적 친절이었다.

철학자 윌 버킹엄은 《타인이라는 가능성》에서 팬데믹 이후 고립의 위험이 더욱 심해진 시대, 잃어버린 타인과의 연결고리를 되살리는 길을 모색한다. 아직 두려움을 학습하지 않은 어린아이는 낯선 사람을 보면 기뻐하고 신기해하지 않는가. 우리는 한때 모든 낯선 존재를 신기하고 흥미롭게 바라보았던 어린아이였다.

외국인 혐오증을 가리키는 '제노포비아xenophobia'의 감성이 모든 낯선 존재에 대한 막연한 두려움으로 확대되는 것을 경계해야 하지 않을까. 제노포비아는 '낯선 이는 위험하다'라는 생각, '우리를 해코지하거나 우리가 모르는 질병을 퍼뜨릴 수도 있다'라는 공포에 근거한다. 그러나 그 공포는 절반만 맞다. 이방인은 아주 좋은 사람, 현인, 귀인일 수도 있다. 버킹엄은 제노포비아에 맞서 '필로제니아philoxenia'라는 아름다운 개념을 제시한다. 필로제니아는 미지의 존재와 연결되고자 하는 인간의 또 다른 오랜 욕망이다. 고대의 대서사시 《오뒷세이아》에는 낯선 곳에서 온 오뒷세우스를 그들이 지닌 최고의 음식과 최고의 화려함으로 환대하는 사람들이 나온다. 오뒷세우스를 이유 없이 싫어하고 무서워하는 사람들도 있었지만, 오뒷세우스를 무조건적으로 환대하고 사랑해주는 사람들이 있었기에 그는 그 머나먼 모험의 길을 돌고 돌아 마침내 집으로 돌아올 수 있었다. 돌이켜보면 내 삶을 여기까지 오게 한 가장 고마운 원동력은 타인의 친절이었다. 낯선 사람에 대한 친절, 나를 이해하고 공감해주는 사람들의 위로 덕분에 죽음과 같은 우울의 늪을 건널 수 있었다.

그러니 부디 타인에게 더욱 마음을 열자. 환대해 더 많은 것을 얻는 쪽은 타인보다 나 자신이다. 타인이 환대에서 받을 수 있는 것은 친절과 다정함이지만, 우리가 타인에게 환대해 얻을 수 있는 것은 세상에 대한 더 크고 깊은 배움이므로. 타인이라는 미지의 위험 속에 우주라는 눈부신 가능성이 숨어 있으므로.

버킹엄은 책을 쓰기 전 아내의 죽음으로 고통스러워하고 있었다고 한다. 유방암으로 세상을 떠난 아내의 빈자리 앞에서 어쩔 줄 모르던 버킹엄에게 어느 날 암 연구 기금을 모으는 사람이 질문했다. 유방암에 대해 알고 있느냐고. 버킹엄은 자신도 모르게 아내가 암으로 죽었다는 것을 고백했고, 완전히 낯선 타인에게 아픔을 고백하는 자신에게 놀랐다. 그랬더니 낯선 사람이 버킹엄을 와락 안아주었고, 아내를 잃은 버킹엄은 낯선 사람의 품에 안겨 펑펑 울었다.

낯선 타인끼리 만나 이토록 따스한 소통을 할 수 있었던 이유는 '인간의 고통'이라는 공통분모에 대한 깊은 이해 때문이 아니었을까. 낯선 사람의 아픔까지도 자신의 아픔처럼 함께 고통스러워했던 사람의 따스한 포옹 덕분에 버킹엄은 이 책을 쓸 수 있었다. 저자는 암 연구 기금을 모으던 낯선 사람이 거리에서 자신을 껴안아주었을 때, 자신이 더 이상 혼자가 아님을 느꼈다고 이야기한다. 세상이 무너지는 듯한 고통 속에서도 매일 새로운 희망과 사랑이 태어나고 있음을 깨달은 것이다. 나는 낯선 사람을 마주할 때마다 느끼는 경계심을 풀고 호기심과 공감을 늘려갈수록 우리가 더욱 커다란 세상을 만날 수 있음을 깨닫는다. 미지의 타자를 환대하는 일이야말로 불교의 자비심과 기독교의 이웃 사랑에 공통으로 숨어 있는, 인류를 살리는 가장 아름다운 마음챙김의 비결이 아닐까.

배려

누구도 소외되지 않는
보살핌

우리는 타인에게 매일 상처받지만, 타인을 통해 매일 위로
받기도 한다. 나 또한 "넌 왜 그렇게 자신감이 없니?"라는 타인의
말에 상처받다가도, "네가 있어서 그 힘든 시간을 버틸 수 있었
다"라는 타인의 말에 위로받는다. 뉴스에서 쏟아지는 온갖 비난
의 말들은 날카롭지만, 내 옆의 다정한 사람들이 건네는 말, 나를
지켜주는 책 속 문장, 영화나 드라마 속 명대사는 따스하다. '각
자도생'이나 '나만 아니면 돼'라는 말은 인간에 대한 불신을 강화
하지만, 타인의 아픔은 연민의 대상이 아니라 공감의 대상이라고
이야기하는 미국의 평론가이자 작가 수전 손택의 말은 우리가 여
전히 타인의 고통에 귀 기울여야 하는 존재임을 일깨운다.

우리 사회가 가장 필요로 하는 마음은 바로 타인을 향한 무조

119

건적 환대가 아닐까. 환대는 초대와 달리 '그가 누구인지 물어보지 않는 것'이다. 구매 실적을 어느 정도까지 달성해야 VIP가 되고, 재산이 어느 정도까지 있어야 입주할 수 있는가와 같이 '조건'을 따지는 것이 아니다. 인종과 성별, 나이와 직업과 상관없이 모든 이방인을 조건 없이 받아들이는 것이다. 낯선 사람에 대한 이유 없는 공포나 차별은 이방인에 대한 폭력이 될 수 있다. 우리도 언제 어디서나 이방인이 될 수 있다는 사실을 잊지 않는다면, 타인에게 던지는 말 한마디가 그 장소에 첫발을 내딛는 사람에게 얼마나 큰 영향을 끼칠 수 있을지 상상하고 공감하며 배려할 수 있지 않을까.

빅토르 위고의 소설 《레 미제라블》은 타인을 향한 무조건적 환대가 얼마나 아름다운 것인지를 잘 보여준다. 누구도 환대하지 않는 죄수 장 발장을 온몸으로 환대하는 미리엘 주교의 태도야말로 한 사람의 인생을 바꿀 수도 있는 아름다운 실천이다. 장 발장은 어린 시절부터 가난과 싸웠고 단 한 번도 사람다운 대접을 받아본 적이 없었다. '죄수 번호'로만 불리던 그의 인생은 끝없는 추방의 역사였다. 누구도 장 발장에게 '왜 빵을 훔쳤느냐, 얼마나 배가 고팠으면 그랬느냐'라고 물어보지 않았다. 그의 형기가 길어진 이유는 도저히 감옥의 학대와 폭력을 견딜 수 없었던 그가 끝없이 탈옥을 감행했기 때문이다. 탈옥은 그의 처지에서는 인간다움을 회복하는 유일한 길이었지만, 결과적으로 그의 복역 기간을 늘리기만 했다. 그리고 감옥 생활은 장 발장이 다시 사회로 복

귀하기 어려울 정도로 그를 처참하게 추락시켰다. 하지만 모두가 냉대하고 천대하는 장 발장을 향해 미리엘 주교는 이렇게 말한다.

"나의 형제여!"

장 발장은 자신을 '형제'라고 부르는 미리엘 주교의 따스한 환대에 충격을 받는다. 모두 장 발장을 죄수 번호로 부르거나 아예 부르지도 않았는데, 주교는 장 발장을 '나의 형제'라고 부른 것이다. 누구도 장 발장에게 밥을 주지 않았고 숙소를 제공해주지 않았지만, 주교만은 장 발장을 따스하게 맞아주었다. 그럼에도 아직 환대의 의미를 깨닫지 못했던 장 발장은 은식기를 훔쳐 달아나다가 헌병에게 잡힌다. 주교 앞에 끌려온 장 발장을 바라보며 주교는 전혀 화를 내지 않고 오히려 반가워하며 말한다.

왜 은식기만 가져가고 은촛대는 가져가지 않았느냐고. 나는 당신에게 은촛대도 준 것이라고. 커다란 선물과 무한한 환대 앞에서 오히려 당황한 장 발장에게 주교는 말한다. 나의 형제 장 발장이여, 이제 당신은 악의 세계에서 빠져나와 선의 세계로 들어간다고. 나는 당신을 위해 당신의 영혼을 산 것이라고. 바로 그 무조건적 환대가 장 발장의 인생을 바꾼다. 이 세상 어디에도 갈 곳이 없던 장 발장에게 주교는 '당신이 어딜 가든, 당신의 인생을 내가 지켜보고 응원해줄 것'이라는 숨은 메시지를 보내준 것이 아닐까.

장 발장은 그 후 수많은 타인을 돕는 사람, 구하는 사람, 깨우치는 사람이 된다. 주교의 환대를 주춧돌 삼아 인생을 새로 시작해 누구도 비난할 수 없는 삶, 누구도 함부로 할 수 없는 고결하고 아름다운 인생을 살기 시작한 것이다. 잘 알지도 못하는 타인을 향한 무조건적 환대란 이렇듯 그 사람의 인생 자체를 아름다운 방향으로 바꿀 수도 있다.

야마오 산세이의 《어제를 향해 걷다》는 도시 문명의 편리함을 버리고 오직 자연과 함께 살아가는 기쁨을 꿈꾸며 섬에 정착해 농사를 지으며 시인으로 살아간 작가의 생동감 넘치는 삶의 이야기를 담았다. 문명의 편리를 발명했지만 핵무기뿐 아니라 치명적 무기도 발명한 첨단 과학 문명의 매끈한 길이 아닌, 매일 논밭에서 농사를 지으며 흙을 만지며 살아가는 거칠고 힘겨운 삶을 택한 산세이. 그는 모든 먹거리를 자연에서 직접 얻으며, 아이들을 섬에 있는 초중고에 보내며, 낮에는 농사일을 하고 밤에는 글을 쓰며 살아갔다. 그가 세상을 떠난 지 벌써 20년이 지났지만, 그가 삶의 뿌리를 새롭게 내리고 자식들을 키웠던 규슈 남쪽 야쿠섬에는 산세이의 길이 남아 있다. 산세이의 길에는 헨리 데이비드 소로나 니어링 부부의 삶과 궤를 같이하는 생태주의적 삶을 실천하기 위해 찾아오는 사람들의 발걸음이 여전히 줄을 잇고 있다.

그는 아이들에게 성공해서 돈을 벌라고 가르치지 않고, 농부가 되거나 시인이 되거나 도자기를 굽는 사람이 되거나 빵을 만드는 사람이 되었으면 좋겠다고 이야기한다. 첨단기술의 길, 유행하는 직업이 아니라, 전통사회 때부터 쭉 존재해왔던 아날로그적 노동, 반드시 손발을 움직여 부지런히 세상을 바꾸어가는 노동으로 진정한 자기 자신을 찾기를 바라는 것이다. 그는 그렇게 서로 온기를 나누며 직접적으로 소통하는 삶을 꿈꾼다. 부모가 직접 논밭을 갈아 얻은 곡식과 채소로 아이들을 먹이고, 아이들에게도 땅과 바다와 산과 숲을 돌아다니며 일구는 삶을 가르치면서, 누구도 돈이 없다는 이유만으로 소외되지 않는 삶을 꿈꿨다.

그 누구도 외롭거나 슬프다고 여기지 않을 수 있는, 이웃 공동체의 따스한 보살핌과 돌봄이 있는 세계야말로, 산세이가 꿈꾸던 아름다운 환대의 공동체가 아닐까. 오늘도 타인에게 상처받은 이가 있다면, 이 책을 오래오래 소리 내어 읽어주고 싶다. 당신이 외로움 때문에 소통을 포기하지 않도록, 당신이 슬픔 때문에 사랑을 포기하지 않도록. 누구와도 소통할 수 없는 저 고독의 세계로 도망치려 하는 당신의 손을 꼭 붙들고 싶다.

장소와 사물

[2부]

Die
Sensibilitätklasse
für dich

우리가 숨 쉬는 곳은 우리가 사는 곳이 아니라
우리가 사랑하는 곳입니다.

쇠렌 키르케고르

와인과 마들렌

당신의 추억을
자극하는 음식

와인은 병 속에 담긴 시다.

로버트 루이스 스티븐슨

와인은 슬픈 사람을 응원하고,
노인을 젊게 하고,
젊은이에게 영감을 주고,
피로와 수고를 잊게 만든다.

조지 고든 바이런

아주 사소한 추억이 나도 모르는 순간에 커다란 기쁨을 줄 때가 있다. 이 난데없는 기쁨의 기원은 어디일까. 엄청난 행운이 따르지 않아도, 그저 소박한 추억의 힘으로 힘겨운 나날을 버틸 때가 있다. 최근 달콤쌉싸름한 와인을 마시다가 옛 추억이 떠올랐다. 누군가 선배의 집들이 선물로 와인을 가져왔는데, 내가 고심 끝에 선택해 가져온 와인보다 훨씬 맛있었다. '맛있다'라는 표현으로 적확히 표현할 수 없는 강렬함이 그 와인 속에 깃들어 있었다. 너무 강렬해 보통의 와인과 아예 다른, 와인이 아닌 전혀 다른 차원의 술인 것 같았다. 시간이 흐른 뒤 나는 그와 똑같은 와인을 어렵사리 구해서 '그때 그 순간의 기쁨'을 재현하려고 애썼다. 와인은 여전히 화사하고 상큼한 향기로 코끝을 자극했다. 그

127

런데 아무리 여러 번 음미해도 나는 '그때 그 순간의 그 맛'을 똑같이 느낄 수 없었다. 다시 되돌릴 수 없는 추억의 향기가 깃들어 있어서, 그 어떤 레시피로도 재현해낼 수 없는 단 한 번뿐인 추억의 맛이었던 것일까. 우리가 함께한 모든 나날의 슬픔과 기쁨이 한꺼번에 그 와인을 향해 블랙홀처럼 빨려드는 기분이었다.

돌이켜보니 그날 모인 멤버들의 조합은 매우 특이했다. A 선배는 B 선배가 바빠서 갑작스레 대타로 불려왔다. 와인을 가져온 C 선배는 내가 먼저 연락하지 않으면 결코 먼저 연락하는 법이 없는 사람이었다. 집주인 D 선배는 인생 제2막을 설계하는 박사 논문 준비로 정신없이 바빴고, 나 또한 모든 종류의 모임을 엄청나게 두려워하는 극내향인이었다. 그 와인이 그토록 강렬한 향기로 나를 자극했던 이유는, 내가 '이제 우리 헤어지면 언제 다시 만날까'라는 생각에 빠져 한 모금조차 아까워하며 마셨기 때문이었다. 나에게 소중한 그 사람들을 언제 또 볼지 모르기에 그날 그 와인의 맛이 그토록 강렬했던 것이 아니었을까. 오랫동안 고생하다가 마침내 보금자리를 마련한 선배의 집들이를 축하하는 그날의 따스한 분위기, 그날의 짧았던 만남, 그날을 마지막으로 아직도 선배들을 다시 만나지 못한 서글픔, 우리가 알고 지낸 20여 년의 세월과 추억이 녹아 있는, 그날의 만남이 그 와인 맛을 특별하게 만든 것이다. 나에게 그 와인은 마르셀 프루스트의 마들렌 같았다. 차곡차곡 접힌 과거의 기억들을 아코디언처럼 화르르 펼치며 아름다운 추억의 멜로디를 연주해주었던 것이다. 나는 그때 그 와인의 종류나 브랜드를 찾고 있었지만, 정말로 간절하게 되찾아야 할 것은 와인을 함께 마신 그때 그 사람들과의 아름다운 추억이었다. 그 와인을 그토록 잊을 수 없는 맛과 향기로 물들인 것은 술의 화학적 효과가 아니라 내 마음속에 일어난 모든 파란만장한 사건이었다.

내 추억 속 향기로운 와인을 생각하다 보니, 프루스트의 마들렌이 지닌 의미가 더욱 강렬하게 다가온다. 프루스트의《잃어버린 시간을 찾아서》에 등장하는 달콤한 마들렌은 '콩브레'라는 마을에서 어린 시절을 보낸 주인공 마르셀의 추억 속 음식이다. 바로 이 콩브레의 모델이 된 장소가 프랑스의 마을인 '일리에 콩브레Illiers-Combray'다. 이 마을의 이름은 원래 '일리에'였는데,《잃어버린 시간을 찾아서》의 기념비적 성공으로 마을의 이름 자체가 '일리에 콩브레'로 바뀌었다고 한다. 그렇게 마을의 이름까지 바꾼 위대한 문학작품의 반열에 오른《잃어버린 시간을 찾아서》이건만, 처음 세상에 나왔을 때의 반응은 실망스럽기 이를 데 없었다. 프루스트의 원고는 수없이 거절당했다. 심지어 노벨문학상 수상자였던 앙드레 지드도 이 작품의 출간을 일언지하에 거절했다면 훗날 자신의 선택을 크게 후회했을 정도였다. 상처 입은 프루스트는 어쩔 수 없이 자비를 들여 초판을 출간했고, 독자들은 다행히 이 작품의 진가를 알아보았으며, 이제 그의 작품은 전 세계 독자들의 열광적 사랑을 받게 되었다. 제임스 조이스의《율리시스》와 함께 20세기 최고의 걸작으로 칭송받는《잃어버린 시간을 찾아서》에서 콩브레는 어린 시절의 추억을 가득 담은 아련한 노스탤지어의 대명사가 되었다. 일리에 콩브레는 이제 프루스트를 사랑하는 사람들에게 매우 귀중한 문학의 성지가 되었다.

과연 일리에 콩브레는 프루스트의 《잃어버린 시간을 찾아서》속 묘사처럼 아름다운 추억의 순간들로 찬란하게 반짝일까. 나는 뭔가 엄청나게 아름다운 풍경을 발견하리라 상상하며 커다란 설렘을 안고 그곳으로 떠났는데, 막상 도착하니 너무 평범하고 소박한 마을이라 살짝 실망했다. 그동안 화려한 장소들의 스펙터클에 익숙해진 것일까. 스펙터클은 말 그대로 구경거리, 눈을 강하게 자극하는 볼거리니 말이다. 그런데 이곳의 진짜 스펙터클은 멋들어진 겉모습이 아니었다. 그것은 《잃어버린 시간을 찾아서》속 추억의 시간에서 반짝이는 인물, 문장, 묘사 들이었다. 즉 일리에 콩브레의 매력은 겉모습이 아니라 이 책을 읽은 독자들의 마음속에 있었다.

그토록 평범한 마을을 그토록 아름답고 찬란한 기적의 장소로 묘사한 것이야말로 프루스트의 천재성이었다. 프루스트의 작품을 읽다 보면 때로 인간이 시간을 기억하는 것이 아니라 사물과 장소가 인간을 기억한다는 생각이 든다. 우리의 의지가 기억하기보다는 장소나 사물이 우리를 '비의지적'으로 흔들어 깨우는 것이다. 처음에는 마들렌을 별로 먹고 싶어 하지 않았던 소설 속 주인공 마르셀이 마음을 바꾸어 '마들렌과 홍차를 먹겠다'라고 결심하는 것도, 홍차에 적신 마들렌을 한 입 베어 무는 순간의 경이

《잃어버린 시간을 찾아서》의 주요 소재인 마들렌과 홍차를 재현한 모습, 프랑스 외르에루
아르 일리에 콩브레 레오니 아주머니의 집(프루스트 박물관) ⓒ 이승원

로운 감정도, 모두 주인공 자신이 일부러 기억한 것이 아니라 자신도 모르게 폭발하듯 터져 나온 '비의지적 기억' 때문이다. 어떤 사물이나 장소를 보면, 자신도 모르게 무의식의 자극을 받아 사물이나 장소에 관련한 어떤 기억들이 도미노처럼 폭발적 속도로 떠오르는 것이다.

그리하여 뒤늦게 떠오르는 잘못된 선택을 후회하며 가슴을 칠 때가 있다. 그 사람에게 좀 더 잘해야 했는데, 그 기회를 놓치지 않아야 했는데, 아무리 힘들어도 그때 그곳에 꼭 가야 했는데. 수 많은 후회가 가슴을 뒤늦게 후려친다. 하지만 곰곰 생각해보면 '의식적 선택'이 아닐 때도 우리의 무의식은 항상 무언가를 열심히 선택하고 있었다. 그때 그 시절 그곳에 가지 않은 것, 그 사람에게 친절하지 못한 것, 유독 그 사람에게 느껴지는 슬픔만은 외면할 수 없었던 것. 그런 마음의 향방은 우리가 논리적으로 선택할 수 있는 것이 아니다. 무의식의 선택은 의식의 노력으로 통제 불가능하다. 대표적 무의식의 선택이 바로 사랑이다. 프루스트의 소설 속 주인공들은 결국 사랑 때문에 엄청나게 상처받을 것을 알면서도 그 사람을 사랑하고, 그 사람에게 집착하고, 그 사람의 일거수일투족에 어처구니없이 매료된다. 사랑은 본질적으로 우리 영혼의 취약성에서 비롯된다. 나에게 분명히 상처를 줄 그 사람을 사랑하지 않고 배길 수 없는 내 무의식의 선택에서 사랑은 비로소 시작된다. 프루스트의 소설 속 주인공들은 그 비극을 알고 있으면서 고치지 못하는 것이다.

홍차에 적신 달콤한 마들렌이 마르셀의 입천장에 닿는 순간, 콩브레에서 겪었던 모든 일이 죽기 직전 인생의 결정적 장면들이 엄청나게 빠른 속도로 재생되듯이 한꺼번에 되살아난다. 어린 마르셀을 울고 웃게 하던 모든 추억이 마들렌의 폭신폭신한 질감과 쌉싸름한 홍차와 어우러지며, 아주 작게 접힌 종이꽃이 따뜻한 물속에서 풍만하게 피어오르듯이 한꺼번에 되살아난 것이다.

나에게 난데없는 기쁨은 '나만의 삶이라는 이야기가 피어나던 시간'의 열광적 환희였다. 사소하고 평범해 보이지만 '나에게는 나만의 이야기가 있고, 나만의 문장이 있고, 세상을 향해 외칠 수 있는 나만의 메시지가 있다'라는 사실을 깨닫는 순간의 기쁨이 내 삶의 원천이다. 당신의 마음속에는 어떤 마들렌이, 어떤 콩브레가 숨 쉬고 있을까. 부디 우리가 소설 속 마르셀처럼 잃어버린 모든 애틋한 시간과 장소를 끝내 되찾는 영혼의 모험을 멈추지 않기를 꿈꾼다. 나의 마들렌은, 나만의 이야기의 꽃이 피어나는 순간의 뜨거운 환희다. 기쁠 때나 슬플 때나 내 삶을 밀어가는 가장 뜨거운 열정의 수레바퀴, 그것은 바로 '나만의 이야기를 쓰는 사람이 되고 싶다'라는 간절한 소원이다. 몸속의 심장처럼, 내 영혼의 중심부에도 이야기의 불꽃이 타오르는 영혼의 화덕이 있어, 내가 아무리 힘들고 지치더라도 그 이야기의 화덕만은 결코 꺼지지 않는다.

그리니치
천문대

**당신의 표준시는
언제인가**

불행은 우리 안의 천재성을 더욱 날카롭게
만든다.

오비디우스

19장

그때는 몰랐는데 지금은 그곳이 치유 공간임을 뒤늦게 깨
달을 때가 있다. 내게는 영국 런던의 그리니치 천문대가 그런 곳
이다. 그때는 역사적으로 의미 있는 곳이기에 방문했는데, 지금은
나에게도 개인적 의미를 지닌 곳으로 바뀌었다. 세계 표준시의
기준이 되는 그리니치 천문대에 서서 그리니치 천문대 이야기를
구상하다가, 나는 내 삶의 '표준시'는 언제일까 생각했다.

그리니치 천문대에서 가장 유명한 것은 경도 0도를 가리키는
기준선인 '본초자오선'이다. 여행자들은 그 위에 서서 쉴 새 없이
카메라 셔터를 누른다. 금색 기준선을 사이에 두고 한 발은 왼쪽
에, 다른 발은 오른쪽에 두는 포즈가 가장 인기 있다. 그 가느다란
세계 표준시의 경계선 하나가 어제와 오늘을 나누는 것에 새삼

134

경이를 느낀다. 인간의 삶은 '어제와 오늘' '과거와 현재' 혹은 '그 이전과 그 이후'로 나뉜다는 사실을, 본초자오선은 시각적으로 보여준다. 그리니치 천문대에서 나는 내 삶이 '그 이전'과 '그 이후'로 나뉘는 순간이 언제였는지 생각해보았다. 내 삶의 표준시는 '트라우마의 존재를 이해하기 전'과 '트라우마를 진정으로 이해하고 치유해야겠다고 결심한 후'로 나뉜다. '트라우마를 치유할 수 있다는 믿음'이 생기기 전과 후, 융 심리학을 공부하기 전과 후가 내 인생의 전환점이다.

융 심리학을 공부하기 전, 나는 모든 상처에 극도로 예민했다. 내 슬픔뿐 아니라 타인의 슬픔에도 극단적으로 과몰입해서, 누군가 힘겨워하면 며칠간 밤잠을 설치며 괴로워할 정도였다. 상처를 잘 받을 뿐 아니라 상처 있는 사람에게 자석처럼 이끌리는 나였다. 이렇듯 상처에 취약한 나 자신을 치유하기 위한 자구책으로 융 심리학을 독학한 이후, 내 인생의 시계는 다른 속도로 흘러가기 시작했다. 내 상처를 바라보는 마음에 여유가 생기기 시작했다. 내 상처를 스스로 치유할 수 있다는 믿음을 심어준 사람, 내게는 나 자신뿐 아니라 타인의 아픔도 치유할 힘이 넘쳐난다는 점을 깨닫게 해준 사람이 카를 구스타프 융이다.

융은 '의식적 차원'에서는 콤플렉스로 가득할지라도, '무의식의 차원'에서는 빛나는 가능성과 눈부신 잠재력으로 가득한 것이 인간의 마음임을 일깨워주었다. "상처 입은 의사만이 타인을 치유할 수 있다. 단 그 의사가 나 자신을 치유한 만큼 타인을 치유

본초자오선, 영국 런던 그리니치 천문대 ⓒ 이승원

할 수 있다"라는 것이 융의 생각이었다. 완벽한 사람이 아니라 상처 입은 사람이 오히려 타인의 아픈 마음을 치유하는 힘을 가지고 있다니. '상처 입은 치유자wounded healer'라는 개념은 내게 커다란 인식의 전환점이 되었다. 나는 내가 입은 모든 상처보다 더 강력한 존재라는 것. 나는 나에게 상처를 준 모든 사람의 악행과 폭언을 합친 파괴적 에너지보다도 더 강력한 치유의 에너지와 창조의 에너지를 지닌 존재라는 것을 알게 되었다.

그리니치 천문대의 본초자오선이 '어제'와 '오늘'을 가르듯, 상처 입은 치유자라는 개념을 알고 내 인생의 꿈이 완전히 바뀌었다. 작가가 되고 싶었고, 성공하고 싶었고, 세상 사람의 인정도 받고 싶었던 내가 난데없이 상처 입은 치유자가 되고 싶어졌다. 이런 내적 변화는 내 삶에 커다란 평온을 안겨주었다. 나는 내가 부서지고 망가져서, 나 자신뿐 아니라 남도 돌볼 수 없는 상태인 줄로만 알았다. 하지만 나는 그렇게 나약한 존재가 아니었다. 상처를 충분히 겪었기에 상처 입은 사람들의 마음을 아는 사람이었고, 상처가 조금씩 나아졌기에 치유하는 마음을 아는 사람이었으며, 트라우마를 겪은 후 더 나은 삶을 살고 있기에 외상 후 성장post-traumatic growth을 경험하는 사람이었다. 번드르르한 명함이나 성공이나 업적으로 인정받고자 했던 것은 사회적 자아인 에고를 위한 일이었고, 모든 상처에 굴복하지 않는 강인한 삶을 선택하기로 한 것은 내면의 자기인 셀프의 결정이었다.

나는 에고보다 셀프를, 타인의 인정보다 나 자신과의 투명한 만남을 선택하는 충만한 존재가 되고 싶어졌다. 그러다 보니 좁디좁았던 마음이 무진장하게 넓어지고, 내 삶의 바운더리가 한없이 확장되는 느낌이었다. '또다시 상처받지 않기 위해 이제 아무한테도 정 주지 않을 거야'라고 결심했던 딱딱한 마음이 한없이 말랑말랑해지고 촉촉해져서, 누구든 제대로 사랑할 수 있을 것 같았다. 그리니치 천문대의 본초자오선을 한없이 바라보는 것만으로도, 나는 타인의 눈치를 보는 에고에서 오직 나만으로 충분한 셀프로, 사회적 자아에서 내면의 자기로 변신하고 있었다. 타인의 시선을 의식하는 존재에서 오직 나 자신과의 약속을 중시하는 존재로 변신하고 싶었다. 경쟁이나 성공을 위해서가 아니라 내가 사랑하는 사람들과 내가 믿는 가치들을 위해 싸우고 싶었다.

그리니치 천문대의 본초자오선은 우리에게 끊임없이 질문을 던진다. '당신의 표준시는 언제입니까'라고. 그 많은 트라우마에도 나는 결코 망가지지 않았음을 깨닫는 순간, 에고를 겹겹이 둘러싼 울타리들이 와르르 기쁘게 무너지는 것 같았다. 안정된 직장도 보장된 미래도 뚜렷한 목적도 없이 떠나온 머나먼 이국땅에서, 나는 오랫동안 떠돌며 비로소 '진짜 나 자신'이 되는 해방감을 맛보았다. 모든 타인의 시선에서 해방된 느낌이었다. 똑똑한 장녀를 향한 부모님의 지나친 기대에서, 서울대 박사학위까지 있는 사람이 왜 취직을 못 하냐는 뭇사람들의 시선에서, 결혼하고 출산하고 진급하는 속도를 비교하는 사회란 전쟁터에서 처음으로 자유로울 수 있었다. 그리니치 천문대에서 나는 '그래, 지금부터 다시 시작하자'라고 마음먹었다. 화려한 에고의 인생이 아닌 충만한 셀프의 인생을 살자고, 타인의 인정을 받으려 고군분투하는 삶이 아니라 내 안의 꿈과 희망을 잃지 않고 천천히 한 걸음씩 나아가는 삶을 살자고 다짐했다.

트라우마는 한 사람의 평생을 '그 이전'과 '그 이후'로 나눈다. 트라우마가 우리 삶에 그토록 큰 영향력을 행사하는 이유는, 자극의 강도를 조절하면 완화되는 일반적 스트레스와 달리 감정을 통제하는 능력 자체를 앗아가기 때문이다. 깊은 트라우마에서 헤어 나오지 못한 사람은 아주 작은 자극에도 소스라치게 놀라고, 필요 이상으로 상처받는다. 한마디로 모든 상처에 취약해진다. 트라우마를 제때 치유하지 못하면 삶의 온갖 고통스러운 통과의례를 견디게 하는 회복탄력성이 약해진다. 남들은 무리 없이 잘 견뎌내는 상처에도 홀로 힘들어하고, 남들은 상처라고 생각조차 하지 않는 사소한 일에도 화가 나고 슬픔에 북받친다.

나는 사랑받는 존재라는 믿음, 나는 희망찬 미래를 꿈꿀 자격이 있다는 자긍심, 극한의 상황에도 내가 나를 일으켜 세울 수 있다는 자신에 대한 확신이 회복탄력성의 근간을 이룬다. 이렇듯 개인뿐 아니라 조직이나 사회도 일종의 회복탄력성이 필요하다. 수많은 사람이 함께 살아가는 공동체는 매뉴얼이나 시스템만으로 돌아가지 않는다. 힘들 때마다 우리가 서로에게 도움이 되어줄 수 있다는 믿음, 아무리 급한 순간에도 타인의 목소리를 골고

루 듣고 중대사를 결정하는 민주주의적 습관, 모든 것이 돈과 권력의 문제로 결정되어서는 안 되며 삶의 가장 소중한 주춧돌은 사랑과 우정과 신뢰가 되어야 한다는 집단적 공감대가 필요하다. 일종의 사회적 회복탄력성이 절실한 것이다. 나쁜 일이 생겨도 힘을 합쳐 이겨낼 수 있다는 공동체적 믿음이야말로 사회적 회복탄력성의 근간이 된다.

그렇다면 우리 사회를 '그 이전'과 '그 이후'로 나눈 집단적 트라우마의 시간은 언제일까. 수많은 사건이 우리의 가슴을 할퀴고 지나갔지만, 2000년대 이후 사건 가운데 세월호 참사야말로 가장 치명적인 집단적 트라우마로 남지 않았을까. 세월호 참사가 일어난 지 벌써 10년이 되었다. 올해는 세월호 참사 10주기를 추모하는 수많은 행사가 열렸다. 올 3월부터 전국시민행진단은 세월호 참사 희생자들이 원래 무사히 도착했어야 할 제주도에서 행진을 시작해 진도 팽목항, 목포 신항, 전라도, 경상도, 충청도, 강원도, 안산 등을 거쳐 서울까지 무려 21일간 걷고 또 걸으며 슬픔을 함께했다. 세월호 참사 10주기에 완공하려던 4·16생명안전공원이 착공조차 하지 못했다는 소식에 마음이 아프다. 뼈아픈 기억을 추모하는 장소는 우리를 약하게 하는 것이 아니라 더욱 강하게 만들 것이다. 우리는 다 아파하지 못한 상실의 고통을 위로할 장소가 필요하고, 다시는 비슷한 트라우마가 반복되지 않도록 우리를 더욱 결속할 장소가 필요하다.

추모의 장소를 만드는 것은 우리 사회의 집단적 회복탄력성을 더 크게 만들 것이다. 제대로 기억하는 것은 우리를 결코 나약하게 만들지 않는다. 아름다운 추모 공간을 만들고, 슬퍼할 수 있는 공간을 주고, 그들의 아픔을 그들의 아픔에만 갇히지 않게 하는 것이 진정한 추모와 애도의 몸짓이다. 그들의 슬픔이 그들의 심장에만 갇혀 있지 않고 마음껏 흘러넘치게 우리는 슬픔이 해방될 수 있는 공간을 마련해야 한다. 기억하고 또 기억하는 것은 결코 나약한 일이 아니다. 집단적 트라우마를 제대로 기억하고, 고통받는 이들의 마음을 치유하는 순간이 우리 사회의 새로운 본초자오선이 되기를 꿈꾼다.

화가의 집

당신의 꿈을
무조건 응원해주는
공간이 있다면

[2021]

  '낭만'이라고 하면 당신의 머릿속에는 무엇이 떠오르는가. 나는 현실에서 허락되지 않은 온갖 꿈이 떠오른다. 이루어지지 못할 꿈이라도, 언제까지나 간직하고 싶은 마음. 젊은 시절의 열정과 이상을 간직한 사람들끼리 모여서 '아직은 늦지 않았다'라며 서로의 꿈을 무조건 응원해주는 모임을 만들고 싶다. 엄청난 이벤트가 아니더라도 그저 축하하고 싶은 사소한 기쁜 일이라도 생기면 아는 사람들, 아는 사람의 아는 사람들, 내가 전혀 모르는 사람들까지도 모두 초대해 작은 파티를 벌이고 싶은 마음. 그리하여 낭만 하면 떠오르는 공간은 '살롱salon'이다.

  언제든 마음 내키는 대로 삼삼오오 모여 문학과 철학과 예술에 대해 수다를 떨 수 있는 곳. 누군가는 피아노를 열정적으로 연

142

주하고, 누군가는 열띤 토론을 하고, 누군가는 차를 마시며 차분히 책을 읽어도 서로의 '자기다움'을 해치지 않는 자유로운 모임이 가능한 곳. 내게 그런 낭만적 꿈을 되찾아준 곳이 19세기 살롱의 성지, 프랑스 파리의 낭만주의 미술관Musée de la Vie Romantique이다.

해외에서 너무도 아름다운 건축물을 보면 '이런 곳이 한국에도 있었으면 좋겠다'라는 생각이 들어 잠 못 이룰 때가 많다. 한국의 건축은 높이나 규모 면에서 뛰어나다. 하지만 걸작이 셀 수 없이 많은 메트로폴리탄 박물관이나 루브르 박물관 같은 곳들과 비교하면 여전히 아쉽다. 방대한 컬렉션과 뛰어난 작품성, 역사적 의미까지 한데 어우러진 박물관은 하루아침에 이루어지는 것이 아니기에. 그럴 때 나는 '화가들의 집'을 상상한다. 멋진 예술가가 살았던 집을 도시 한복판에 복원하는 것은 우리도 충분히 가능하다는 생각이 든다.

그런 복원에는 창조적 시선이 필요하다. 단지 어떤 유명한 예술가의 유품을 전시하는 것만으로는 부족하고, 그 예술가의 삶이 지금 여기 우리의 삶에도 긍정적 영향을 줄 수 있도록 스토리텔링을 만들어내는 것이 중요하다. 낭만주의 미술관이 내게 그런 상상을 가능하게 해주었다.

낭만주의 미술관은 19세기에 프랑스에서 주로 활동한 화가 아리 셰퍼의 집이자 아틀리에를 국가에서 매입해 미술관으로 탈바꿈했다. 이 공간은 원래부터 셰퍼뿐 아니라 19세기 프랑스 낭만주의를 대표하는 것이었다. 1830년 화가로서 전성기를 누리던 셰퍼는 수많은 화가와 작가로 붐비는 동네에 위치한 집을 파리 예술가들의 아늑하고도 풍요로운 아지트로 만들었다. 그는 정기적으로 금요일 밤 살롱을 열어 이웃과 예술가들을 초대해 창의성과 동지애를 나누었다.

셰퍼의 집은 활기가 넘쳤고, 셰퍼는 친구들이 창의력을 발휘할 수 있도록 격려했다. 음악과 미술, 문학과 철학에 관한 온갖 갑론을박이 이루어졌고, 사람들이 모일 때마다 새로운 우정과 사랑과 연대감이 싹텄다. 작가 조르주 상드와 그녀의 파트너이자 작곡가인 프레데리크 프랑수아 쇼팽, 화가 페르디낭 빅토르 외젠 들라크루아와 장 오귀스트 도미니크 앵그르, 영국 작가 찰스 디킨스 등이 살롱의 단골손님이었다. 셰퍼가 네덜란드 출신의 화가였다는 점이 흥미롭다. 네덜란드 화가가 프랑스 화가나 영국 작가까지 초청해 매주 자신의 공간과 비용을 기탄없이 내주며 예술가들의 공동체, 살롱을 이끌어갔다는 사실이 더욱 이 공간을 '열린 예술의 유토피아'로 느껴지게 한다.

이 낭만주의 미술관의 하이라이트는 그 시절 낭만주의를 가장 드라마틱하게 보여주는 작가 상드를 위해 마련된 공간이다. 그녀의 초상화, 쇼팽과 리스트가 연주하던 피아노, 사람들이 앉아 이야기하고 박수한 각종 의자와 테이블, 그들이 나누었던 손편지와 온갖 장신구가 이곳에 아름답게 전시되어 있다.

쇼팽의 연인으로도 알려진 상드가 19세기 낭만주의를 대표하는 인물이 될 수 있었던 것은 작가로서 뛰어난 재능 때문이지만, 정기적으로 살롱을 개최해 예술과 문학과 철학적 비전을 나누도록 한 장본인이기 때문이기도 하다. 상드는 예술가들의 수많은 네트워크를 가능케 한 명실상부한 살롱의 중심이었다.

평생 낭만과 열정을 잃지 않기 위해 상드는 부단히 노력을 기울였다. 그녀의 글에 '마음속 눈부신 젊음'을 유지하려는 온갖 노력의 흔적이 깃들어 있다. "노년까지 영혼을 젊고 떨리는 상태로 유지하려고 노력하며 죽음 직전까지 삶은 이제 막 시작되었다고 상상해보자. 그것이 자신의 재능과 내면의 행복을 계속 더할 수 있는 유일한 방법이다." "나이를 해체를 향한 내리막길로 여기는 것은 실수다. 그 반대가 사실이다. 나이가 들수록 놀라운 속도로 오르막길을 오르게 된다." "나는 다시 결혼하느니 차라리 남은 인생을 감옥에서 보내고 싶다." "쇼팽이 우리에게 준 선물은 지금까지 존재했던 것 중 가장 깊고 충만한 느낌과 감정의 표현이다. 그는 하나의 악기가 무한의 언어를 말하게 했다."

"이 세상 단 하나의 행복은 사랑하고 사랑받는 것"이라고 선언했던 상드는 일생에 4만여 통에 가까운 편지를 썼다. 편지에서 다루는 내용이 워낙 방대하고 심오하다 보니, 그녀의 편지는 프랑스의 역사뿐 아니라 유럽의 역사를 이해하는 데 중요한 사료가 된다고 한다. 그녀와 편지를 주고받은 사람의 수가 2,000여 명이라고 하니, 당시 얼마나 많은 사람과 교분을 나누었는지 알 수 있다. 연인과 친지뿐 아니라 다채로운 수평적 인연으로 얽혀 있는

조르주 상드에게 헌정하는 공간, 프랑스 파리 낭만주의 미술관 ⓒ 이승원

그녀의 편지는 아직도 새롭게 발굴되는 중이라고 하니, 사랑과 우정을 향한 그녀의 열정이 얼마나 뜨거운 것이었는지 짐작할 수 있다.

그녀의 사랑은 곧 창작의 불꽃이 되었다. 그 뜨거운 사랑은 자신의 창작뿐 아니라 연인의 창작에도 불씨를 지피는 것이었다. 그녀의 사랑을 받았던 알프레드 드 뮈세와 쇼팽 모두 그녀와 함께할 때 수많은 걸작을 창조했다. 사랑은 낭만주의의 불꽃이었고, 사랑으로부터 음악과 미술과 문학 그리고 혁명을 향한 갈망까지 함께 불타오르곤 했다.

상드가 일으킨 혁명은 바로 여성도 얼마든지 남자와 다름없이 모든 것을 해낼 수 있다는 믿음을 전 유럽에 전파한 것이었다. 〈쇼팽의 연인〉〈쇼팽의 푸른 노트〉〈쇼팽: 디자이어 포 러브〉〈파리에서의 마지막 키스〉 등 상드의 인생을 다채로운 각도로 보여주는 수많은 영화를 보면, 어떻게 한 여성에게서 이토록 강렬한 인연의 불꽃이 타오를 수 있는지 감탄하게 된다. 패션계에서도 그녀는 바지 차림을 선보이며 격식과 억압에 짓눌린 여성의 몸을 해방하는 용감한 실험이자 또 하나의 패션 혁명을 선보였다. 그녀는 남장을 하고 곳곳을 누비며 여성에게 허락되지 않은 공간들을 점유했다. 남에게 보이는 모습은 파격과 실험이 많았지만, 그녀의 내면에서 가장 많이 흘러넘치는 감정은 친절함과 다정함이었다. 상드의 일기와 편지 곳곳에는 그녀를 살롱의 슈퍼스타로 만든 '인간관계의 비밀'이 넘쳐난다. "그 보물, 친절을 내면에서 잘 지키십시오. 주저 없이 베푸는 법, 후회 없이 실패하는 법, 비열하지 않게 목표를 성취하는 법을 알아두세요." 그녀는 세상이 자신에게 침묵을 강요할 수는 있지만 자신의 자유로운 생각까지 묶어놓을 수는 없음을 깨달았다. 그리하여 아무리 나이가 들어도 젊고 싱그러운 영혼을, 사랑할 줄 아는 영혼을, 언제든지 모든 것을 새롭게 시작할 수 있는 영혼을 간직하고 싶어 했다.

가끔은 사람들이 실현 가능성을 따지는 데서 벗어나 상상하고 토론하며 마음껏 꿈꾸었으면 좋겠다. 남들의 비웃음 따윈 아랑곳하지 않고 오직 제 갈 길만 바삐 걸어간 돈키호테처럼. 이룰 수 없는 꿈을 꾸고, 다다를 수 없는 별에 다다르고 싶은 끝없는 갈망. 낭만은 도달할 수 없는 꿈을 떠올리게 하지만, 그런 낭만을 품고 살아가는 삶에는 언젠가 도달할 수 있으리라는 아스라한 희망이 있다. 정신 차리고 살아야 한다는 강박 때문에 잊어버린 모든 꿈. 이성과 합리성의 이름으로 가로막았던 모든 이상. 다음에 여유가 생기면 하겠다며 미루고 또 미뤄왔던 모든 바람. 막상 여유가 생길지라도 더 중요한 일들 때문에 결국 미뤄지는 것들. 우리보다 훨씬 어렵고 힘든 상황에서도 그런 낭만적 꿈들을 이뤄낸 사람들이 여전히 내 심장을 고동치게 한다.

그 정도 예산과 그 정도 재능으로는 아직 안 된다며 포기했던 그 모든 꿈을 향한 도전을, 지금 여기에서 한 걸음 한 걸음 시작해보자. 우리의 힐링 스페이스는 그저 휴식을 취하는 아늑한 공간이 아니라 새로운 꿈을 꿀 수 있는 마음의 역동적 에너지를 선물하는 곳이 아닐까. 낭만주의 미술관은 우리의 '꿈을 잃은 심장'을 향해 외치는 것 같다. 다시 꿈을 꾸어보라고. 지금 당장 이룰 수 없을지라도, 결코 불가능한 꿈을 향해 도전하는 설렘을 잃지 말라고.

작가의 무덤

단테의 무덤에서
천국, 연옥, 지옥을
경험하다

기권은 중립이 아니라 암묵적 동조다.

단테 알리기에리

　　머나먼 곳으로 여행을 떠날 때 꼭 가져가던 책 한 권이 있
다. 바로 단테 알리기에리의 《신곡》이다. 단테의 문장을 읽고 있
으면 세상에서 가장 용감한 호위무사가 나를 지켜주는 것처럼 든
든하다. 아주 멀리 떠날수록 나의 둔감한 영혼을 죽비처럼 후려
치는 시원한 문장을 읽고 싶다. 위대한 작가 단테에게 혼쭐나는
듯한 순간이 많은데, 그마저도 이상하게 상쾌하다. 나를 혼낼 자
격이 있는 훌륭한 어른에게 애정 어린 충고를 받는 느낌이 들기
때문이다.

　　"하늘 높이 날기 위해 태어난 인간아, 어찌하여 작은 바람에도
그렇게 추락하는가?" 단테의 《신곡》 중 한 대목이다. 정말 그렇
지 않은가. 우리는 창공을 가로질러 힘차게 날아오르는 삶을 꿈

꾸지만 아주 작은 역경에도 흔들리고, 곁눈질하고, 절망한다. 단테의 글을 읽을 때면 인간의 나약함과 인간의 위대함을 동시에 속속들이 알고 있는 듯한 작가의 혜안에 감탄한다. "지옥에서 가장 뜨거운 곳은 도덕적 위기가 닥쳤을 때 중립을 지키는 사람들을 위해 마련되었다." 이런 문장을 읽을 때면 그야말로 '앗, 뜨거워' 하는 생각에 부끄럽다. 내가 그런 중립을 지키고 있었던 것은 아닌지. 위기가 닥쳤을 때 두려움에 빠져 용감하게 약자의 편에 서지 못했던 것이 아닌지 돌아보게 된다. 분노를 참고 침묵하면서 상황을 바꾸는 용기를 내지 못했던 모든 순간이 부끄러워 얼굴이 붉어진다. 단테의 한 문장 한 문장이 심장을 꿰뚫는 화살처럼 날카롭게 가슴을 후벼 판다.

내 마음속 위대한 작가들 가운데 한 사람인 단테를 생각하면 제일 먼저 떠오르는 도시는 단연 이탈리아 피렌체였는데, 알고 보니 단테의 생가가 있는 피렌체 말고도 단테 마니아들이 꼭 가봐야 할 곳이 있었다. 그곳은 모자이크의 도시로 더 많이 알려진 라벤나다. 라벤나에는 단테의 무덤이 있고, 피렌체와 다른 또 하나의 단테 박물관이 있으며, 단테의 시신을 두고 권력 다툼을 벌였던 이들의 수많은 후일담이 남아 있다.

본래 단테와 아무런 연고가 없었던 라벤나에 단테의 무덤과 박물관이 생기게 된 데는 라벤나의 영주였던 귀도 2세의 공이 크다. 귀도 2세는 피렌체에서 정치 권력 다툼에 밀려나 추방당하고 사형선고까지 받았던 단테를 라벤나에 초대했다. 하지만 단테가 실제로 라벤나에서 살았던 기간은 길지 않다. 단테는 1321년 베네치아 공화국에 외교사절단으로 파견되었다가 라벤나로 돌아오는 길에 안타깝게도 말라리아에 걸려 사망했기 때문이다. 그는 라벤나의 산 피에르 마조레 교회(지금은 산 프란체스코 대성당)에 묻혔다.

"천국으로 가는 길은 지옥에서 시작된다"라는 단테의 문장처럼, 그는 살아 있을 때뿐 아니라 죽어서도 온갖 지옥을 겪어냈고, 이젠 천국으로 가는 길의 위대한 수문장이 되어 라벤나를 지켜주는 것 같다. 오랜 망명 생활과 온갖 고초를 겪으면서도 인간에 대한 믿음과 고결한 성품을 잃지 않았던 그의 삶은 무덤이 어디 있든, 동상이 어디 있든 우리 독자들의 가슴속에서 빛난다.

하지만 당시에는 단테의 시신을 향한 피비린내 나는 암투가 벌어졌다. 1329년, 교황 요한 22세의 추기경이자 조카인 베르트랑 뒤 푸제는 단테의 《제정론》을 이단으로 규정하고 그를 화형에 처하려 했다. 하지만 라벤나 사람들은 단테의 유골이 파괴되는 것을 막아냈다. 단테를 추방한 것을 후회한 피렌체의 권력자들은 라벤나에 그의 유해를 돌려달라고 거듭 요청했다. 피렌체는 1829년 산타 크로체 성당에 단테의 무덤을 만들었다. 단테의 시신은 여전히 라벤나에 남아 있고, 피렌체에 있는 단테의 묘는 자리만 있을 뿐 시신이 없다. 그의 묘 앞면에는 "가장 고귀한 시인을 기리다"라는 문장이 쓰여 있다.

그런데 이것이 단테의 시신을 둘러싼 전쟁의 끝이 아니다.

1945년 이탈리아 파시스트 정부는 연합군에 맞서 최후의 항전을 준비하는 과정에서 단테의 유해를 발텔리나 보루로 옮겨오려 했다. '이탈리아다움의 가장 위대한 상징'으로 써먹기 위해서였다. 다행히 그런 파시스트들의 사악한 소원은 이루어지지 않았다. 지금까지 라벤나는 단테의 시신을 무사히 잘 지켜내고 있다.

나는 라벤나에 갔을 때 단테의 무덤을 둘러보고서 단테 박물관에 들어갔다. 단테의 생애와 그에게 영향을 받은 수많은 사람의 이야기가 빛을 발하고 있었다. 단테의 문장들은 마치 거대한 모자이크의 흩어진 조각들처럼 곳곳에서 반짝였다. "나는 비애의 도시로 가는 길이다. 나는 버림받은 사람들에게로 가는 길이다. 나는 영원한 슬픔으로 들어가는 길이다."《신곡》의 한 대목처럼 그는 인생의 정점에서 나락으로 추락했다. 뛰어난 리더십과 문장력으로 일찍이 정치 무대에서 성공했지만 결국 피렌체 정계와 로마 교황 사이의 권력 다툼에서 밀려나 쓸쓸한 망명객이 되었다.

그런데 바로 그 괴롭고 쓸쓸한 시절에 단테는《신곡》을 집필하기 시작했다. 그가 정치가로서 승승장구했다면 인류는《신곡》이라는 명작을 갖지 못했을지도 모른다. "이곳에 들어오는 자들은 모든 희망을 버려라." 그는 고통의 시간을 감내하며 이런 절망적 문장을 썼다. 하지만 그가 정말 쓰고자 했던 것은, 지옥의 늪을 건너 끝끝내 천국에 다다르는 희망이었다. 희망이 없으면 우리는 끝내 욕망만을 추구하며 살아갈 수밖에 없음을 알았기 때문이다.

《신곡》에는 절망에 빠진 인간의 어깨를 툭 치며 '이봐, 정신 차

단테의 무덤으로 가는 길(왼쪽)과 단테의 무덤 내부(오른쪽), 이탈리아 라벤나 ⓒ 이승원

려'라고 외치는 듯한 가벼운 유머도 있다. "여기 남아서 죽어버리든가, 아니면 그 못생긴 엉덩이를 이끌고 저 문으로 돌아가든가. 다 네게 달렸어, 친구." 이 문장을 읽을 때 나도 모르게 미소 지었다. 늘 심각하고 진중하기 이를 데 없는 단테의 책 속에서 뜻밖의 유머를 발견했기 때문이다. "나는 죽지 않았지만, 삶의 숨결을 잃었다"라며 절망했던 단테가 마침내 붙잡은 희망의 나무는 아름다움과 사랑이었다. 멀리서 바라보기만 했던 아련한 사랑이었지만 평생 그의 마음속에서 사랑의 이상형으로 남은 베아트리체를 향한 그리움, 그것은 아름다움을 향한 갈망과 사랑을 향한 갈망이 합쳐진 마지막 안식처였다. 그는 "아름다움은 영혼을 일깨워 행동하게 한다"라는 것을 알고 있었다.

라벤나에서 《신곡》을 다시 펼쳤을 때, 나 또한 인생의 가장 어두운 터널을 지나고 있었다. 현실에서는 나를 힘들게 하는 사람이 없었는데, 내가 나를 하루하루 고문하는 시간을 보내고 있었다. 마치 나를 둘러싼 보이지 않는 벽의 사면이 하루에 1밀리미터씩 좁아지는 느낌이었다. 원고 집필이나 강연 같은 공식적 약속은 간신히 지키고 있었지만, 나 자신과의 약속들을 하나도 지키지 못하고 있다는 생각에 내가 나를 괴롭히고 있었다. 하루하루 나이 들어감이 두려웠고, 나 혼자만 알고 있는 인생의 목표를 달성하지 못해서 화가 났고, 적어도 겉으로는 아주 괜찮게 지내고 있다는 생각에 더더욱 진저리가 났다. 패배감과 분노와 질투로 가득 찬 진짜 내 속마음을 보여주면 모두가 나에게서 뒷걸음질 치며 도망갈 것만 같았다. 사회적 약속은 부지런히 이행하면서, 나 자신과의 약속은 차일피일 미루며 지내는 중이었다. '정말 내가 원하는 꿈을 향해 도전했을 때 실패하면 어쩌지?' 하는 두려움이 나를 가로막고 있었다. 그렇게 자신을 향한 혐오를 부지런히 키워가고 있을 때, 《신곡》 속 문장을 다시 만났다. "나는 행함으로써 패배한 것이 아니라, 행하지 않음으로써 패배했다." 너무도 뼈아픈 자기진단이었다. 뭔가를 해보고 후회하는 것이 아니라 해보지도 않고 후회하는 습관은 여전히 내 마음을 지배하고 있었다.

나는 라벤나의 위대한 문화유산뿐 아니라 골목골목 어디서나 볼 수 있는 모자이크가 내 고민의 해답임을 깨달았다. 부서지고 이지러지고 찌그러진 채로도 모자이크는 하나의 훌륭한 조각작품이 될 수 있지 않은가. 모자이크를 완성하는 것은 하나하나의 깨진 조각이 아니라 내 머릿속 큰 그림을 결코 포기하지 않는 하루하루의 끈기다. 단테는 내 안에서 속삭인다. "그럼 뭐야? 왜 망설이는 거야? 왜 겁쟁이처럼 사는 것을 좋아하는가? 왜 대담하고 예리하게 시작하지 못하는가?" 오늘도 아무것도 시작하지 못한 채 하루를 끝낼 수는 없다. 바로 이 순간, 내가 가장 싫어지는 순간, 그 순간이 내가 인생이라는 큰 그림을 향해 다시 한 걸음 내디뎌야 할 때다. 나는 《신곡》 속 한 문장 한 문장이 내 마음속 모자이크 조각이 되어 인생이라는 큰 그림을 그려가고 있음을 깨달았다.

삶의 불완전성을 온전히 끌어안는다는 점에서 모자이크의 작업 원리와 《신곡》은 비슷하다. 인생의 부스러진 부분, 이지러진 부분, 깨어진 부분, 도저히 예뻐 보이지 않는 부분, 그 모든 것을 우리는 부정하고 싶어 한다. 그러나 그 결점들 하나하나가 서로의 요철을 맞추며 모자이크는 이루어진다. 모자이크를 제대로 바라보려면 미적 거리가 필요하다. 모자이크를 가까이서 바라보면 그렇게 아름답지 않다. 모자이크가 딱 아름다워 보이는 자리를 찾는 균형감각이 필요하다. 적정 거리에서 모자이크를 바라보면 비로소 그림의 전체성이 보인다.

그러니까 오늘 하루가 엉망진창이고 결핍투성이일지라도, 오늘 하루를 어떻게든 포기하지 않고 내 삶이라는 큰 그림에 이어 붙이면, 언젠가는 그 깨진 모서리들이 아름다운 윤곽선이 되어 광대한 삶과 사랑이라는 모자이크를 완성할 수 있지 않을까. 그러니 힘들고 지치고 쓸쓸한 그대여, 일단 오늘을 버티자. 오늘을 버틸 힘만 있으면 우리에겐 희망이 있으니까. 오늘을 버틸 수 있다면 우리는 삶이라는 광대한 모자이크를 마침내 아름답게 완성할 수 있다. 분노와 절망으로 고꾸라진 내 마음속 깊은 곳의 나를 일으켜 세우며 이렇게 속삭여본다. 오늘이 인생이라는 모자이크의 가장 소중한 한 조각임을 잊지 말자고. 깨어진 모자이크도 충분히 그 자체로 아름다움을 잊지 말자고.

건축가의 집

언제든 방문하고 싶은
아름다운 타인의 집

　　아름다움을 한껏 바깥으로 보여주면서 내향적 느낌을 주는 공간이 있다. 시각 이미지는 본래 외향적 느낌을 주지만, 보는 사람에게 아름다움을 과시하기보다 아름다움에 관해 성찰하도록 유도한다. 르코르뷔지에나 미스 반데어로에 등 훌륭한 건축가의 작품이 그렇다. 나는 그중에서 안토니오 가우디의 작품을 이야기하고 싶다. 스페인의 사그라다 파밀리아나 구엘 공원은 굳이 추천하지 않아도 되는 유명한 관광 명소지만, 카사 바트요Casa Batlló는 더 많은 사람이 방문하면 좋겠다.

　　사그라다 파밀리아나 구엘 공원이 공공건축의 의미를 되새기게 한다면, 카사 바트요는 우리 각자의 집, 누구나 한 번쯤 상상하는 '드림하우스'의 의미를 성찰하게 하기 때문이다. 사그라다 파

159

밀리아나 구엘 공원이 도시의 모든 사람이 즐길 수 있는 공공건축이라면, 카사 바트요는 저마다의 아늑하고 따사로운 집에 대한 사유를 촉발하는 건축이다. 즉 사그라다 파밀리아가 광장의 건축이라면 카사 바트요는 밀실의 건축이다. 그런데 이 밀실의 건축이 일종의 박물관이 되어 또 하나의 광장의 건축으로 탈바꿈했다. 건물 전체가 굽이치는 파도 같은 과감한 디자인으로 돋보이면서 유독 차분하고 단단한 느낌을 주는 건물이 바로 카사 바트요다.

카사 바트요는 나에게 세 가지 성찰의 화두를 던져준다.

첫째, 직선으로 둘러싸인 우리의 일상 공간, 그래서 그 답답한 직선으로 우리의 행동과 사유를 제한하는 주변 공간을 되짚게 한다. 《공간과 장소》를 쓴 이 푸 투안은 공간과 장소의 차이를 이렇게 요약한다. 공간은 움직이고 싶은 곳이고, 장소는 머물고 싶은 곳이라고. 가우디는 머물고 싶은 장소의 이상향을 디자인한 것이 아닐까. 가우디의 건축은 우리가 살아가는 장소의 과도한 직선들이 우리의 사유를 제한하고 있음을 느끼게 한다.

왜 이렇게 멋대가리 없는 건축들이 우리 삶을 구성하게 되었을까. 오직 편리성이나 비용만을 생각한 건축은 건축이란 이름으로 자행되는 폭력일 수 있다. 가우디의 건축은 얼핏 보면 복잡하고 화려해 보이지만 그 안은 신비롭고 아늑하다. 곡선이 주는 부드러움, 감성의 근육을 이완하는 원초적 안락함으로 인간을 편안하게 한다.

둘째, 가우디의 건축은 건물 자체가 살아 있는 생물처럼 느껴져서 좋다. 카사 바트요 중앙에는 거대한 타일로 이루어진 중정이 있는데, 이 중정은 건물 전체를 세로로 관통하면서 아래에서 위로 올라갈수록 짙은 푸른색에서 파스텔 톤 하늘빛으로 바뀌는 아름다운 색채의 스펙트럼을 보여준다. 그래서 건물이 푸르른 바다를 떠도는 커다란 배 같다. 내부는 '물의 건물'이라는 느낌을 풍기는데, 막상 옥상에 올라가면 이 건물이 실은 '용dragon'임을 알 수 있는 멋진 구조물이 있다. 굴뚝들의 곡선이 마치 용의 커다란 등처럼 구불구불하게 넘실거린다. 물빛이 반짝거리는 거대한 바다를 품은 채, 하늘 높이 불을 뿜으며 날아오르는 용이라니. 마치 신화 속 한 장면 같다.

이 굴뚝이 형상화하는 용은 영국의 수호성인인 성 조지가 맞서 싸웠다는 용이다. 용이 지켜주는 건축, 용이 되어 날아갈 듯한 건축, 용의 상서로운 기운이 흘러넘치는 건축이라니 신명 나지 않는가. 이러한 스토리텔링이 있으니, 건물 자체가 아주 복잡한 사연을 품은 캐릭터처럼 느껴진다. 개인의 재산과 프라이버시를 지키는 것만이 목적인 요새 같은 건축에 익숙한 현대인에게, 마치 살아 움직이는 용처럼 안겨 오는 카사 바트요는 자연의 품에 안긴 인간의 축복을 새삼 되새기게 만든다.

셋째, 가우디의 건축은 우연과 실수조차 아름다움의 일부로 끌어안는 여유를 일깨운다. 당시 가우디가 주문한 세라믹 타일이 운송 과정에서 파손되었는데, 가우디는 부서진 벽돌의 미학이 마

카사 바트요 외관, 스페인 바르셀로나 ⓒ이승원

음에 든다며 깨진 조각을 석회 모르타르로 붙여 황동 고리로 고정하도록 요청했다고 한다. 모든 것을 완벽하게 하려는 것이 아니라 우연과 실수에서 기어이 아름다움을 찾으려는 그 마음이 너무 좋다. 우리 삶도 그렇지 않을까. 완벽한 계획을 빈틈없이 실행하는 삶이 가능할까. 우연과 실수와 피치 못할 사정에서 발하는 임기응변, 뜻밖의 창조성, 신기한 우연이 빚어내는 가능성의 모자이크가 바로 우리네 삶이 아닐까. 물론 큰 그림은 필요하다. 그러나 인생의 큰 그림만으로는 무언가 부족하다. 큰 그림의 미세한 틈새나 부족함을 메우는 아름다움이 바로 우연, 결핍, 알 수 없는 가능성의 모자이크 아닐까.

카사 바트요뿐 아니라 구엘 공원이나 사그라다 파밀리아의 곳곳을 바라보면 일부러 깨뜨린 것 같은 타일들이 매우 아름답게 조화를 이루는 모습을 볼 수 있다. 매끈하게 네모반듯한 모양으로 자른 것이 아니라 자연의 잎사귀나 나뭇가지처럼 둥글고 삐뚤빼뚤한 불규칙한 선들. 가까이서 보면 깨지고 울퉁불퉁한 선들인데, 멀리서 보면 그 선들이 모여 아름다운 모습을 이룬다. 이탈리아 라벤나의 완벽한 모자이크(화가 구스타프 클림트에게 영감을 준 모자이크)와 달리 가우디식 모자이크는 엉성하면서 화려하고 불규칙하면서 조화롭다.

인공과 자연의 행복한 조화는 가우디 건축이 지닌 또 다른 묘미다. 이 건물은 자연광을 최대한 활용할 수 있게 만들어졌다. 꼭 다양한 전기 조명을 쓰지 않아도 자연 채광만으로 집 안의 아름다움을 구석구석 느낄 수 있도록 설계한 것이 참으로 좋다. 건물 중앙에는 깊은 우물처럼 디자인된 커다란 통창들이 있는데, 이 창문들이 어우러져 건물 곳곳을 비추는 하나의 거대한 조명이 되도록 설계한 점도 기발하다. 가우디는 자연의 은유와 상징을 '우리 인간의 집'으로 초대하는 데 인색함이 없었다. 자연이 인간을 품어주듯 인간도 자연을 밀어내지 않는 건축을 해야 한다. 우리는 자연을 이기려고 하는 건축이 아니라 서서히 자연을 닮아가는 건축 속에 기거하고 싶어 한다.

나는 원래 있던 집을 파괴하지 않고 리모델링한 카사 바트요가 무척 마음에 든다. 가우디가 건축가로서 더 많은 재능을 발휘하려면 완전히 새로운 집을 지었겠지만, 그는 기존의 건축에 대한 경의와 존중을 보여주었다. 기존의 건축을 파괴하는 건축이 너무 많은 요즘, 환경과 비용을 진심으로 생각하는 건축가의 마인드야말로 더욱 소중하다. 이렇게 그 자체로 예술로 승화한 건축은 시간이 흘러도 쉽게 잊히지 않을 것이다.

가우디의 건축은 그 안을 걷고 앉고 만져볼 때 비로소 깊고 따스한 인간적 아름다움을 느낄 수 있다. 구엘 공원을 걷는 것도 좋지만 구엘 공원의 벤치에 앉아서 하염없이 바르셀로나 전경을 바라볼 때 타일로 만든 벤치가 이토록 편안할 수 있다는 것을 알게 된다. 그 유명한 도마뱀상도 사진만 찍는 것보다 직접 만져볼 때 더욱 친근하게 다가온다. 건축은 미술과 달리 누구나 만질 수 있는 예술이라는 점에서 우리를 단지 '관객'에 머무르게 하지 않고,

그 속의 '주인공'으로 만든다.

　화가 파울 클레는 "사람처럼 그림에도 골격, 근육, 피부가 있다"라고 했다. 건축은 더더욱 그렇다. 우리는 그림에 들어가 그 골격과 근육을 만질 수 없지만, 건축 내부에 들어가 골격과 근육뿐 아니라 속살까지 만질 수 있다. 카사 바트요는 건물의 골격과 근육, 피부를 더욱 생생하게 느끼게 하는 건축이다. 적절한 높이와 부드러운 곡선으로 이루어진 계단은 피로감을 느끼게 하지 않고, 계단 난간의 풍만한 곡선은 눈맛을 시원하게 해주고, 저마다 다른 모양과 빛깔로 반짝이는 타일은 인간의 풍요로운 상상력이 지닌 최고봉의 자유를 맛보게 한다. 게다가 그곳에 놓인 가우디가 만든 의자는 나무 의자지만 소파 못지않게 푸근하고 안락하다. 이렇듯 건축은 우리가 매일 만지는 가구, 매일 오르내리는 계단, 매일 바라보는 타일과 벽돌, 우리가 발 딛고 있는 바닥까지 아름답게 설계해 일상 그 자체를 아름답게 물들이는 예술이 되어야 하지 않을까.

구겐하임
빌바오 미술관

도시의 운명을 바꾸는
눈부신 건축의 힘

인간은 건물을 만들어내지만,
그 이후에는 건물이 인간을 만든다.

윈스턴 처칠

인간은 건물에 의해 끊임없이 영향을 받고, 동선이 바뀌고, 그 공간의 분위기에 길들여진다. 작게는 방, 부엌, 서재, 집에서부터 크게는 학교와 병원, 카페, 식당, 도서관, 미술관까지 헤아릴 수 없이 많은 건물에 얽힌 기억들이 지금의 나를 만들었다. 한때 좁은 원룸에 살았던 나는 끊임없이 탈출을 생각하는 외로운 청년이었고, 학교에서 공부할 때 나는 공부 이외의 다른 목표를 생각하기 어려웠다. 지금 작업실에서 나는 언제든 자유롭게 여행을 떠날 수 있는 삶을 꿈꾸며 가장 나다운 삶을 살아간다. 당신은 어떤 곳에 있을 때 가장 빛나는가. 당신이 지닌 잠재력의 최대치를 끌어내는 장소는 어디인가. 당신은 어느 장소에서 가장 큰 기쁨을 느끼는가. 이 질문에 대답하기 위해 우리는 열심히 미래의

166

살 집을 보러 다니고, 여행을 떠나며, 평생 마음 둘 곳을 찾아 끊임없이 헤맨다.

　나에게 딱 맞는 장소를 찾는 것도 이렇게 어려운데, 수많은 사람이 방문하고 생활하는 거대한 건물을 설계하는 건축가는 어떨까. 한 사람뿐 아니라 수천수만 명을 위한 공간을 기획하고 창조하는 사람이 건축가다. 때로 건축가 한 사람이 도시의 운명을 바꾼다. 스페인의 잿빛 공업도시 빌바오를 세계적 관광지로 만든, 구겐하임 빌바오 미술관Guggenheim Bilbao Museum을 설계한 프랭크 게리야말로 그런 사람이다. 구겐하임 빌바오 미술관이 생기기전, 빌바오는 철강산업으로 유명했지만 매력 없는 도시였다. 관광지가 되려면 사람들을 끌어들이는 매력적 장소들이 필요한데, 빌바오에는 그런 특색 있는 장소가 별로 없었다. 게리는 구겐하임 빌바오 미술관을 설계하면서 기존의 미술관 건물을 뛰어넘는 혁신적 디자인으로 찬사를 받았다.

　구겐하임 빌바오 미술관을 바라보고 있으면 '우리는 왜 이토록 네모반듯한 건물들 속에서 평생 살아왔는가'라며 한탄하게 된다. 오직 과감한 곡선만으로 이토록 아름다운 건물을 창조할 수 있다는 사실에 감탄하게 된다. 구겐하임 빌바오 미술관의 중력의 법칙에서 자유로운 듯 매끄럽고 활기찬 곡선들은 인간의 상상력이 어디까지 뻗어나갈 수 있는지를 보여주는 것 같다. 바라보는 각도에 따라 꽃이 피어나는 거대한 꽃밭 같기도 하고, 물속을 헤엄치는 거대한 고래처럼 보이기도 한다. 그토록 무거운 재료들로 이토록 가벼운 곡선의 느낌을 살려낼 수 있다니. 유리, 티타늄, 석회암으로 만들어진 독특한 건물은 건물 바로 앞 거리보다 네르비온강 쪽에서 바라보면 훨씬 아름다워 보인다. 분명 고체로 만들었는데 액체로 만든 것처럼 느껴지는 변화무쌍한 건물, 그것은 재즈처럼 즉흥 연주되는 자유분방한 음악을 닮았다.

게리는 이렇게 말한 적이 있다. 건축은 시간과 장소에 대해 말해야 하지만, 시대를 초월하는 것을 갈망해야 한다고. 그의 구겐하임 빌바오 미술관은 과연 시대를 뛰어넘은 새로운 비전을 보여주었고, 공간의 예술이자 시간의 예술이기도 한 건축이 나아갈 또하나의 방향성을 보여주었다. 구겐하임 빌바오 미술관이 1997년 처음으로 대중에게 공개되었을 때, 그 경이로운 규모와 과감한 설계는 즉각 선풍적 반응을 불러일으켰다. 구겐하임 빌바오 미술관이 생기기 전인 1995년 빌바오의 관광객 수는 연간 2만 5,000여 명에 불과했지만, 2023년 구겐하임 빌바오 미술관을 방문한 관광객 수는 132만 명이 넘는다. 구겐하임 빌바오 미술관의 설립 당시, 〈뉴요커〉는 구겐하임 빌바오 미술관을 '20세기의 걸작'이라 예찬했고, 전설적 건축가 필립 존슨은 '우리 시대의 가장 위대한 건축'이라고 호평했다. 빌바오는 일약 세계적 관광도시로 발돋움했고, 관광인구뿐 아니라 도시인구가 폭발적으로 늘었으며, 이제 빌바오 하면 저절로 구겐하임 빌바오 미술관이 가장 먼저 떠오를 정도로 도시의 정체성을 상징하는 존재가 되었다. 비평가 캘빈 톰킨스는 〈뉴요커〉에서 구겐하임 빌바오 미술관을 일컬어 "티타늄 망토를 두른, 물결 모양의 환상적 꿈의 배"라고 묘사했는데, 정말 가까이서 보면 눈부시게 반사되는 건물의 패널이 물고기 비늘처럼 보인다.

처칠의 명언처럼 우리는 장소의 영향을 받는다. 층고가 높고 여백이 많은 공간에 가면 그동안 전혀 떠오르지 않던 새로운 아이디어가 떠오르기도 하고, 좁고 더러운 공간에 가면 의욕과 열정을 잃어버리기도 한다. 구겐하임 빌바오 미술관은 한때 너무 눈에 띄고 거대해 정작 그 안에 있는 미술작품이 잘 보이지 않는다는 비판을 받기도 했지만, 지금은 과감하고 풍요로운 전시 기획들이 넘쳐나기 때문에 오히려 다른 미술관에서 쉽게 시도하지 못하는 거대한 프로젝트를 실현할 수 있게 되었다. 루이즈 부르주아의 〈마망〉, 제프 쿤스의 〈퍼피〉〈튤립〉, 리처드 세라의 〈시간의 문제〉 등 구겐하임 빌바오 미술관의 영구 소장 작품들은 이제 미술관뿐 아니라 빌바오의 트레이드마크가 되었다. 특히 리처드의 〈시간의 문제〉는 거대한 철강 구조물로 빌바오의 정체성, 즉 철강산업의 중심지라는 지역적 특징을 과감하게 드러내는 동시에 예술적 아름다움도 유감없이 보여준다.

〈시간의 문제〉는 설치미술이 아니라 새로운 건물처럼 느껴진다. 그 속에 들어가 걷다 보면 시간의 터널에 들어가 빌바오의 역사를 더듬는 느낌이 들어, 그 자체가 감미로운 타임머신 같다. 보통 미술관에 가면 작품 가까이 가는 것이 엄격히 금지되어, 자세히 감상하려고 조금만 가까이 다가가도 '삑' 소리가 나서 당황스

구겐하임 빌바오 미술관 전경, 스페인 ⓒ 이승원

럽다. 반면 구겐하임 빌바오 미술관은 워낙 넓을 뿐 아니라 광활해서 그런 민망한 일이 거의 일어나지 않는다. 〈시간의 문제〉처럼 아예 사람들이 작품 속을 자유롭게 걸어 다닐 수도 있고, 크기가 큰 작품들이 많아서 웬만하면 거리를 두고 바라봐야 제대로 작품의 전모가 보이기 때문이다. 거대한 거미를 형상화한 루이즈의 〈마망〉 앞에 서면 모든 사람은 개미처럼 작게 보이고, 기꺼이 거미 왕국에 초대받은 릴리푸트 왕국(걸리버 여행기에 나오는 소인국) 사람으로 변신한 것처럼 앙증맞은 존재가 된다.

루이즈는 왜 이 거대한 거미에게 〈마망〉, 한국어로 〈엄마〉라는 제목을 붙여주었을까. 거미 자체가 루이즈에게 엄마의 푸근함을 연상시키는 존재였기 때문인 것 같다. 루이즈는 이렇게 말했다. 이 거미는 엄마에게 바치는 찬가라고. 엄마는 자신의 가장 친한 친구였고, 거미가 거미줄을 자아내듯 끊임없이 무언가를 만들어내는 부지런하고 총명한 사람이었다. 질병을 퍼뜨리는 모기를 잡아먹는 거미처럼, 엄마는 자식들을 이 세상의 수많은 위협에서 구해주는 사람, 끊임없이 자식들을 걱정하고 보살펴주는 사람인 것이다. 루이즈의 거미가 무섭지 않고 친근하며 푸근해 보이는 이유가 〈마망〉이라는 제목과 그 속에 담긴 따스한 모성의 추억 때문이다.

구겐하임 빌바오 미술관은 단지 작품 감상을 위해 설계된 공간이 아니라 풍요로운 산책을 위한 공간처럼 느껴진다. 늘 인파로 북적이는 오르세 미술관이나 우피치 미술관과 달리, 자유롭게 움

리처드 세라, 〈시간의 문제〉, 1994~2005 ⓒ 이승원

직일 공간이 많은 이곳에서는 '사람이 많아서 작품을 제대로 감상할 수 없다'라는 안타까움이 전혀 끼어들 틈이 없다. 관람객은 편안하게 산책하듯 작품을 감상할 수 있다.

건축가 발터 그로피우스는 이렇게 말했다. "현대적이고 조화로우며 생동감 넘치는 건축물은 진정한 민주주의의 가시적 신호입니다." 작품 관람을 넘어 건축이라는 또 하나의 예술을 관람하는 우리는 이토록 호방하고 기백이 넘치는 공간에서 사유의 반경을 넓히는 행복한 경험을 한다. 빌바오라는 도시의 운명을 바꾼 구겐하임 빌바오 미술관처럼, 도시의 운명을 바꾸는 눈부신 건축들이 우리의 일상 곳곳에서 발견되었으면 좋겠다. 단지 사람을 노동하고 거주하게 만드는 기능적 건축을 넘어, 사람을 살리는 건축, 사람과 자연을 눈부시게 이어주는 건축을 꿈꾼다. 사람을 돌보고, 아픈 마음을 치유하고, 감성을 풍요롭게 만드는 예술적 건축의 사례들이 우후죽순 늘어나 지친 도시인의 마음을 어루만지기를.

내셔널 갤러리와
테이트 모던

공간에 스토리텔링을 담다

딱 한 건물에 반해 이 도시에서 살고 싶다고 생각한 적이 있다. 예컨대 빌바오의 구겐하임 빌바오 미술관, 뉴욕의 메트로폴리탄 미술관, 파리의 퐁피두 센터가 그런 마음이 들게 할 수 있다. 내게는 영국 런던의 내셔널 갤러리National Gallery가 그러하다. 내셔널 갤러리는 구겐하임 빌바오 미술관처럼 도시의 운명을 바꾸지 않았고, 메트로폴리탄 미술관만큼 방대하지 않으며, 퐁피두 센터처럼 실험적이지도 않다. 하지만 내가 생각하는 미술관의 미덕을 모두 갖추고 있다. 그 미덕이란 시민을 향한 개방성, 즉 시민의 휴식처이자 배움터이자 문화공간이라는 삼박자의 조화다. 거기에 입장료가 무료라는 어마어마한 혜택까지 있다. 화려한 건축물은 아니지만 진짜 런던에 온 느낌을 주는 곳, 런던에 여러 번

175

가도 '이번에는 또 무슨 특별전이 열릴까' 궁금해 다시 찾게 하는 곳이다. 매일 무료로 이런 곳에 들어갈 수 있는 런던 시민이 부러울 정도다.

내셔널 갤러리는 입구 주변부터 마음을 편안하게 해준다. 여름날 한낮의 분수대는 힘차게 물을 뿜어 올리고, 아이들은 물장구를 치며 신나게 논다. 내셔널 갤러리의 분수 광장에 있으면 시간 가는 줄 모르고 거리의 버스킹이나 마술쇼 같은 것을 구경하게 된다. 저녁의 내셔널 갤러리는 조명이 아름답다. 유난히 해가 빨리 저무는 런던의 겨울, 내셔널 갤러리의 화려하면서 아늑한 불빛은 이방인의 마음을 따스하게 밝혀준다. 게다가 금요일에는 밤 아홉 시까지 문을 열기에, 저녁을 먹고 여유롭게 방문할 수 있는 관광지기도 하다. 그곳에 갈 때마다 입장료도 가방 검색도 없는 입구에서 매번 감탄한다. '정말 아무 검사도 안 한단 말이야?' 하는 놀라움이 내 얼굴에 씌어 있는지, 직원은 미소 지으며 그냥 편히 들어가라고 손짓한다. 다른 미술관에서는 여러 가지 위험이나 사고에 대비해 짐 검색을 철저히 하는데, 내셔널 갤러리는 그런 장치가 없다. 그래서 관람객들은 마음 편하게, 기나긴 대기 줄 없이 쑥쑥 입장할 수 있다.

내셔널 갤러리의 가장 큰 매혹은 '흥미진진한 스토리텔링이 가득한 컬렉션'이다. 빈센트 반 고흐의 〈해바라기〉, 클로드 모네의 〈수련〉, 폴 세잔의 〈목욕하는 사람들〉, 한스 홀바인의 〈대사들〉, 얀 반에이크의 〈아르놀피니 부부의 초상〉, 산드로 보티첼리의

〈비너스와 마르스〉, 디에고 벨라스케스의 〈거울 속의 비너스〉, 카라바조의 〈엠마오의 저녁 식사〉, 조지 스터브스의 〈휘슬재킷〉, 페테르 파울 루벤스의 〈삼손과 데릴라〉, 얀 페르메이르의 〈버지널 앞에 선 여인〉, 틴토레토의 〈은하수의 기원〉 등 흥미로운 걸작들이 가득하다. 내셔널 갤러리에는 유난히 그리스 로마 신화나 성경을 비롯해 다채로운 스토리텔링에 기반한 그림들이 많다. 이야기가 있는 그림, 살아 있는 이야기꾼처럼 무언가 말을 하는 듯한 그림이 눈길을 끈다. 레오나르도 다 빈치에서 고흐에 이르기까지, 모든 시대의 뛰어난 걸작을 거의 빠짐없이 구비한 안목도 놀랍지만, 그림 하나하나에 흥미진진한 문학적 스토리텔링이 가득하다는 것이 더욱 경이롭다.

특히 틴토레토의 〈은하수의 기원〉은 그리스 로마 신화 중 내가 가장 좋아하는 대목을 묘사했다. 헤라는 제우스의 바람기에 괴로워하는 '질투의 여신'으로 유명하지만, 이 그림 속에서만큼은 코믹하고 사랑스러운 모습을 보여준다. 헤라는 원래 결혼과 출산을 관장하는 중요한 역할을 맡은 여신이지만, 그리스 로마 신화에서는 제우스의 수많은 연인을 괴롭히는 악역으로 그려지곤 한다. 제우스는 올림포스 최고의 신이었으므로 헤라의 괴롭힘에 꿈쩍도 하지 않았기에, 정작 고통을 받는 것은 제우스에게 선택당한 여성들과 그 아이들이었다. 제우스의 연인들이 낳은 자식들을 끊임없이 괴롭혔던 헤라조차 도저히 대적할 수 없는 강적이 있었는데, 그가 바로 헤라클레스였다. 헤라와 헤라클레스는 악연으로 맺어졌지만 〈은하수의 기원〉은 이 두 사람의 관계가 단순한 증오와 복수만으로 얼룩져 있지 않음을 보여준다.

제우스는 아기 헤라클레스의 젖을 물려주려고 잠든 헤라에게 몰래 다가간다. 헤라의 가슴에서 나온 모유는 영원한 생명을 간직하고 있기 때문이다. 그런데 아기 헤라클레스가 젖을 무는 힘이 워낙 강력했기에, 고이 잠들었던 헤라는 잠에서 깨고 만다. 헤라클레스는 아기 때도 이미 맨손으로 뱀을 눌러 죽일 정도로 엄청난 괴력을 지니고 있기 때문이다. 가슴에 아픔을 느낀 헤라는 재빨리 아기를 떼어내지만, 본능적으로 젖을 빼앗기지 않으려는 아기의 힘이 워낙 강력하기에 헤라의 가슴에서는 모유가 분수처럼 갑자기 뿜어져 나온다. 헤라의 가슴에서 나온 모유milk가 하늘로 흩어져 눈부신 길way을 만들었고, 그것이 바로 은하수the Milky Way의 기원이라는 놀라운 이야기가 그리스 신화 속에 있고, 화가 틴토레토는 그 코믹하면서 감동적 장면을 그림으로 포착했다.

헤라의 당혹스러운 표정에 이런 감정이 숨어 있던 것이 아닐까. 내 가장 소중한 보물(영생의 약속이 담긴 모유)을 내가 가장 분노하는 대상(헤라클레스, 남편 제우스가 다른 여자와 사랑에 빠져 낳은 아이)에게 선물하다니. 내가 가장 싫어하는 존재에게 나의 소중한 일부를 주어버리다니. 하지만 이제는 어쩔 수가 없구나. 헤라는 헤라클레스를 어떻게든 제거하려고 무려 열두 개의 무시무시한 과제를 주어 그를 괴롭히지만, 신조차 긴장하게 만드는 '반인반신' 헤라클레스의 엄청난 괴력과 지혜는 그 모든 난관을 뛰어넘는다.

그러자 헤라는 마침내 자신의 딸 헤베를 헤라클레스와 결혼하도록 허락해준다. 가장 증오하는 대상에게 가장 사랑하는 존재를 또 한 번 넘겨준 것이다.

헤라클레스의 로마 신화 명칭인 '헤르쿨레스Hercules'는 놀랍게도 '헤라의 영광'이라는 뜻을 품어 안고 있다. 헤라클레스는 헤라의 분노를 헤라에 대한 충성과 사랑으로 되갚았다. 헤라의 치욕, 헤라의 분노, 헤라의 수치를 모두 상징했던 헤라클레스가 결국 헤라의 영광으로 변신한 것이다. 영원한 생명의 약속을 품은 모유도 소중했지만, 더욱 소중한 헤라의 영광은 바로 헤라의 용서, 그리고 헤라클레스의 살아 있음 그 자체가 아니었을까. 결코 용서할 수 없었던 남편 제우스를 향한 분노를, 헤라는 그 순간만은 사랑과 용서로 감싸안은 것이 아닐까.

내셔널 갤러리의 흥미진진한 컬렉션을 감상한 뒤에는, 마치 약속이나 한 듯이 테이트 모던Tate Modern으로 발길을 옮기게 된다. '아름다운 옛날 그림들을 실컷 감상했으니, 이제 실험정신으로 무장한 현대미술을 봐야겠다'라는 생각이 들기 때문이다. 테이트 모던은 미술을 감상하는 본래 목적뿐 아니라 휴식과 놀이 기능에도 충실하다. 테이트 모던에 입장하자마자 거대한 중앙홀에 어마어마한 크기의 설치미술이 보이고, 그 아래로 사람들이 올망졸망 자유롭게 누워 있고 앉아 있는 모습이 펼쳐진다. 작품을 누워서도 보도록 만든 아티스트와 전시 기획자의 혜안에 감탄하게 된다. 파블로 피카소, 마르셀 뒤샹, 앤디 워홀, 로이 릭턴스타인, 백

남준, 양혜규 등 현대미술의 거장들이 총출동한 테이트 모던의 컬렉션은 언제 봐도 흥미진진하다.

테이트 모던에서 내가 본 가장 인상적 컬렉션은 몇 년 전에 본 양혜규의 작품들이다. 양혜규의 작품들은 테이트 모던의 거대한 전시실 하나를 온전히 차지한 채 수많은 사람의 눈길을 사로잡았다. 양혜규는 세계 100대 아티스트에 당당히 이름을 새길 정도로 미술사에 굵직한 발자취를 남겼다. 팬데믹 기간에도 끊임없이 전시를 열어 전 세계인의 사랑을 받은 그에게 아낌없는 박수를 보낸다.

이렇게 런던의 미술관에서 보내는 하루는 문화와 예술과 휴식이 하나가 되는 온전한 합일의 체험으로 충만하게 채워진다. 가장 감동적 하이라이트에서 화면이 정지된 듯한 '영화 속 스틸컷' 같은 그림, 아름다운 이야기를 전해주는 그림에 나는 마음을 빼앗긴다. 상처가 고통에 그치지 않고 아름다운 이야기로 변신하는 지점. 슬픔이 눈물에 그치지 않고 아름다운 사랑과 용서의 이야기로 승화하는 지점. 그곳에서 나의 발길은 멈춘다.

여러 작품을 자유롭게 관람하는 사람들, 영국 런던 테이트 모던 ⓒ 이승원

기차

삶의 새로운 국면으로
떠나고 싶을 때

다양한 교통기관이 발달하지 않았던 시절, 기차는 그 자체로 먼 곳에의 그리움을 상징하는 미디어였다. 특히 주인공이 기차를 타고 가면서 수많은 에피소드를 겪는다는 설정은 여러 나라의 근대 초기 문학작품에 반복적으로 나타난다. 이광수의 《무정》 속 이형식과 박영채는 기차를 타고 새로운 삶의 가능성을 찾아 떠나고, 《닥터 지바고》의 주인공은 눈 덮인 설원에서 사랑하는 여인 라라를 향한 그리움과 슬픔에 가득 차 기차를 타며, 가와바타 야스나리의 소설 《설국》에서 시마무라가 아름다운 여인 요코를 처음 만난 장소도 기차 안이다. 나에게 기차가 담고 있는 거의 모든 문학적 상상력을 총망라한 작품은 레프 니콜라예비치 톨스토이의 《안나 카레니나》다. 이 작품 속에서 기차는 새로운 사랑을 만나는 설렘의 공간이다가, 누군가와 사랑에 빠진 자신에게서 도망치는 도피의 공간이다가, 마침내 삶과 사랑에 대한 모든 기대를 잃고 떠나는 절망의 공간이 된다.

안나 카레니나가 처음 타는 기차는 페테르부르크에서 모스크바를 향해 달리고 있다. 그녀는 위기에 빠진 오빠 스티바의 가정을 지켜주러 가는 길이다. 스티바의 습관적 외도는 아내를 지치게 했고, 안나는 올케를 '결혼의 울타리' 안에 붙들어두기 위해 스티바 부부를 방문하러 간다. 나무랄 데 없이 세련되고 화려한 안나의 모습은 완벽한 결혼의 상징처럼 느껴진다. 그녀에게는 오직 그녀밖에 모르는 성실한 남편 알렉세이와 사랑스러운 아들이 있고, 평생 쓰고도 남을 재산과 지금까지 한 번도 잃어본 적 없는 귀족사회의 명예가 있다. 하지만 기나긴 기차 여행의 끝에서 만난 한 남자는 안나의 완벽한 아름다움에 가려진 기이한 결핍을 알아본다. 어머니의 마중을 나온 기병장교 브론스키가 기차에서 내리는 안나를 처음 본 순간, 그는 흠잡을 데 없이 치장한 아름다운 안나의 얼굴에서 '짓눌린 생기'를 발견한다. 두 사람이 스쳐 지나가는 순간, 낯선 남자와 낯선 여자가 처음 만나는 기차라는 공간은 새로운 인연을 향한 호기심과 갈망으로 부풀어 오른다.

두 사람의 운명적 만남의 열기가 채 식기도 전에, 안나가 타고 온 기차에서 끔찍한 사고가 일어난다. 잡역부가 기차에 깔려 죽은 것이다. 안나는 기차에서 내리는 순간 그 잡역부와 눈을 마주친다. 조금 전까지 살아서 그녀와 눈까지 마주친 사람이 이제는 참혹한 시체가 되어 기차 밑에 깔려 있다. 기차는 새로운 삶의 가능성을 찾아 떠날 수 있는 마법의 교통수단이지만 언제 어디서 사람을 상처 입히고 죽일지 모르는 끔찍한 무기이기도 한 것이다. 이 사건의 이미지는 안나에게 깊은 트라우마로 남으며, 이 소설의 안타까운 복선으로 자리 잡는다.

브론스키는 모스크바의 상류층들이 모이는 무도회에서 연인 키티를 안중에도 두지 않은 채 안나에게 접근하고, 안나는 브론스키의 달콤한 유혹에 저항하려고 도망치듯 모스크바를 떠난다. 그러나 안나에게 기차가 '유혹에서의 도피'를 상징하는 공간이라면, 브론스키에게 기차는 '도망치는 그녀를 붙잡는 추적'의 공간이다. 기차가 잠시 정차하는 막간에 밖으로 나와 휴식을 취하는 안나에게 브론스키가 다가온다. 제발 자신을 잊어달라고 부탁하는 안나에게, 브론스키는 고백한다. "영원히 잊지 않을 것입니다. 당신의 말 한 마디, 한 마디. 당신의 몸짓 하나하나까지. 결코 잊지 않을 것입니다." 결혼해서 아이까지 낳았지만 '열정적 사랑'이 무엇인지 전혀 몰랐던 안나. 그녀에게 기차는 스쳐 가고 싶은 가슴 아픈 우연을 결코 도망칠 수 없는 필연으로 만드는 마법 같은 공간이다. 집으로 돌아가는 기차 안에서 안나는 결코 집으로 돌아갈 수 없는 자신의 마음과 마주한다. 브론스키를 떠올리는 것만으로도 마음속이 타는 듯이 뜨겁게 느껴짐을 깨닫는 것이다.

안나는 마침내 돌이킬 수 없는 사랑에 빠져 그녀의 전부인 가정까지 버린다. 그녀가 브론스키의 아이까지 낳은 뒤에도 남편은 이혼을 허락하지 않고, 페테르부르크의 상류사회는 안나를 '위험한 여자, 귀족사회의 룰을 어긴 반항아'로 낙인찍는다. 그녀는 사랑 없는 삶에서 사랑이 전부인 삶으로 도망치고 싶었지만, 세상에서 돌아온 메아리는 '삶에서의 추방'이다.

무엇보다 슬픈 것은 오직 완전한 사랑만을 바라는 그녀의 눈에 비친 브론스키의 눈빛이 예전 같지 않다는 사실이다. 누구에게도 자신의 마음을 털어놓을 수 없는 안나는 마침내 사랑으로 자신을 유혹한 브론스키에게서, 자신을 놓아주지 않는 남편에게서, 그녀를 용서하지 않는 세상에서 그리고 무엇보다 사랑밖에는 자신을 구원할 삶의 열쇠를 찾지 못한 자신에게서 벗어난다. 그 절망적 도피의 공간 또한 기차다. 달리는 기차 속으로 몸을 던진 안나. 그녀는 비참하게 삶을 마감한 이름 모를 한 잡역부처럼, 그렇게 눈 깜짝할 사이에 삶과 죽음 사이에 놓인 거대한 심연을 건너간다. 안나에게 기차는 미칠 듯이 설레는 새로운 사랑에 빠지는 공간, 안전하게만 살아온 지금까지의 인생을 송두리째 바꾸는 공간, 나아가 그 모든 파란만장한 인생을 한꺼번에 끝낼 수도 있는 공간이었던 것이다.

액자

**나를 나답게 만드는
추억이 깃든 사물**

지금 당신의 책상 위에 놓인 액자 속에는 누가 웃고 있는 가. 책상이나 침대 머리맡 장식장, 자동차 룸미러, 지갑 속에 고스 란히 보관된 사진들. 그 사진은 우리 자신의 소중한 분신이다. 친 한 사람이 아니면 가족사진을 결코 보여주지 않는 사람도 있고, 사진이 끼워진 액자가 떨어지면 난리법석을 떠는 사람도 있다. 영화나 드라마에서 등장인물이 누군가의 액자를 바라보는 행동 은 타인의 가장 행복한 삶을 질투하는 장면으로 등장할 때가 많 고, 액자가 깨져버리는 것은 그들이 누렸던 행복한 삶이 사라질 지도 모른다는 치명적 불안을 상징하기도 한다. 액자는 실재가 아니지만 실재를 증언하고, 사람이 아니지만 사람을 상징하는 소 중한 미디어니까.

프란츠 카프카의 《변신》에서는 커다란 벌레로 변한 뒤 가족의 천대를 받는 그레고르 잠자가 액자만은 빼앗기지 않으려 몸부림치는 장면이 나온다. 가족의 생계를 책임지느라 자신의 꿈을 모두 포기하고 오직 회사 일에만 매진하던 그레고르. 그가 어느 날 갑자기 벌레로 변해버리자, 가족의 반응은 충격과 공포에서 실망과 원망으로, 마침내 천대와 무관심으로 급속히 바뀐다. 그 과정에서 그레고르는 매일 조금씩 자신이 한때 인간이었다는 기억에서 멀어지면서도, 인간일 때와 마찬가지로 가족을 여전히 사랑하고 가족 걱정만 하느라 자신을 제대로 돌보지 못한다. 포옹하고, 키스하고, 손잡고, 머리를 쓰다듬는 친밀한 몸짓들. 그런 몸짓들이야말로 '나는 당신의 일부입니다'라는 따스한 소통의 메시지니까.

가족은 그레고르를 처음에는 불쌍히 여기다가, 점점 '남들에게 알려질까 봐 부끄러운 존재'로 여기고, 이윽고 돈을 벌 수 없는 무능력한 존재로 여길 뿐 아니라 다시 마주치고 싶지 않은 끔찍한 괴물로 여긴다. 그들은 그레고르를 가족의 울타리에서 배제하는 행동을 시작하는데, 그것이 바로 그레고르의 물건을 치우는 일이다. 누이동생은 '오빠가 조금이라도 움직이는 데 편안할 수 있도록'이라는 핑계를 대며, 그레고르의 가구와 집기를 치우려 한다. 그레고르는 이 순간 정체성의 혼란을 느낀다. 정말 누이동생의 생각대로, 가구들을 다 치우면 사방팔방으로 그가 움직이는 데 좀 더 편하지 않을까. 그는 사람일 때와 달리 천장 위로도 기어오르고, 벽 위로도 기어오르고 싶으니까. 그 순간 그레고르는 이미 '벌레의 시선'으로 세상을 바라보는 자기 자신에게 흠칫 놀란다. 가구와 집기를 모두 치워, 장애물 없는 공간으로 만들고 싶다는 생각. 분명히 그것은 '벌레의 입장'이지 '인간의 입장'이 아니다. 그가 오랫동안 쓴 책상, 옷장, 액자 등은 그가 '아직 인간이었을 때'를 상기하는 뜨거운 상징들인 것이다.

비로소 그레고르는 정신을 차린다. 가족에게 피해를 끼칠까 봐 숨죽여 살아오던 지난날과 달리, 단 한 번이라도 나 자신의 존재를 알리고 싶어진다. 인간이라면 언어를 사용했겠지만, 벌레가 된 그레고르는 오직 몸을 이용할 수밖에 없다. 커다란 벌레로 변신한 그레고르는 자신이 애지중지하는 액자 위에 찰싹 달라붙음으로 '절대로 이 액자만은 없애서는 안 된다'라는 의지를, '나는 벌레의 형상을 하고 있지만, 아직 당신들의 가족이고 인간의 영혼을 간직하고 있다'라는 사실을 표현한다.

《변신》에서 액자는 그레고르가 '나는 아직 인간이다'라는 진실을 증명하기 위한 몸부림을 보여주는 장치다. 옷장도 책상도 침대도 누이동생이 치워버리려 하자 그레고르는 망연자실한다. 그가 잘 수 있고 숨을 수 있는 침대, 그가 한때 책을 읽고 공부를 했을 책상, 그가 출근하고 퇴근할 때마다 여닫았을 옷장. 그 모든 것이 하나둘씩 사라질 때마다 그는 절망한다. 하지만 왜 하필 다른 물건이 아니라 여성의 사진이 끼워진 액자에 집착한 것일까. 책상에 앉고 침대에 눕고 옷장을 여닫는 일보다 액자를 감상하는 일이 중요했을까. 그것은 그레고르가 액자를 그저 지형지물로 인식하는 벌레들과 분명히 다른 존재임을 증명하는 사물이기 때문은 아닐까. 보통의 벌레들처럼 단지 액자를 벽이나 계단 같은 공간적 장애물로 생각하는 것이 아니라, 감상하고 상상하며 대화를 나눌 수 있는 미학적 대상으로 인식할 수 있다는 가능성을 의미한 것이 아닐까.

액자를 다른 물건과 구분되는 특별한 사물로 인식하는 힘이 남아 있는 한 그는 결코 완전한 벌레는 아니다. 액자를 빼앗기지 않으려는 그레고르의 몸부림은 제발 자신을 버리지 말라는 가녀린 신음이지만, 그레고르가 액자에 집착할수록 그가 한때 인간이었다는 사실은 더욱 아픈 기억이 된다. 그런 상황이 가족의 마음을 불편하게 한다. 그레고르는 더 이상 가족사진의 주인공이 될 수 없는 것이다.

누구의 액자 속에도 끼워질 수 없는 존재, 그 사람이야말로 가장 외롭고 쓸쓸한 존재가 아닐까. 액자는 우리가 가장 어여쁘고 행복했던 시간을 박제하는 사물이자, 우리의 가장 아름다웠던 시간을 저장하는 버릴 수 없는 미디어인 것이다.

구두

욕망과 정체성을 신다

지하철에서 사람들의 구두를 관찰할 때가 있다. 경쾌한 운동화를 신은 사람들, 야트막한 플랫 슈즈를 신은 사람들도 많지만, 힘을 한껏 준 멋쟁이 신발들이 눈길을 끈다. 반짝반짝 빛나는 에나멜 구두, 굽이 10센티미터가 넘는 구두, 온갖 화려한 액세서리가 촘촘히 박힌 알록달록한 구두. 그 아름다운 구두들을 보면 신발 주인의 설렘과 긴장을 눈치챌 수 있다. 그 구두들은 단지 신발의 기능이나 장식적 요소를 넘어 한 사람의 분신으로도 보인다.

신데렐라가 남편감을 쟁취하는 과정의 매개가 왜 하필 구두였는지 이제야 알 것 같다. 누군가의 발을 자세히 바라본 적이 있는가. 발 크기뿐 아니라 발가락 모양, 흉터 위치, 두께와 질감까지 느껴본 적이 있는가. 그렇다면 분명 그 사람은 당신에게 소중한

190

사람일 것이다. 아무리 친하지 않은 사람이라도 얼굴을 맞댈 일은 수없이 많지만, 누군가의 발을 관찰하고 만지고 느낄 수 있는 관계란 극도의 친밀성을 요구하기 때문이다.

구두 하면 떠오르는 이미지들은 무엇인가. 나는 이상하게도 구두 하면 신데렐라의 구두보다, 영화 〈섹스 앤 더 시티〉에서 캐리가 유행시킨 모 브랜드의 화려한 구두보다, 한스 크리스티안 안데르센의 《빨간 구두》가 먼저 떠오른다. 빨간 구두에 대한 불타는 소유욕 때문에, 그 구두를 신는 순간 영원히 미친 사람처럼 춤을 춰야 하는 형벌을 받는 고아 소녀 카렌. 어린 시절 읽었던 동화들 가운데 유난히 커다란 충격으로 남은 이야기들이 있는데, 내게는 《빨간 구두》《라푼젤》《여우누이》가 그랬다. 해피 엔딩의 주인공이 되지 못한 채 버려지고 짓밟히고 망가진, 한때는 너무도 아름답고 매력적이었던 소녀들. 신데렐라의 구두는 마침내 자신의 꿈을 성취해낸 성공의 상징이지만, 빨간 구두는 '지나친 욕망은 곧 참혹한 형벌을 불러온다'라는 무서운 교훈을 환기하는 장치다.

그런데 원본 동화들을 읽어보면 문제가 이렇게 간단하지만은 않다. 신데렐라의 구두는 사랑하는 사람과의 진정한 결합만을 의미하는 것이 아니라, 원수의 과오를 결코 용서할 수 없는 주인공의 처절한 복수의 칼날을 숨기고 있다. 신데렐라 이야기는 디즈니 애니메이션의 해피 엔딩처럼 '모두가 행복해지는, 윈윈 게임'이 아니다. 특히 독일 민담 버전 속 신데렐라는 언니들을 향해 통쾌하지만 소름 끼치는 복수를 감행한다. 그 치열한 복수의 비밀이 바로 '황금 구두'에 스며 있다. 카렌의 빨간 구두도 단순히 아름다운 물건을 향한 인간의 불타는 소유욕만을 의미하지는 않는다. 외롭고 가난하게 자랐던 고아 소녀 카렌에게 빨간 구두는 '나도 아름다워질 수 있고 사랑받을 수 있다'라는 희망의 상징이기도 하다. 카렌은 빨간 구두를 바라보며 지금까지 그녀가 한 번도 누려보지 못한 기쁨, 가질 수 없다고 믿었기에 꿈조차 꾸지 못했던 행복을 상상했던 것이 아닐까.

신데렐라의 금빛 구두, 풍요로운 상징의 그물

신데렐라의 구두는 재투성이 하녀같이 생활했던 그녀에게 우선 변신의 기회를 준다. 왕자와 춤을 추는 동안 그녀는 예전과 완전히 다른 세상에 있는 듯 행복해한다. 왕자의 입장에서 구두는 그녀의 '정체성'의 상징이다. 구두는 그냥 떨어진 것이 아니라, 혹은 신데렐라가 일부러 떨어뜨린 것이 아니라, 왕자가 궁전 계단 위에 발라놓은 역청 때문에 벗겨진 것이다. 구두는 이제 그녀를 알아볼 수 있는 신분증명서의 역할을 하게 된 것이다. 그러나 계모와 그 딸들은 결코 호락호락하지 않다. 구두의 임자를 찾아 온 나라를 도는 신하들이 신데렐라의 집에 도착하고, 큰딸이 구두에 엄지발가락조차 넣지 못한 채 어쩔 줄 모르자 계모는 서슬 퍼런 식칼을 주면서 명령한다.

"발가락을 잘라버리거라. 여왕이 되기만 하면, 걸어 다닐 일은 없어진단다."

계모는 신데렐라에게만 엄격한 것이 아니라 자신의 친딸에게 조차 이토록 잔인한 어머니인 것이다. 그녀는 왕비가 될 수 있다면 신체를 훼손하는 고통쯤이야 참을 수 있다는 식의 가혹한 교육 방침으로 딸에게 엄청난 희생을 요구한다. 더욱 놀라운 것은 큰딸이 한마디 반항도 없이 어머니의 말을 순순히 듣는다는 사실이다. 큰딸은 자신의 발가락을 스스로 덥석 잘라내고, 무서운 아픔을 감춘 채 커다란 발을 신데렐라의 금빛 구두 속에 구겨 넣는다. 왕자는 구두의 주인이라고 믿고 큰딸을 왕궁으로 데려가려던 참이다. 그런데 왕자가 큰딸과 함께 신데렐라 어머니의 무덤가를 지나갈 때, 개암나무 덤불 속에서 흰 비둘기 두 마리가 외친다.

"구두 속에 피가 흐르네! 그녀에게 저 구두는 너무 작다네! 진짜 신부가 왕자를 기다린다네!"

흰 비둘기는 신데렐라가 어머니의 무덤을 찾아가 울 때마다 그 곁을 지키고 있던, 말하자면 신데렐라의 수호천사 같은 존재다. 비둘기는 목격자이자 증언자가 되어 '구두 안에 흐르는 피'라는 끔찍한 진실을 왕자에게 환기한다. 그제야 왕자는 구두 안에서 피가 새어 나오는 엽기적 모습을 발견하고, 타고 가던 말을 돌려 신데렐라의 집으로 돌아가 '다른 딸은 없느냐'라고 물어본다. 작은딸이 구두를 신어보려 하자 발뒤꿈치가 걸려 들어가지 않는다. 이번에도 어김없이 계모가 칼을 건네주며 속삭인다.

"뒤꿈치를 살짝 잘라버려. 여왕만 된다면 결코 걸어 다닐 일 따위는 없을 테니."

작은딸은 여지없이 뒤꿈치를 조금 잘라내고, 피가 뚝뚝 흘러내리는 발을 간신히 구두에 밀어 넣는다. 또다시 흰 비둘기가 나타나 왕자의 어리석음을 질타하고, 왕자는 화가 잔뜩 나서 신데렐라의 집으로 돌아간다. '다른 딸은 없느냐'라는 왕자의 질문에 부모는 한마음 한뜻으로 신데렐라의 존재를 부정한다. 계모에게 완전히 포섭당한 듯한 아버지는 말한다.

"그런 사람은 없어요. 죽은 아내가 낳은 딸, 재투성이 신데렐라 밖엔 없어요. 그 아이는 왕자님의 신붓감으로는 턱없이 부족하지요."

계모는 더욱 강력한 어조로 말한다.

"아, 절대 안 돼요! 그 아이는 정말 더럽다고요. 절대 보여드릴 수 없어요."

하지만 금지당할수록 그 '더러운 소녀'를 향한 왕자의 호기심은 강해지고, 신데렐라는 실로 오랜만에 손과 얼굴을 깨끗이 씻은 후 왕자 앞으로 당당하게 걸어간다. 물론 금빛 구두는 신데렐라의 작은 발에 꼭 들어맞는다. 구두를 신고 신데렐라가 산뜻하게 일어서자 왕자는 자신과 함께 춤추다가 열두 시만 되면 도망가던 신데렐라의 얼굴을 알아본다. 마침내 거리낌 없이 신데렐라의 호위병 노릇을 할 수 있게 된 흰 비둘기는 '디데이'를 신데렐라의 결혼식 날로 잡아 한 마리는 큰언니의 눈알을, 다른 한 마리는 작은언니의 눈알을 쪼아버린다. 신데렐라를 핍박하다 못해 신랑감까지 빼앗으려 했던 두 여자는 평생 앞을 볼 수 없게 된다.

신데렐라의 구두는 이야기 속에서 여러 번 상징적 의미를 갈아입는다. 첫째, 신데렐라의 구두는 신분을 향한 '상승'의 의지를 드러낸다. 둘째, 왕자에게 더욱 매혹적 존재로 돋보이기 위한 신데렐라의 구두는 '관능'과 '유혹'의 의미로 빛난다. 셋째, 구두는 내가 아닌 것을 분별하는 '정체성'의 표지가 된다. 구두가 꼭 맞는다는 것은 신데렐라의 원본성을 증명하는 일이고, 구두가 맞지 않는 언니들의 발은 구두라는 정체성의 기준에 부합하지 않는 타자로 전락한다. 넷째, 마침내 구두는 처절한 '원한'과 '복수'의 상징이 된다. 구두에 스민 언니들의 붉은 피는 결국 복수의 대상을 향한 원한의 전주곡이었다. 자신을 괴롭힌 언니들까지 용서한 착하고 순진한 신데렐라는 디즈니 애니메이션이 가공한 비현실적 현모양처의 이미지다.

안데르센의 빨간 구두, 질투보다 무서운 징벌

질투의 발화점은 어디쯤일까. 이 세상에 내가 가질 수 없는 존재, 내가 닿을 수 없는 세계가 존재한다는 것을 아는 순간. 우리는 최초의 절망을 배운다. 영원히 가질 수 없는 대상이 있음에도, 지금 이대로가 좋다는 사실을 깨닫고 현재의 삶을 즐기는 사람들은 축복받은 이들이다. 자신이 가질 수 없는 세계에 대한 극복 불가능한 질투. 그것은 이 세상 수많은 사람을 화병과 위장병에 시달리게 한, 인류가 영원히 풀지 못할 숙제인 것 같다.

　인간의 질투심을 누구보다도 실감 넘치게 표현한 작가가 안데르센이다. 열악한 가정환경에서 힘겹게 자란 안데르센은 끊임없이 타인이 가진 것을 부러워하며 더 높이 더 빨리 세상의 중심으로 들어가는 길을 꿈꿨다. 하지만 그에게는 질투보다 뛰어난 재능이 있었다. 그것은 인간의 끝없는 질투를 이야기의 원동력으로 삼을 줄 아는 재능이었다. 그는 나보다 뛰어난 타인을 향한 불타는 질투를 아름다운 이야기의 불꽃으로 승화할 줄 알았다. 질투의 불꽃으로 생을 탕진하는 비극적 주인공들의 삶을 통해 자신이 해결할 수 없었던 뿌리 깊은 운명에 대한 증오를 해소했던 것이 아닐까. 안데르센이 만든 질투의 비극 중 빼놓을 수 없는 것이 《빨간 구두》다.

　《빨간 구두》의 주인공 카렌은 원래 가진 것 없는 고아 소녀였다. 남의 집안일을 해주며 하루하루 근근이 살아가는 카렌의 성실함을 알아본 한 노부인이 카렌을 거두어준다. 이때부터 카렌의 인생은 뒤바뀐다. 아무것도 가질 수 없어 차라리 아무것도 부러워하지 않은 채 살아가는 카렌. 그녀는 부러워한다는 것 자체가 사치일 수밖에 없는 극한 환경에서 살아간다. 그런 그녀가 무언가를 가질 수 있게 되고 욕망할 수 있게 된다. 노부인은 카렌이 더 이상 결핍을 느끼지 않도록 많은 것을 해주지만, 카렌은 어느 순간부터 부족함을 느끼기 시작한다. '이제 나도 무언가를 가질 수 있다'라는 생각은 카렌에게 '만족하는 법'이 아니라 '더 많이 욕망하는 법'을 가르쳐준다. 카렌의 열망은 한 귀족 소녀의 아름다운 빨간 구두를 향한 순간 절정에 달한다. 쇼윈도에 전시된 '살 수 있는 상품'이 아니라 이미 남이 소유한 '살 수 없는 물건'에 관심을 지니게 된 순간, 카렌은 이전보다 더 불행해진다. 우여곡절 끝에 그 귀족 소녀의 빨간 구두를 손에 넣은 카렌은 뛸 듯이 기뻐하며 구두를 신어보지만, 그 순간 자신도 모르게 미친 사람처럼 춤추는 저주에 걸린다.

> "춤을 추어야만 한다. 빨간 구두를 신은 채 쉼 없이 춤을 추어야만 해. 얼굴은 하얗게 질리고, 모든 살이 말라비틀어져 해골처럼 변할 때까지, 집집마다 돌아다니며 춤을 춰야 하지. 그러다가 건방진 아이들, 어른의 말을 듣지 않는 아이들의 집을 지날 때면 문을 두드려라. 아무리 싫어도 춤을 춰야 하는 네 운명을 보면, 그 아이들은 분명 무서움을 느끼겠지. 춤을 추어라, 춤을!"
> ―한스 크리스티안 안데르센,《빨간 구두》에서

그렇게 카렌의 원치 않는 춤의 여행은 계속된다. 이제 욕망의 주어는 카렌이 아니라 구두가 되어버린다. 아름다운 구두를 욕망했던 카렌은 이제 바로 그 구두에 의해 완벽하게 조종당한다. 발에서 타는 듯한 아픔을 느끼면서 계속 미친 듯이 춤을 추며, 먹을 수도 잘 수도 쉴 수도 없는 고통에 시달리던 카렌. 빨간 구두의 저주는 카렌의 간절한 애원이나 절실한 기도로도 풀리지 않는다. 카렌은 고통을 끝내려면 희생 제물이 필요함을 깨닫는다. 그녀는 어느 날 원치 않는 춤의 고통을 도저히 견딜 수 없어 한 남자에게 자신의 두 발을 잘라달라고 부탁하고, 그제야 빨간 구두의 무서운 저주가 풀린다. 카렌의 운명을 보고 무서움을 느끼게 만들겠다는 작가의 의도는 충분히 전달된 것 같다.

어른이 돼서야 나는 카렌의 질투보다 더 무서운 것은 카렌을 향한 가혹한 징벌이 아닐까 생각했다. 아름다운 구두 한 켤레를 원한 것이, 그토록 무서운 형벌을 감수할 만큼의 잘못일까. 물론 그것이 남의 것이라는 데 문제가 있지만 말이다. 카렌은 어쩌면 단지 빨간 구두가 아니라 빨간 구두를 가진 주인의 운명을 질투한 것인지도 모른다. 자신은 처음부터 가질 수 없었던 그 아름다운 소녀의 귀족적 삶이야말로 빨간 구두에 투영된 질투심의 본질일 수도 있다. 이 이야기에서 가장 슬픈 장면은 카렌이 두 발을 잃고 다시 예전처럼 가난한 삶으로 돌아가 주변 아이들에게 '분수에 넘치는 것은 아예 꿈꾸지 말라'라고 조언하는 것이다.

두 동화에서 자신의 발에 맞지 않은 구두를 원했던 여인들은 공교롭게도 모두 발이 잘리는 끔찍한 고통을 감수해야 했다. 작가 롤랑 바르트는《사랑의 단상》에서 질투에 빠진 사람은 무려 네 번이나 괴로움을 느낀다고 이야기한다. 첫째, 질투 자체가 너무 괴롭고, 둘째, 질투하는 자신에 대한 혐오 때문에 괴롭고, 셋째, 질투심이 타인을 아프게 할까 봐 괴로우며, 넷째, 통속적 욕망의 노예가 된 자신의 운명을 한탄하며 괴롭다는 것이다.

무언가를 욕망하고 남의 것을 탐내는 질투는 아픔의 기원이지만, 우리의 또 다른 삶을 꿈꾸게 한다. 또 다른 나로 바뀔 수 있는 희망의 화력도 질투에서 비롯한 것은 아닐까. 이제 이 이야기를 떠올릴 때마다 나는 '질투의 무서움'보다는 '징벌의 무서움'을 생각한다. 옛이야기는 가끔 이렇게 과도한 교훈으로 독자가 삐딱한 상상을 하게 몰아간다. 물론 지나친 질투는 나 자신에게 해로운 욕망이다. 하지만 나를 뛰어넘는 무언가를 원하는 것이야말로 때로 예술과 혁명의 원동력이 되지 않는가. 분에 넘치는 대상이 재화인 경우, 끔찍한 결과가 기다릴 때가 훨씬 많지만. 나는 자라나는 아이들에게 '분에 넘치는 꿈'을 꾸지 말라고 하고 싶지 않다. 무언가를 '가질 수 있는 자유'는 필연적으로 제한되어야 하지만, 무언가를 '꿈꿀 수 있는 자유'만큼은 아무리 쓰고 또 써도 고갈되지 않는 무한한 자원으로 남겨두고 싶다.

옷

**운명조차 말끔히
갈아입을 수 있다면**

옷만으로 패션이 완성되지 않는다.
옷을 입은 사람의 가치가 살아나야 한다.

가브리엘 샤넬

28장

옷에 마음을 담는 사람들

"남자는 현명하게 옷을 사서 신중하게 옷을 입고 그 옷을
완전히 잊은 듯 보여야 한다." 패션 디자이너 하디 에이미스의 말
이다. 옷을 선택하고 구입하며 입는 데까지 세심하게 관여하되
옷을 입은 뒤에는 그 옷에 전혀 신경 쓰지 않는 연기까지 해야 한
다니. 옷이란 참 많은 것을 표현할 뿐 아니라 큰 힘을 지닌 사물
인가 보다. 역사상 많은 사랑을 받은 대통령 중의 한 사람인 존 F.
케네디는 이렇게 말할 정도였다. "이제 나는 패션이 정치보다 훨
씬 더 중요하다는 사실을 막 깨닫고 있다. 사람들이 내 연설보다
재키의 옷에 더 집중하기 때문이다." 옷은 입는 이의 마음과 성
격, 때로 마음속 깊은 곳의 욕망까지 드러낸다. 취향이나 직업뿐

아니라 호감을 느끼는 상대와의 멋진 데이트를 기대하는 설렘이 옷으로 드러난다. 드라마나 영화에서 주인공이 좋아하는 이성을 만나기 전 옷장을 뒤집는 장면을 그토록 자주 보여주는 이유. 그 것은 옷으로 드러나는 수많은 감정의 스펙트럼을 남녀 모두가 본 능적으로 느끼기 때문이다.

'옷이 날개다'라는 말은 옷이 가진 미학적 측면뿐 아니라 사회 적 영향력도 나타낸다. 똑같은 옷도 어떻게 입느냐에 따라 그 사 람의 성격과 심리를 저마다 다르게 드러낸다. 웨딩드레스처럼 특 별한 날에 입는 옷뿐 아니라 지극히 평범한 일상복에서 우리는 옷 속에 숨은 옷 주인의 마음속 무늬와 빛깔을 읽어낼 수 있다. 교복을 입는 중고등학교 학생들조차 자기만의 스타일을 은밀하 게 추구한다. 똑같은 교복이라도 밑단 길이를 조절하고, 단추 몇 개를 여닫는다. 소매나 양말을 어떻게 접어 입는지에 따라 그 사 람의 분위기가 달라 보인다는 것을 아는 것이다. 그런가 하면 옷 은 섹슈얼리티를 표현하는 결정적 무기가 된다.

인물을 그린 초상화를 볼 때 우리는 보통 얼굴을 먼저 보지만, 얼굴보다 옷에 눈길이 사로잡히기도 한다. 그림 속 여인들의 옷 중 내가 기억하는 가장 아름다운 옷은 장 바티스트 카미유 코로 의 푸른 드레스다. 오래전 루브르 박물관에서 코로의 〈푸른 옷을 입은 여인〉을 처음 봤을 때의 감동을 아직도 잊을 수 없다. 나는 당시 코로에 대해 잘 몰랐고, 초상화에 별다른 관심도 없었는데, 그 조그만 화폭에 담긴 여인의 드레스가 잠들어 있던 어떤 억압된 감정을 강하게 끌어냈다. 그 아름다운 드레스는 가슴속에 숨은 감정의 그늘을 들춰냈다.

막연하고 우울한 기다림 같은 것, 한없이 누군가를 기다리지만 기다림이 이루어지지 않을 것만 같은 불길한 예감 같은 것. 그림에서 느껴지는 서늘한 멜랑콜리는 바로 그 푸른 드레스의 오묘한 빛깔과 미세한 주름들 속에서 번져 나오는 것 같다. 여인의 앳된 얼굴에서 느껴지는 설렘과 떨림과 기다림의 흥분을 드레스가 차분히 가라앉힌다. 푸른 드레스는 화폭 전체를 압도하면서 홀로 붕 뜬 느낌을 주지 않는다. 그것은 그녀의 슬픔과 드레스의 빛깔이 처음부터 하나인 듯 같은 감정을 드러내고 있기 때문이 아닐까.

니콜라이 바실리예비치 고골의 《외투》, 생존의 슬픔

그림뿐 아니라 문학작품에서도 수많은 주인공이 옷을 통해 자신의 감정과 상황을 드러낸다. 쾌걸 조로의 멋진 망토와 마스크는 그의 영웅적 등장과 신비로운 익명성을 드러내고, 빨간 망토 소녀의 붉은 외투는 이제 막 소녀에서 여인으로 변해가는 관능과 순수를 드러낸다. 신데렐라의 초라한 누더기는 그녀가 홀로 겪는 고통과 슬픔을 명징하게 드러내고, 몬테크리스토 백작의 망토는 비밀에 둘러싸인 그의 삶과 세상을 향한 숨은 적개심을 드러낸다.

장 바티스트 카미유 코로, 〈푸른 옷을 입은 여인〉, 1874

내 기억 속 가장 사연 많은 옷의 주인공은 니콜라이 바실리예비치 고골의 《외투》에 등장하는 아까끼 아까끼예비치다. 그는 옷에는 전혀 신경 쓰지 않는 지극히 검소하고 무신경한 남자였다. 그에게 옷은 최소한의 기능만 하는 것일 뿐, 옷을 통한 자기표현은 사치에 가까웠다. 그러나 어느 날 외투 한 벌이 그의 운명을 바꾼다. 그리고 그 가혹한 운명은 혹한기의 상트페테르부르크에서 살아가는 가난한 남자로서 견디기 어려운 것이었다.

아까끼는 독신남으로 문서를 정서하는 일을 담당하는 말단 공무원이다. 그는 쥐꼬리만 한 월급에도 만족하며 오직 온갖 공문서의 흐트러진 글자를 가지런하게 정서하는 일에서 최고의 즐거움을 얻을 줄 안다. 그는 남들이 하찮게 여기는 자신의 일에서 세상을 다 가진 듯한 기쁨을 느낀다. 9급 관리로 관청의 서기를 맡고 있는 그의 일상은 자로 잰 듯 정확하다. 그는 가족도 없고 사랑하는 사람도 없으며 구상해야 할 장밋빛 미래도 없다. 오직 매일 반복되는 서기 일에서 무한한 만족을 느낀다. 글자를 깨끗이 베껴 쓰고 문서를 정리하는 일에서 그는 다양하고 즐거운 자신만의 세계를 발견한다. 미소를 머금고 일하는 그의 얼굴에서 어떤 권태도 누추함도 느껴지지 않는다. 그의 성실함을 높이 산 상사가 그에게 더 좋은 자리를 제안해도 결국 거절할 정도다.

그는 외투 한 벌로 북방의 매서운 한파를 이겨내는 불굴의 사나이기도 하다. 하지만 사람들은 그를 은근히 무시한다. 패션 감각이라고는 도무지 볼 수 없는 늘 똑같은 옷차림이야말로 멸시의 이유가 된다. 누구에게도 잘 보일 필요 없고, 누구에게도 매력적 사람으로 보이고 싶어 하지 않는 그의 흠잡을 데 없는 고독은 그를 외톨이로 만든다.

그러나 단벌 신사인 그는 남의 시선에 개의치 않는다. 영하 20~30도를 넘나드는 북방의 한파만 없어도 그는 누더기나 다름없는 자신의 외투를 바꾸지 않았을 것이다. 그는 언젠가부터 등에 스미는 한파가 예사롭지 않다고 느낀다. 외투에 이상이 있나 싶어 살펴보니 아니나 다를까 외투 곳곳에 구멍이 숭숭 뚫려 있다. 여러 번 수선해 꿰맨 자국으로 가득한 외투를 그는 또 한 번 수선하러 단골 재봉사를 찾아간다. 재봉사는 고개를 절레절레 내젓는다. 이 옷은 도저히 수선 불가능하다고. 아까끼는 애원하다시피 매달린다. 새 옷을 맞출 형편은 도저히 안 된다고. 어떻게든 입을 수만 있게 해달라고. 그러나 재봉사는 단호하다. 이미 여러 번 천을 덧대 바느질을 했고, 옷이 워낙 낡았기에 바늘을 몇 번만 더 찔러도 옷이 찢어지기 십상이라는 것이다.

아까끼는 절망한다. 새 옷을 맞추려면 도대체 얼마가 필요한가. 한파를 견딜 수 있는 새 외투의 가격은 무려 150루블이 넘고, 그것은 아까끼의 몇 달 치 월급보다 훨씬 많은 돈이다. 아까끼는 절망하지만 방법이 없다. 이미 10년 넘게 입은 외투는 도저히 손쓸 방도가 없이 해어졌고, 추위를 피하는 다른 방법은 없기에. 그때부터 그의 눈물겨운 '외투 구입비 모으기 투쟁'이 시작된다.

그는 저녁마다 마시던 차도 끊고 식사조차 건너뛰며, 밤에는 촛불도 켜지 않고 꼭 필요할 때는 주인 여자의 집에 가서 그녀의 촛불에 신세를 진다. 속옷이 빨리 닳지 않도록 세탁부에게 맡기는 횟수도 줄이고, 돌이나 석판을 밟을 때는 구두 밑창이 닳지 않도록 살금살금 내딛기까지 한다. 이 처절한 일상을 견디게 한 유일한 꿈은 새 외투에 대한 달콤한 상상이다. 그는 머릿속에서 미래의 외투를 그리며 정신적 포만감을 느낀다. 그 이상적 외투만 있다면, 그의 존재는 보다 완전해질 것 같다. 마치 결혼이라도 한 것처럼 마음이 설레기도 하며, 든든한 반려자와 여생을 함께하기로 약속한 것 같은 뿌듯함을 느끼기도 한다. 그 반려자란 다름 아닌 새 외투다.

드디어 새 외투가 완성되고 잔금을 다 치르던 날, 아까끼는 생애 최고의 행복을 맛본다. 그 옷은 그가 가져본 가장 좋은 옷이며, 상상 이상으로 멋진 옷이다. 자신의 모든 노력을 기울여 어렵게 얻은 외투이기에 기쁨은 남다르다. 그에게 외투는 단지 '새 물건'이 아니라 자신의 삶을 바꿀 결정적 계기다. 그는 일부러 다 떨어진 헌 외투를 다시 꺼내 새 외투와 비교해본다. 일종의 구매 확인 행위인 셈이다. 정말 잘 샀어. 이보다 더 멋진 외투는 없을 거야. 나에게는 이 옷이 왕의 망토보다도 훌륭한 옷이지. 오로지 문서를 정서하는 일에서만 무한한 만족감을 느끼며 살아온 그는 처음으로 낯설고 이질적 만족감에 가슴이 쿵쾅거린다.

동료들도 아까끼의 새 외투에 놀라움을 금치 못한다. 멀끔하고 훤칠한 아까끼의 모습을 처음 본 사람들은 잔치라도 해야겠다며 새 옷을 입에 침이 마르도록 칭찬한다. 아까끼는 어리둥절하지만 자신을 향해 쏟아지는 최초의 관심과 호감의 시선을 마음껏 즐긴다.

아까끼는 생애 처음으로 파티에 초대받아 부자 동네에 방문한다. 그는 자기 외투보다 화려한 외투가 잔뜩 걸린 옷걸이들을 바라본다. 파티에 모인 사람들이 우르르 달려 나와 그의 외투를 보려고 모여든다. 10여 년간 한 번도 외투를 산 적 없는 그의 새 외투는 모두의 구경거리가 된다. 외투는 그에게 새로운 세계를 향한 뜻밖의 입장권인 셈이다. 하지만 사람들은 곧 카드놀이를 하고 술과 음식을 즐기며 그를 초대한 일 따위는 잊어버린 채 사교에 열중한다. 새 외투의 관객 동원력은 거기까지인 것이다.

아까끼는 바닥에 무심히 떨어진 새 외투를 보물 다루듯 고이 털어 입고 거리로 나오지만 뜻밖의 불행을 만난다. 괴한이 나타나 그를 위협하며 외투를 훔쳐 간 것이다. 그 아름다운 외투가 선물한 최고의 행복은 최고의 끔찍한 불행으로 뒤바뀌고 만다. 그것도 단 하루 만에.

이보다 더 가슴 아픈 일은 외투를 잃어버린 뒤 그가 겪어야 하는 세상의 차가운 냉대다. 그는 잃어버린 외투를 되찾기 위해 관공서에 찾아가 수소문해보지만, 냉혹한 고위 관료에게 문전박대를 당하고 시름시름 앓아눕는다. '각하'라고 불리는 이 관료는 민중의 아픔 따위는 전혀 상관하지 않고 자신의 지위만을 과시하는 권력층의 대변자다. 아까끼는 이 관료의 반응에 절망해 마지막 희망을 놓아버린다. 누구도 자신의 기막힌 사연을 들어주지 않고, 하소연할 곳도 없다. 외투는 그저 '값나가는 사물'이 아니라 그의 남은 인생이 걸린 유일한 동반자나 마찬가지였기에. 그는 심한 고열에 시달리며 앓기 시작하고, 계속 헛것을 보며 죽음의 문턱을 넘나든다. 그는 재봉사에게 '도둑 잡는 덫이 달린 외투'를 만들어달라고 주문하기도 하고, 침대 밑에 도둑들이 우글거리는 환상을 보며 괴로워하기도 하고, 담요 밑에 숨어 있는 도둑을 끌어내달라고 애원하기도 한다. 새 외투가 있는데 왜 헌 외투가 눈앞에 걸려 있냐고 묻기도 한다. 그렇게 처참하게 병을 앓다가 죽은 아까끼는 마침내 유령이 되어 이 무정한 도시에 출몰해 사람들의 외투를 빼앗아간다. 누구에게도 해를 끼친 적 없는 한 성실한 소시민을 향한 세상의 냉대와 폭력. 그 차가운 세상을 향한 보이지 않는 분노는 그렇게 '사라진 외투'의 유령을 통해 부활한다.

마크 트웨인의《왕자와 거지》, 운명을 바꾸는 옷

옷 한 벌이 운명을 바꾸는 힘을 지닐 수도 있다는 것을 가장 극적으로 보여주는 이야기가 바로 마크 트웨인의《왕자와 거지》다. 거지들의 소굴에서 자라난 소년 톰 캔티는 어릴 때부터 얼굴도 모르는 왕자의 삶을 동경했다. 그는 자신의 비참한 처지를 생각하며 한없이 우울해하다가도, 궁궐에서 호화롭게 사는 왕자의 삶을 상상하며 잠시나마 고통을 잊는다. 헌신적 어머니와 방탕한 아버지 사이에서 힘겹게 자란 톰은 잠들 때마다 '왕자의 꿈'을 꾸며 우울한 심사를 달랜다. 그러던 어느 날 호기심에 못 이겨 천신만고 끝에 궁궐을 찾았다가 궁궐 문지기들에게 문전박대를 당한다. 궁궐에 들어가는 것은 꿈도 못 꾸고 단지 엿보기만 했을 뿐인데, 온갖 욕설을 듣고 구타를 당하며 쫓겨난 것이다.

마침 산책 중이던 왕자는 거지 소년의 비참한 정경을 보고 그를 불쌍히 여겨 자신의 방으로 들인다. 톰에게 맛있는 음식을 대접해주며 왕자는 궁궐 밖의 삶을 향한 호기심을 불태운다. 톰의 뛰어난 이야기 솜씨와 재미있는 말투에 왕자는 깔깔 웃으며 자신의 소원을 고백한다. "단 한 번만이라도 좋으니, 내 신발을 벗어던지고 너의 옷을 입고 바깥으로 나갈 수만 있다면. 아무도 잔소리하지 않는 곳에서 실컷 진흙탕 범벅이 되어 구를 수 있다면, 왕이 아니어도 좋겠구나!" 자신의 마음을 진솔하게 털어놓는 왕자의 모습에 반한 톰도 오랫동안 품어온 자신의 소원을 고백한다. 한 번만이라도 왕자님의 옷을 입어본다면 소원이 없겠다고. 거지 소년의 맹렬한 동경과 왕자의 순수한 호기심이 만나 일대 사건이 일어난다.

이윽고 왕자는 톰의 넝마를 걸치고, 거지 톰은 화려한 왕자 옷으로 갈아입었다. 둘은 거울 앞에 나란히 섰다. 과연 신기한 장면이 펼쳐졌다. 억지로 옷을 바꿔 입은 것이라고 볼 수 없을 정도로, 왕자와 거지의 옷차림은 기막히게 자연스러워 보였다. (…) "우리 둘 다 발가벗는다면 너와 나를 구별할 사람은 아무도 없겠구나. 너의 거지 옷을 걸쳐보니, 못된 병사에게 맞았을 때 네 마음이 어땠을지 비로소 알겠구나. 저런! 네 손에 멍이 든 게로구나!"

—마크 트웨인, 《왕자와 거지》에서

거지 소년의 옷을 입은 왕자는 그제야 단지 가난하다는 이유로 톰이 당한 온갖 수모를 조금이나마 이해한다. 그저 궁궐을 살짝 엿봤을 뿐인데 온갖 수모를 당한 톰의 아픔이 그의 옷을 통해 전해져 온 것일까.

'타인의 처지에서 생각한다'라는 영어 표현 중에 '다른 사람의 신발을 신어보다put oneself in someone's shoes'가 있다. 상대의 처지를 이해하려면 그의 신발을 신어야 한다는 것이다. 옷을 바꿔 입으며 전혀 다르게 살아온 상대의 삶을 조금씩 이해하려 노력하기 시작한 순간, 시종들이 밀어닥쳐 거지 소년을 진짜 왕자로 오인하고, 진짜 왕자를 거지 소년으로 착각하는 사태가 벌어진다. 진짜 왕자는 순식간에 궁궐 밖으로 쫓겨난다. 이때부터 진짜 왕자에게는 천신만고의 모험이 시작되고, 가짜 왕자에게는 위험천만한 궁궐 적응기가 시작된다. 처음으로 무서운 배고픔과 추위와 외로움을 느껴본 진짜 왕자는 자신의 장난스러운 소원이 얼마나 큰 위험을 대가로 하는 것인지를 깨닫는다. 일거수일투족을 궁궐 사람들에게 감시당하게 된 가짜 왕자는 언제 정체가 탄로 날지 몰라 마음을 졸인다.

그러나 왕자의 자리에 적응하는 것이 거지의 상황에 적응하는 것보다 훨씬 쉬워 보인다. 왕자가 된 거지는 나날이 왕자다워지지만 거지가 된 왕자는 시간이 지나도 거지의 현실을 받아들이지 못한다. 왕자의 옷은 거지 소년에게마저 뛰어난 권능을 발휘해, 왕이 죽자 마침내 그는 왕의 자리까지 넘보게 된다. 처음에는 어떻게든 왕자를 찾아 상황을 되돌려야 한다고 생각하지만, 점점 화려하고 우아한 삶에 길들여지며 톰은 진심으로 왕이 되기를 바란다.

하지만 톰은 화려한 옷을 입는다고 해서 편안하지는 않다는 사실을 깨닫는다. 외워야 할 지식과 정보가 너무 많아 엄청난 스트레스에 시달리고, 그렇게 많은 사람에게 둘러싸여 있지만 정 붙일 만한 곳은 전혀 없어 궁궐이 감옥 같다고 느낀다. 그는 축제 분위기에 휩싸인 영국 왕의 즉위식에서, 아직도 변함없이 초라한 거지 모습으로 자신을 바라보는 어머니의 야윈 얼굴을 발견한다. 어머니는 비밀스럽게 왕의 행세를 하는 아들의 얼굴을 알아보는 유일한 사람이다. 그가 왕이든 거지든 그 무엇이든 상관없이 그저 '어리고 가여운 내 새끼'로 봐주는 눈물로 뒤범벅된 어머니의 얼굴을 보면서 톰은 깨닫는다. 거짓으로 얻은 왕 자리의 허망함을. 왕의 옷을 입는다고 왕이 될 수 없음을. 그는 책임이나 통치 같은 왕의 본질을 동경한 것이 아니라 왕이 누릴 수 있는 부귀영화를 동경한 것이다. 한편 진짜 왕자도 수많은 고생을 겪으며, 거지가 되어보지 않았다면 결코 볼 수 없었던 세상을 경험하며, 백성을 사랑할 줄 아는 통치자로 거듭난다.

톰의 위기는 그가 옥좌의 화려한 생활에 익숙해져 국왕 자리에 스리슬쩍 눌러앉고 싶어 하는 순간에 찾아온다. 한때는 거지로 전락한 왕자를 향해 연민을 느꼈지만, 이제 그가 나타난다면 '유령처럼 무서운 존재'일 것이라고 생각하는 톰. 가족으로 인해 진실이 밝혀질까 두려워하고, 가족이 얼마나 귀찮은 존재가 될지를 생각하며, 가족마저 마음속에서 지워버린 순간, 그의 진정한 타락은 시작되었다. 어머니는 처음부터 '아들의 옷'을 입은 왕자가 '내 아들'이 아님을 알아보았고, 왕의 옷을 입고 있지만 실은 거지인 자기 아들의 진면목을 알아보았다. 거지든 왕자든 상관없이 자기 아들을 사랑하는 어머니의 꾸밈없는 동물적 사랑이 권력의 달콤함에 길들여진 아들의 마비된 영혼을 일깨웠다.

옷이 바뀌며 운명조차 뒤바뀐 두 소년의 이야기는 우리에게 권력의 의미를 다시 돌아보도록 한다. 이를테면 거지 왕자는 옥새의 상징을 이해하지 못해 옥새를 '호두까기 도구'로 쓴다. 옷이나 옥새 같은 사물에 묻은 권력의 낌새를 이해하지 못하는 톰의 모습은 무지에서 비롯한 것으로, 권력에 때 묻지 않은 그의 순수성을 드러낸다. 사물에 스민 권력의 상징은 그것을 이해하는 사람에게만 의미 있는 것이니까. 옷으로 권력이나 욕망을 표현하는 것은 인간의 눈부신 특권이지만 인간의 어쩔 수 없는 한계이기도 하니까. 우리는 오늘 어떤 옷을 입고, 어떤 장신구를 걸친 채, 우리의 욕망과 감정을 표출한 것일까. 우리는 어떤 옷으로 우리의 온갖 슬픔과 부끄러움을 감쪽같이 잘 숨기고 있는 것일까.

악기

악기에 스민
영혼의 울림을 듣다

갈대의 나부낌에도 음악이 있다.
도랑의 여울에도 음악이 있다.
사람들이 귀를 가졌다면
이 세상 모든 물건에 음악이 있다.

조지 고든 바이런

29장

잠들지 않는 전사의 목을 벤 악기, 피리

노래가 없다면, 악기가 없다면, 음악을 꿈꾸는 사람이 없
다면 세상은 얼마나 황폐해질까. 음악을 배경에 깔리는 백그라운
드 뮤직이 아니라 음악 그 자체로 들을 때 우리의 영혼은 순정한
추상의 세계에 빠진다. 특히 노랫말이 없거나 노랫말을 알아들을
수 없을 때, 음악의 투명한 추상성은 극대화한다. 무언가를 지시
하거나 재현하는 것이 아니라 음률 자체로 약동하는 순수한 추상
의 세계에서 우리의 영혼은 문득 해방됨을 느낀다. 그건 증오야,
그건 질투야, 그건 사랑이야, 그건 권력이야, 이건 슬픔이야, 이건
배신이야, 저건 불합리해, 저건 말도 안 돼…. 이런 식으로 끊임없
이 판단하고 규정하며 언어화하는 일에서 우리는 해방된다. 음악

214

과 함께라면, 음악에 빠진 그 순간 우리는 '무엇 무엇에 관한 생각'이라는 상태에서 놓여난다.

음악은 대상과 언어 사이의 필연성을 해체한다. 대상을 언어로 분석하고 표현하는 일에서 음악은 우리 영혼을 해방시킨다. 누군가를 미친 듯이 사랑하는 사람의 모습을 통해 격정을 이해하는 것이 아니라, 멜로디 자체로 격정에 공감하는 것. 무엇을 통해서가 아니라 무엇 자체를 있는 그대로 이해하는 법을, 우리는 음악을 통해 무의식적으로 배우는 것이 아닐까. 아이들이 외국어를 배우는 모습을 보면 음악이 지닌 고도의 추상성을 이해할 수 있다. 아이들은 단어의 개념과 정의를 연결하는 사전식 학습법이 아니라, 마치 노래를 따라 부르듯이 외국어를 배운다. 아이들은 언어조차도 음악으로 듣는다. 뜻과 뉘앙스와 분위기에서 해방된 음악 그 자체로서의 언어를, 아이들은 본능적으로 이해한다.

이렇듯 음악은 의미에서 해방된 도취, 대상에서 해방된 자유를 선물한다. 음악에 도취해 자신의 책무를 잊어버리는 것은 음악을 이해하는 자의 특권이다. 그리스 로마 신화의 아르고스가 그런 인물이다. 제우스가 사랑하는 여인 이오를 소로 변신시켜 불륜을 숨기려 하자, 제우스를 의심하는 헤라는 아르고스를 통해 제우스의 바람기를 잡으려 한다. 그렇게 아르고스는 소를 감시하는 임무를 맡는다.

온몸에 눈 수백 개가 달린 아르고스는 잠이 들더라도 눈 몇 개는 반드시 뜨고 있다. 헤라의 명령에 절대복종하는 무적의 전사

아르고스를 무장해제시키기 위해 제우스는 묘안을 짜낸다. 바로 헤르메스를 시켜 아르고스를 잠재우는 것이다. 헤르메스의 무기, 그것은 음악이었다. 갈잎 피리를 든 목동으로 위장한 헤르메스는 아르고스의 마지막 눈까지 감기는 데 성공한다. 음악에 도취한 그 순간 아르고스는 헤라의 명령에서 해방된다. 음악의 최면에 걸린 아르고스는 암소로 변신한 여인 이오를 지키는 자신의 임무를 잊고, 처음으로 달콤한 잠에 빠진다. 음악을 향한 순수한 몰입은 그렇게 우리를 의무감에서, 타인의 명령에서 놓여나게 한다.

만파식적, 죽어서도 나라를 지킨 임금의 영혼

음악에는 고통을 잊게 해주는 주술적 효과도 있다. 배를 젓는 어부, 실을 잣는 여인, 김매는 농부들은 모두 노동요를 불렀다. 어떤 음악은 죽음의 고통을, 그리고 죽음 때문에 떠나야 할 세상을 향한 걱정과 미련을 잊게 한다. 만파식적을 두고 떠난 신라의 문무왕도 그렇지 않았을까.《삼국유사》의 백미 중 하나인 만파식적 이야기에는 죽음의 저편으로 건너간 아버지와 삶 이편에 살아남은 아들 사이의 보이지 않는 대화가 담겨 있는 것 같다. 신문왕은 돌아가신 아버지 문무왕을 위해 감은사를 세웠다. 아버지를 그리워하던 신문왕은 '돌아가신 선왕께서 지금 왕께 커다란 선물을 주실 것이다'라는 계시를 받는다. 계시를 들은 신문왕은 낮에는 둘로 갈라지고 밤이면 하나로 합쳐지는 신기한 대나무를 발견한다. 둘로 쪼개졌던 대나무가 하나가 되더니 천지가 진동하고 바람과 비가 심해져 8일 동안 어두웠다가 그달 16일이 되어서야 바람도 개고 물결도 평탄해진다.

신문왕 앞에 용이 나타나 이 신비한 대나무로 피리를 만들어 불면 적병이 물러가고 질병이 나으며, 가뭄 때는 비가 내리고 장마 때에는 비가 그치며, 바람이 잦아들고 파도가 가라앉는다고 알려준다. 왕은 이 피리를 국보로 모시고 그 이름을 '만파식적萬波息笛'이라 하여 소중히 했다고 한다.

만파식적은 살아 있는 자의 염원과 죽은 자의 염원이 만나는 마음의 매듭이 아닐까. 죽어서도 흩어진 백성들의 민심을 규합해 나라를 지키고 싶어 했던 김유신과 문무왕의 마음, 그리고 강력한 통치자가 세상을 떠난 뒤 갈 곳을 잃은 민심이 기대고 싶어 했던 신화적 믿음. 죽은 자의 믿음이 '내가 죽고 나서도 이룬 것이 무너지지 않기를 바라는 마음'이었다면, 살아남은 자의 믿음은 '그가 떠나고 나서도 우리를 지켜주기를 바라는 마음'이었다.

오래전 만파식적 이야기를 읽었을 때는 산 자를 향한 죽은 자의 걱정이 더 크게 다가왔다. 하지만 지금 다시 읽어보니 살아남은 자의 그리움이 얼마나 크면 돌아가신 아버지로 하여금 '세상을 치유하는 악기'라는 커다란 선물을 받을 수 있었을까 하는 생각이 든다. 세상의 아픔을 구슬리고 매만지며 치유하는 악기, 그것은 음악가의 꿈이자 음악을 듣는 모든 이의 꿈이 아닐까.

안토니오 다 코레조, 〈주피터와 이오〉, c.1530

페테르 파울 루벤스, 〈머큐리와 아르고스〉, 1636~1638

자명고, 단지 사랑이 아니라 영혼의 해방을 택한 한 여인의 꿈

호동왕자와 낙랑공주의 이야기 한가운데에는 자명고라는 놀라운 사물이 가로놓여 있다. 그것은 나라가 위험에 처했음을 알리는 무기이자 악기였다. 자명고가 울리면 적의 위협이 목전에 다가왔다는 뜻으로, 적이 언제 쳐들어올지 알 수 있다는 것은 그 자체로 최고의 전략이었다. 적의 침략에 대비해 대오를 정비하고 무기를 준비할 시간을 벌 수 있었기 때문이다. 그런데 사랑에 빠진 낙랑공주가 호동왕자를 위해 그 북을 찢어버리고 만다. 호동왕자는 낙랑공주에게 일종의 최후통첩을 했다. 호동왕자는 낙랑공주에게 사자를 보내어 무기고에 들어가서 자명고와 나팔을 부순다면 예를 갖춰 공주를 맞이할 것이지만, 그렇게 하지 못한다면 맞아들일 수 없다고 전한 것이다. 끝내 낙랑공주는 아버지이자 낙랑왕인 최리에게 용서받지 못한다. 낙랑공주는 호동왕자와 '그 후로도 오랫동안 행복하게 살았습니다' 같은 해피 엔딩을 맞이하지 못할 뿐 아니라, 아버지의 손에 비참한 최후를 맞는다.

이 이야기는《로미오와 줄리엣》보다 더욱 급진적 구석이 있다. 낙랑공주는 사랑을 위해 아버지의 뜻은 물론 백성 전체를 지켜야 한다는 공주의 당위마저 잊는다. "로미오, 왜 당신은 로미오인가요?"라고 물으며 서로의 출신 성분을 원망했던 셰익스피어의 커플보다, 낙랑공주와 호동왕자는 더욱 급진적으로 '당신이 누구든, 무엇을 원하든, 난 당신의 모든 것을 받아들이겠다'라는 사랑의 절대성을 실현한다. 그런데 이 고구려 설화의 세계관은 '사랑'이 아니라 '짝사랑'인지도 모른다. 정말 낙랑공주를 사랑했다면, '네가 북을 찢으면 널 아내로 맞이하고 그렇지 않으면 널 아내로 대접해줄 수 없다'라는 조건을 달았을까.

두 나라의 평화로운 공존을 꿈꾸며 금쪽같은 딸을 적국의 사람과 결혼시켰다가 나라는 물론 딸까지 잃은 낙랑왕 최리는 어떤 심정이었을까. 자명고는 사랑에 미쳐버린 한 여자의 손에 찢겼다. 하지만 찢겨 울지 못하면서 진정으로 우는 악기가 되었다. 악기가 지닌 최고의 숙명, 그것은 다만 타인의 마음조차 함께 울리는 자기만의 울음을 토해내는 것이다. 울지 않아도 우는 것만 같은 신비롭고 처연한 악기, 자명고는 그렇게 조용히 우리에게 사랑에 전 생애를 던진 한 여자의 숨죽인 흐느낌을 전해준다. 자명고는 이제 더 이상 울지 않으면서 비로소 온몸으로 우는 악기다. 때론 온몸으로 울고 때론 온몸으로 침묵하는 악기들의 몸짓 속에서, 우리는 인간의 언어로는 미처 다 표현할 수 없는 수많은 감정의 물결을 발견한다.

인물과 캐릭터

[3부]

서두를 필요가 없습니다.
반짝일 필요가 없습니다.
자신 이외의 다른 사람이 될 필요가 없습니다.

___

버지니아 울프, 《자기만의 방》에서

수전 손택

내 인생의 뮤즈

예술은 의식주뿐 아니라 여러 기본적 욕구가 해결되어야 느낄 수 있는 고차원의 자유일까. 매슬로의 욕구 단계 이론이 말하듯, 생리적 욕구, 안전의 욕구, 애정과 소속의 욕구, 자존과 존중의 욕구, 자아실현의 욕구가 다 실현된 다음에야 느낄 수 있는 것이 예술을 향한 감동의 욕구일까.

나는 아니라고 생각한다. 심지어 욕구 단계 이론에는 예술을 통한 자기표현의 욕구가 명시되어 있지 않다. 의식주, 안전, 애정, 존중, 자아실현 등을 향한 인간의 모든 욕구는 소중하다. 하지만 단계별로 나눈 그래프로 중요도를 결정할 수 있는 것은 아니다. 욕구들 사이에는 수많은 교집합이 있고, 때로 어느 것이 상위이고 어느 것이 하위인지 분간하기 어려울 때도 많다.

225

나는 우리 존재의 가장 밑바닥에 예술을 향한 열망이 물처럼 공기처럼 흙처럼 깔려 있다고 생각한다. 나의 경우에는 의식주가 위협당할수록, 평화로운 삶이 위협당할수록, 가장 원초적 자존감이 위협받을수록, 예술을 향한 욕구가 오히려 커졌기 때문이다.

그런 생각의 뿌리를 더듬다 보면 나의 감수성에 가장 큰 영감을 준 사람인 수전 손택이 떠오른다. 손택의 글을 읽지 않았더라면 나는 비평가가 되지 않았을 것 같다. 손택이 아니었다면 나는 비평가에서 작가로 변신하는 게 너무 어렵거나 불가능하다고 생각했을 것이다.

손택에게 '비평가로서의 평론'과 '작가로서의 창조적 글쓰기'는 그렇게 멀리 떨어진 것이 아니었다. 그녀는 비평가에서 소설가로, 에세이스트에서 연극연출가로 종횡무진 활동했지만, 그 모든 것이 갑작스럽거나 이질적 행보는 아니었다. 그녀에게는 그 모든 글쓰기와 사회적 실천이 공작새의 찬란한 무지갯빛 날개처럼 한 몸에서 우러나온 여러 개의 변화무쌍한 스펙트럼이었다.

누군가의 영향력이 진짜 빛을 발휘할 때는 삶이 정말 힘겹다고 느낄 때다. 시도 소설도 아닌 평론을 쓰고 있자니 부모님의 반대가 엄청난 압박으로 다가왔다. 내가 평론을 시작했을 때 가장 싫어하신 분들은 부모님이었고, 주변 사람들은 "그래서 너는 이다음에 뭘 할 건데?"라고 묻곤 했다. '설마 평론을 계속할 생각은 아니지?'라는 공격적 암시가 느껴지는 질문이었다. 그때 '나는 과연 무엇이 되어야 할까'라는 고민을 '내가 어떤 삶을 살아야 옳은 것일까'로 바꾸어 준 사람, 그녀가 손택이었다.

그녀의 비평은 그 자체로 창작이었고, 타인의 삶에 참여하는 길이었으며, 그녀의 삶과 떼어낼 수 없는 실천이었다. 손택은 죽는 순간까지 평론가였지만 평론의 프리즘으로 그녀가 원하는 모든 것을 해냈다. 그녀는 평론의 대상을 세상 전체로 확장하며, 평론의 형식을 곧 창작의 형식으로 전환하며, 더 이상 텍스트에 기생하지 않는 평론의 장을 열었다. 그녀를 알고 난 뒤 나는 내 한계를 똑바로 노려보기 시작했다. 비평의 기생성은 비평 자체의 무능이 아니라 존재의 무능일 뿐이라는 것을. 내가 우울한 것은 비평 때문이 아니라 비평을 통해 세상에 뜨겁게 참여하지 못하는 이 새가슴, 소심증 때문이라는 것을.

손택은 《해석에 반대한다》에서 예술을 논리적으로 해석만 할 것이 아니라 예술을 바라보고 향유하는 우리의 시선을 바꾸어야 함을 강조한다. 우리는 예술에 대한 날카로운 분석이 아니라 예술에 대한 뜨거운 사랑을 되찾아야 한다. 그녀는 예술에 대한 해석학이 아니라 예술의 성애학erotics을 꿈꾸었다. 바로 이것이다. 그녀는 일상보다 드높은 곳에서 예술의 가치를 찾지 않았다. 그녀는 예술을 사랑하며 삶을 더 사랑할 수 있는 길을 끊임없이 탐색했다. 우리에게 필요한 것은 작품의 의미를 쥐어짜는 분석이 아니라 작품을 더욱 사랑할 수 있도록 예민한 후각, 청각, 시각, 미각, 촉각을 가지는 것이며, 작품 속 인물의 고통을 곧바로 내 것으로 받아들여 아파할 수 있는 통각을 벼리는 것이다. 그녀에게 비평이란 타인의 슬픔에 참여할 수 있는 실천적 힘이었다.

1993년 손택은 전쟁의 총성으로 얼룩지고 폐허가 된 사라예보에서 〈고도를 기다리며〉를 연출했다. 사라예보 바깥에서 전쟁을 관망하던 사람들은 그녀가 목숨을 걸고 사라예보까지 달려가 '그토록 우울한' 연극을 연출하는 의도를 이해하지 못했다. 하지만 그녀는 확신했다. 배우들과 관객들이 극장을 오가다 폭격을 맞거나 저격수에게 총격을 당해 죽을 수도 있지만, 사람들이 모두 현실 도피적 오락물만을 원할 것이라 속단하는 것은 옳지 않다고. 다른 곳과 마찬가지로 사라예보에 사는 사람들도 자신이 처한 현실을 예술로 변형하고 예술 속에서 확인하는 것에서 힘과 위안을 얻을 것이라고. 살아 있다는 것을 가장 뜨겁게 확인하는 길은, 우리가 단지 먹고 입고 자는 존재가 아님을 깨닫는 길은, 예술을 사랑하고 실천하며 우리가 인간임을 잊지 않는 일이 아닐까. 사라예보 사람들이 잃어버린 것은 스스로에 대한 존엄성이었으며, 그 존엄성을 회복하는 길은 폭격 소리가 울려 퍼지는 전쟁터에서도, 여전히 고도를 기다리는 희망의 몸짓이 아니었을까. 그녀의 비평은 세상에 대한 사랑이었고 타인의 고통을 향한 울음이었으며 그 고통을 낳은 자들을 향한 끝나지 않는 전투였다.

단지 작가가 되거나 무슨 직업을 갖는 것이 꿈이 아니라, 세상을 더욱 뜨겁게 사랑하고 싶은 꿈, 내게 잠재된 무한한 에너지를 이 세상과 사랑에 빠지는 데 쓰고 싶다는 당찬 꿈을 갖게 도와준 사람. 그가 손택이다. 아름다운 음악을 들으며 감동할 권리, 이 세상의 수많은 아름다움을 느낄 권리, 내 온몸과 온 마음으로 이 세계가 선물하는 최고의 가치를 누릴 권리. 그것은 삶이 힘겨울수록 더욱 절절히 목말라지는 원초적 열망이다. 예술을 향한 욕구가 진정으로 충족되면 사랑받고 싶은 열망, 인정받고 싶은 열망, 자존감을 되찾고 싶은 열망 모두가 한꺼번에 실현되는 기적 같은 감동이 일어나니까.

　나는 내게 주어진 모든 감수성을 다 쓰고 남김없이 에너지를 불태우고 살다 가면 좋겠다. 예술에 대한 사랑, 사람과 세상에 대한 사랑, 문학과 글쓰기에 대한 사랑이 나도 모르게 넘쳐나서, 그 사랑을 주체하지 못하는 풍요롭고 충만한 인생을 살고 싶다. 나는 아름다운 음악을 들을 권리, 자신의 숨은 재능을 끌어내 세상 밖으로 표출할 권리, 진정으로 마음 깊은 곳에서 솟아오르는 글을 쓸 권리를 지키기 위해 그 모든 것을 가로막는 세상과 싸울 것이다.

안중근

역사를 움직이는 자, 그가 바로 청년

먼 곳을 향하는 생각이 없다면 큰일을 이루기 어렵다.

안중근

아무도 예상치 못한 순간에 일어난 절호의 일격이었다. 누구도 막을 수 없었던 치밀한 작전, 조용하고 유순해 저항이라고는 모를 것이라 생각했던 조선인들이 가슴속에 깊이 품은 분노와 독립을 향한 열망이 터져 나오는 순간. 1909년 10월 26일 중국 하얼빈역, 일본 초대 총리이자 조선 통감이었던 이토 히로부미를 환영하기 위해 모인 수많은 인파 속에서 난데없는 총성이 울린다. 모두가 이토를 열렬하게 환영하는 듯 보였지만 단 한 사람, 대한의 청년 안중근은 이토를 향해 총구를 겨누었다. 이토는 하얼빈 철로에서 즉사했다. 그 순간 안중근은 러시아 헌병에게 포박당하면서도 굴하지 않고 외친다. "코레아 후라! 대한국 만세!" 당시 '코레아'를 모르는 외국인이라도 '후라'는 알아들었을 것이다.

저 청년은 무엇을 향해 만세를 외치며 온몸으로 저항하고 있는 것일까, 누구라도 강렬하게 의문을 품지 않았을까. 일본은 코레아의 존재 자체를 없앴다고 믿었지만, 코레아는 살아 있었고, 그것도 당당하게 만세를 부르며 살아 있었으며, '대일본제국'의 폭주를 멈출 힘이 있었다. 포기하지 않은 한 사람, 깨어 있는 한 사람의 힘이었다.

한 사람이 과연 역사를 바꿀 수 있을까, 힘없는 한 개인이 과연 역사의 수레바퀴를 좌지우지할 수 있을까. 내 안에서 솟아오르는 이런 질문에 괴로울 때마다, 나는 안중근을 생각하고 유관순을 떠올리고 이순신을 기억한다. 한 사람의 힘은 결코 무력하지 않다. 깨어 있는 한 사람, 권력과 자본의 힘을 빌리지 않아도 신념과 지성의 힘으로 세상을 깨우는 사람.

김훈의 역작《하얼빈》을 읽으며 나는 하얼빈역에서 내가 직접 청년 안중근을 만나고 온 듯한 강렬한 기시감을 느꼈다. 그것은 환상 속 시간 여행이 아니며, 오직 문학만이 지닌 고유한 힘에 의한 것이다. 아름다운 문학작품은 저 멀리 사라진 줄로만 알았던 시간 속 인물을 생생하게 지금 여기로 가져와 살아 있게 한다. 어떤 복잡한 장치도 필요 없이 오직 문장의 힘으로 한 인물, 한 시대, 한 세상을 일구어낸다. 안중근은 유복한 집안에서 사랑받으며 자랐고 뛰어난 포수이자 용감한 의병이기도 했지만, 나는 그를 '아름다운 청년'으로 기억하고 싶다. 청년 안중근은 우리 안에 아직 죽지 않은 젊음과 용기, 품위와 열정을 일깨우기에. 우리가 아무리 나이 들어도 결코 잃어서는 안 될 신념과 투지를 일깨우는 아름다운 청년, 그가 《하얼빈》 속에 살아 숨 쉬는 안중근이다.

《하얼빈》에는 이토를 저격한 투사 안중근의 모습뿐 아니라 김 아려의 남편이자 현생, 분도, 준생의 아버지이자 조마리아의 아들, 우덕순의 친구였던 안중근의 모습이 환하게 살아 숨 쉰다. 그는 이토를 저격하며 그 빛나던 미래와 가족을 포기할 수밖에 없었지만, 끝내 가족을 사랑했고 삶을 사랑했으며 세상을 사랑했다. 그는 도망을 위한 퇴로를 생각하지 않았다. 이토를 죽여 이토로부터 이 가여운 세상을 해방시키는 것만이 중요했기에 자신의 안녕은 생각할 여력이 없었다. 안중근이 살리려던 나라는 이토의 죽음을 누구보다도 슬퍼하는 연기를 함으로써 살아남았던 순종과 친일 각료들의 허울뿐인 대한제국이 아니었다. 나라를 빼앗기고 슬퍼하며 곡기를 끊거나 목숨을 끊은 백성들, 군대가 해산당했음에도 불구하고 맨손으로 일본군과 싸웠던 군인들의 모습은 곧 안중근이 잃어버린 조국의 참혹한 자화상이었다. 낡은 옷가지와 신발은 물론 총까지 잃어버린 병사들에게 남은 건 목소리뿐이었기에, 그들은 마지막으로 악을 쓰고 절규하며 일본 제국의 총칼에 쓰러져갔다.

소설 속에서 안중근은 일본 제국의 의도를 오해해서 이토를 죽인 것이 아니라, 어떻게든 자신의 의견을 말할 권리를 찾기 위해 이토를 죽인 것이다. 그는 한 번도 조선인에게 주어지지 않은, 절절한 발언권을 얻으려고 이토를 저격한 것이다. 안중근은 목숨을 구걸하는 데는 일분일초도 쓰지 않았다. 그는 왜 이토를 죽였는지 말하려고 이토를 죽인 것이다. 세계만방에 대한독립의 절박함을 말하기 위해, 힘없는 조선인에게는 단 한 번도 주어지지 않았던 발언권을 얻기 위해, 이토를 죽인 이유를 설명하기 위해, 이토를 죽인 것이다. 간절하게, 숨다운 숨을 쉬기 위해, 말다운 말을 하기 위해.

일본이 꿈꾸던 동양평화는 일본이 패권을 쥔 채 다른 나라는 꼼짝 못 하는, 쥐 죽은 듯 고요한 침묵이었다. 그러나 안중근이 꿈꾸던 동양평화는 동양의 모든 나라 백성이 저마다 자신들의 목소리를 낼 수 있는, 사람 냄새 물씬 나는 시끌벅적함이 아니었을까. 너희가 매일매일 죽이고 짓밟고 유린하지만, 우리는 오늘도 분명 살아 있다. 그러니 우리의 목소리를, 우리의 저항을, 우리의 자유와 희망과 꿈을 막지 말라. 안중근이 끝내 맺지 못한 말은 이런 것이 아니었을까.

세상에서 빛을 찾을 수 없을 때는 내 안에서 빛을 찾아야 한다고 믿으며, 하루하루 간신히 버티던 때가 있었다. 그러나 세상에 빛이 없는 것이 아니었다. 다행히 우리에게는 《하얼빈》이 있다. 안중근의 "코레아 후라!"가 있다. 아무도 예상치 못한 순간 기적처럼 세계만방에 울려 퍼진 희망의 빛이 있다. 우리는 그 빛의 의미를 지켜내야 할 소중한 마음의 빚이 있다. 나는 그 마음의 빚을 사랑하기 시작했다. "코레아 후라!" 안중근의 외침은 오래오래 가슴에 남아 마침내 우리를 또 한 명의 안중근으로 만든다.

잘랄 아드딘
무하마드 루미

어두운 생각, 수치심, 악의는
문 앞에서 웃으며 맞이하고
그들을 안으로 초대하세요

**무례함과 공격에 맞서는
치유의 언어**

잘랄 아드딘 무하마드 루미, 〈게스트 하우스〉 부분

13세기 페르시아의 시인 잘랄 아드딘 무하마드 루미의 문장을 읽으면, 그림이나 음악과는 다른 오직 문장만이 가진 힘을 느끼게 된다. 온 세상의 아름다운 색채와 형태가 우리를 매혹하고, 온 세상의 달콤한 멜로디와 리듬이 우리를 사로잡지만, 그럼에도 우리는 오직 문장으로만 위로받는 순간이 있음을 알게 된다. 예컨대 〈물방울 속 바다〉의 시구절을 읽을 때가 그렇다.

"당신은 바닷물 속의 물 한 방울이 아닙니다. 당신은 물 한 방울 속에 깃든 바다 전체입니다."

이렇듯 루미는 단 하나의 문장에 거대한 철학적 사유를 담아낸다. 그동안 항상 스스로 특별하지 않다고 생각했던 나 자신을 돌아보게 된다. 나는 그저 내가 거대한 바닷속에서 눈에 띄지 않는 아주 작은 하나의 물방울인 줄 알았는데. 시인은 그런 내가 대단하다고 말한다. 내 안에는 바다 전체가 들어 있다고, 내 안에는 어쩌면 세상 전체가 들어 있을 것이라고 단언한다.

내가 물 한 방울 속에 들어 있는 바다 전체라고? 내가 그렇게 대단한 존재인가? 이렇게 스스로 질문하며 웃음 짓게 만든다. 우리는 자주 자신을 작고 하찮은 존재로 폄하한다. 그러면서 내가 할 수 있었던 일도 포기하고, 하려 했던 일도 단념한다.

하지만 어쩌면 정말 우리 안에는 바다 전체의 움직임, 바닷물 전체를 좌지우지할 수 있는 그 무언가가 들어 있는 것이 아닐까. 이 문장을 가만히 되뇌는 것만으로도 마음이 커지는 느낌이다. 그래, 나는 그저 바다에 떨어지는 물 한 방울이 아니야. 내 안에는 바다 전체에 맞먹는 힘과 용기가 있어. 나는 오늘도 작가들의 아름다운 문장을 읽으며 내가 그저 '눈에 띄지 않는 하찮은 존재'가 아니라 '언제든지 바다 전체의 힘을 끌어낼 수 있는 잠재력을 지닌 존재'임을 깨닫는다. 이렇듯 좋은 작가들은 우리에게 어제와 다르게 살아갈 수 있는 용기를 준다.

어떤 작가는 흉측한 상처야말로 한 사람이 지닌 가장 아름다운 것인지도 모른다고 말한다.《어떻게 진짜 어른이 되는가》《나는 왜 이 사랑을 하는가》로 국내 독자에게 소개된 심리학자 데이비드 리코는《우연의 힘》에서 말한다. "우리의 상처는 우리가 지닌 최고의 아름다움을 향해 나아가는 입구가 된다."

정말 그럴까. 그저 상처일 뿐인데. 남에게 보여주고 싶지 않은 부끄러운 모습, 구석지고 은밀한 곳에 꼭 숨겨두고 싶은 나의 상처인데. 그 상처가 내 안의 가장 아름다운 곳으로 들어가는 입구라고? 그런데 이렇게 질문을 던지는 순간, 벌써 내 마음속에는 지각변동이 일어난다.

상처를 극복하는 과정에서 나의 가장 멋진 부분이 만들어졌구나. 나는 그 상처로 인해 무너지지 않았고, 그 상처로 오히려 세상의 더 깊고 무시무시한 비밀을 알게 되었구나. 나는 그 상처로 흔들렸지만, 그 상처로 수없이 많은 밤을 눈물로 지새웠지만, 망가지지 않았다는 것을 깨닫는다. 이것이 나의 아름다움이구나. 나는 상처와 싸울 때마다 오히려 강인해지는 사람이구나. 상처와 싸울 때마다 내가 지닌 줄도 몰랐던 내 안의 잠재력을 꺼내 쓰는 사람이구나. 상처와 싸울 때마다 더욱 용감해지고 지혜로워지고 풍요로워지는 사람이구나. 나는 이렇게 오늘도 문장의 힘으로 위로받고, 문장의 힘으로 내 안의 깊은 사유의 정원을 무럭무럭 가꾼다. 그러면 그 문장 속에 담긴 아름다운 사유의 씨앗이 내 마음의 토양에 깊이 뿌리를 내려, 하루하루를 견딜 힘이 자라난다.

매일 시시각각 감정과 상태가 바뀌기에 우리는 자신의 마음이 싫어질 때가 있다. 이런 감정을 왜 느끼는 것일까. 그런 수치심과 굴욕감을 왜 잊어버리지 못하는 것일까. 슬픔은 왜 좀처럼 떠날 생각을 안 하는 것일까. 어떤 날에는 아무 일도 일어나지 않았는데 왜 견딜 수 없이 마음이 아픈 것일까. 이에 대해 루미는 시 〈게스트 하우스〉에서 우리 몸이 날마다 새로운 손님을 받아주는 게스트 하우스라고 이야기한다. 그러니 예측할 수 없는 방향으로 오르락내리락하는 모든 감정을 환영하고 기쁘게 맞이하라는 것이다. 심지어 그들이 당신의 집을 폭력적으로 쓸어버리고, 당신의 살림을 싹쓸이하더라도, 모든 손님 한 명 한 명을 정성스레 맞이하란다.

이쯤이면 우리에게 부처님이나 예수님 같은 가없는 사랑을 요구하고 있는 것은 아닌가. 너무 과도한 요구라는 생각이 들면서도, 동시에 이 문장이 지닌 아름다움에 흠뻑 빠지게 된다. 타인의 무례함, 타인의 공격, 게다가 나 자신에게 일어나는 모든 감정의 소용돌이까지 기쁘게 받아들일 수 있다면, 나는 얼마나 충만한 존재가 될 수 있을까. 그 무엇도 담을 수 있는 존재, 그 어떤 것도 받아들일 수 있는 존재가 된다면 얼마나 좋을까. 나는 그런 문장을 사랑한다. 지금 당장 가능하지 않을지라도 내게 커다란 꿈을 심어주는 문장을, 읽는 것만으로도 존재의 경계선이 확장되는 느낌을 주는 문장을, 가슴에 새기는 것만으로도 지금까지 내게 있는 줄도 몰랐던 잠재력을 발견하는 듯한 그런 문장을 나는 사랑하는 것이었구나. 읽는 이에게 깊은 깨달음을 주는 문장은 단지 배움에 그치는 것이 아니라 지금 내 삶을 바꾸는 용기까지 덤으로 선물한다.

그렇다면 그런 곤란한 손님들, 불청객들, 사랑하기 어려운 존재들은 도대체 왜 우리를 그토록 괴롭히는 것일까. 루미는 그 질문에 대한 해답까지 친절하게 일러준다. 그들이 당신의 모든 것을 빼앗아가려고 작정하는 이유는, 꽉 찬 나를 확 비워버려서 처음부터 다시 시작하라는 메시지일 수도 있다고. 〈게스트 하우스〉의 결말은 더욱 파격적이다. "어두운 생각, 수치심, 악의는/ 문 앞에서 웃으며 맞이하고/ 그들을 안으로 초대하세요.// 누가 오든 감사하세요./ 왜냐하면 그들은 저 너머에서/ 저 너머의 안내자로 보내졌으니까요." 가장 나쁜 손님일지라도 가장 따스한 미소로 맞아야 한다니. 나는 이 시의 세계관에 완전히 동의하지는 않지만, 이 시가 눈이 시리도록 아름답다고 생각한다.

 '쉬운 아름다움' 대부분은 우리 마음에 설탕 옷을 입힌다. 달콤하게 만들어서 우리를 깜빡 홀린다. 쉽고 직설적 어여쁨은 탕후루나 곰 모양 젤리처럼 혀끝과 눈동자를 간질인다. 그러나 '어려운 아름다움'은 일단 우리 마음을 한 번 부서뜨린다. 내가 동의하지 않지만 그럼에도 아름답고 신비로운 것을 향하여. 나의 차가운 이성은 거부하지만 나의 뜨거운 감성은 그 어려운 아름다움을 못 말리게 사랑한다. 너무 많은 스트레스가 당신의 마음을 괴롭히는 날, 시인의 아름다운 문장이 당신의 상처 입은 마음을 따스하게 어루만져주기를.

스토너

누구에게도 이해받지 못한
열정과 사랑

　무언가를 향해 완전한 사랑을 바치는 사람들이 있다. 신념에서 일, 가족, 연인, 친구에 이르기까지 어떤 대상을 향해 무조건적 사랑을 표현하는 사람들. 그런 이들에게 열정은 야망에 도달하기 위한 엔진이 아니라 순수나 순정을 향한 기나긴 투쟁이다. 상대가 아무리 속을 썩여도, 심지어 뼈아픈 배신을 해도, 변함없는 사랑과 우정을 바치는 사람. 존 윌리엄스의 소설 《스토너》의 주인공이 바로 그런 사람이다.

　농부의 아들 윌리엄 스토너는 지지리도 가난한 가정에서 태어나 농사일 외 어떤 꿈도 가져본 적이 없었다. 아버지는 아들이 좀 더 뛰어난 농부가 되길 바라는 마음으로 그를 미주리대학 농경대에 보낸다. 그런데 이 엉뚱한 아들은 아버지가 기대하는 농사 기

239

술이 아닌, 영문학에 푹 빠져버린다. 그의 마음속에 '셰익스피어의 불꽃'을 지펴버린 아처 슬론 교수는 성격은 얼음처럼 차갑지만 기가 막히게 강의를 잘하며, 다정하진 않지만 학생의 재능을 귀신같이 포착하는 명민한 스승이다.

1년 전만 해도《로미오와 줄리엣》조차 읽어본 적이 없던 스토너에게, 어느 날 갑자기 슬론 교수의 매혹적 낭독을 통해 셰익스피어의 소네트가 심장 깊숙이 침투해 들어온다. 스토너는 늘 잿빛으로 무겁게 가라앉아 있던 세상이 총천연색으로 빛나기 시작함을 느낀다. 사물에 깃든 온갖 비밀스러운 이야기들이 자신에게 말을 걸어오기 시작한다. 문학에 눈뜬다는 것, 그것은 그에게 생물학적 인간에서 사회적 존재로서의 인간, 감수성을 가진 존재로서의 인간으로 도약하는 것이다. 스토너는 태어나 처음으로 아버지의 명령을 거역하고 몰래 전공을 바꾸어 영문학 박사학위까지 받는다.

나는 이 책을 읽으면서 절박한 그리움에 사로잡혔다. 스토너는 내가 사랑한 모든 문학청년을 닮았구나. 그들은 한때 문학을 사랑했고, 한때 시인이나 소설가를 꿈꾸었고, 한때 문학을 위해 다른 모든 것은 버릴 수도 있다고 생각했지만, 지금은 뿔뿔이 흩어져버렸다. 스토너는 책을 사랑하고 문학을 사랑하는 모든 사람의 향수를 자극하는 인물이다.

친구들이 거의 모두 참전 용사로 징집되거나 자원했을 때, 스토너는 홀로 대학에 남는다. 그는 '너는 애국자가 아니구나'가

없은 시골 촌뜨기, 너는 겁쟁이구나'라고 외치는 듯한 사람들의 잔인한 시선을 견디며 묵묵히 공부를 계속하고 마침내 영문과 조교수가 된다. 그의 가슴속에는 그가 가장 사랑한 친구 매스터스의 말이 영원히 지워지지 않는 문신처럼 남아 있다. 대학은 온갖 주변인들, 이방인들, 환자들, 무능력자들을 위한 보호시설이라고. 매스터스와 스토너 같은 오갈 데 없는 젊은이들을 받아주고 그들에게 희망과 배움과 열정을 불어넣는 곳이 바로 대학의 진정한 역할이었던 것이다.

매스터스는 대학이 세상의 폭풍을 피할 수 있는 유일한 곳이라고 생각한다. 그는 믿는다. 대학은 주류들, 대단한 자들이 아니라 소외된 사람들, 중심에서 밀려난 사람들을 위해 존재해야 함을. 매스터스는 금수저를 물고 태어나지 못한 자신과 친구들의 운명을 알고 있다. 미국 사회에서 그들이 올라갈 수 있는 사회적 지위는 한정되어 있다는 것을. 하지만 대학은 그들에게 '세상이라는 매서운 폭풍'을 피할 수 있는 피난처고, 무지렁이 부모 아래서 출발선 자체가 달리 태어난 스토너 같은 사람이 영문과 교수가 될 수 있는 자유와 해방의 공간이었다. 학문과 자유의 이름으로 아주 작지만 소중한 가치를 지킬 수 있는 곳, 세속성과 속물성의 치외법권 지대였다. 그들에게 대학은 '헛소리를 지껄일 자유'가 있는 유일한 곳, 그리하여 다채로운 헛소리들이 모여 세상을 바꾸는 뜨거운 희망의 목소리가 태어날 수도 있는 그런 곳이 아니었을까.

스토너는 이디스에게 첫눈에 반해 둘은 결혼하지만, 이디스는 부모에게서 도망치기 위한 돌파구로 스토너를 선택했다. 스토너의 온갖 지극정성에도 이디스는 스토너에게 마음을 주지 않는다. 스토너는 점점 외로워지고 마침내 집 안에서 '아내 대신 아이를 돌보는 남자' '집을 사기 위해 대출한 돈을 갚는 남자' '허울뿐인 남편'이 된다.

그러던 중 스토너는 캐서린이라는 학생이자 미래의 문학도를 만난다. 캐서린은 철두철미하고 엄격한 스토너가 눈이 번쩍 뜨일 만큼 훌륭한 논문을 발표한다. 그녀는 스토너의 정신세계를 가장 잘 이해하는 사람이었다. 두 사람은 처음에는 스승과 제자 사이일 뿐이었지만, 스토너가 캐서린의 논문을 지도하려고 여러 조언을 하면서 두 사람 사이에는 배움 이상의 그 무엇이 싹튼다.

오직 문학을 향해 자신의 인생을 바치고 있었던 캐서린은 스토너의 고독을 이해한다. 기댈 곳은 오직 문학뿐이던 두 사람은 함께 논문을 수정하며 점점 교감을 키워가고, 세상 누구에게도 그만큼 이해받은 적이 없었기에 지독한 사랑에 빠진다. 그들에게 사랑과 공부는 마침내 하나였다. 문학과 인생도 하나였다. 그들은 사랑을 속삭이며 문학에 대해 토론하고, 문학에 대한 이야기꽃을 피우며 인생의 성찰을 나눈다.

하지만 '직업'과 '가족'이라는 현실이 그들의 발목을 잡는다. 자신의 편을 들어주지 않았다는 이유로 스토너를 철천지원수처럼 미워하던 동료 교수가 두 사람의 관계를 알고 협박하기 시작한다. 캐서린은 스토너의 사랑을 처음으로 받아준 최초의 여인이고, 그의 뼈아픈 고독을 이해해준 유일한 사람이며, 그가 공부하고 강의하고 글을 쓰는 그 모든 내용을 완전히 이해하는 유일한 사람이기도 했다. 스토너는 자기 자신을 완전히 포기하는 심정으로 캐서린을 놓아준다. 그런 다음 그에게 남은 것은 또다시 문학뿐이다. 그는 그렇게 문학과 함께 평생 고독한 일생을 살아간다.

스토너는 얼핏 무력해 보이지만, 소설 전체를 흐르는 감정은 스토너의 강인함이다. 그의 고독한 인생에 유일한 오아시스였던 캐서린과의 사랑은 끝내 이뤄지지 못했지만, 캐서린의 첫 책 첫 페이지를 장식한 '암호'는 스토너를 향한 것이었다. '자신이 공부하고 읽고 쓰고 생각하고 표현하는 모든 것'은 스토너를 향한 것임을 고백하는 캐서린의 용기가 스토너의 남은 생을 견디게 했다.

《스토너》는 우리에게 설명할 수도, 규정할 수도, 통제할 수도 없는 그 무엇을 향한 간절한 그리움이 남아 있다는 사실을 알려준다. 무언가를 향한 변치 않는 열정을 간직하는 삶, 그런 삶에 대한 간절한 그리움을 일깨워주는 소설이 있다는 것은 너무도 반갑고 가슴 시린 일이다.

개츠비의 친구 닉

누구도 함부로
판단하지 않는 사람

타인의 삶을 너무 쉽게 판단하고 단죄하는 권력자들, '당신은 죄가 있고 처벌받아 마땅하다'라고 주장하는 사람들로 시끄러운 시대다. 뉴스를 볼 때마다 비난과 증오의 말들이 들끓고, 성찰의 언어나 배려의 언어는 찾아보기 어렵다. F. 스콧 피츠제럴드의 《위대한 개츠비》에 나오는 등장인물인 닉은 이런 어지러운 시대에 따스한 영감을 줄 수 있는 인물이다. 닉은 조연이지만 이 이야기를 진정으로 힘차게 이끌어가는 사람이다.

《위대한 개츠비》의 절묘한 균형감각은 1인칭 관찰자 시점에서 온다. 주인공 개츠비는 관찰자 닉의 시선을 통해서만 비로소 그 모습을 아련하게 드러내는 비밀스러운 존재다. 닉은 데이지의 남편 톰처럼 속물적이거나 탐욕스럽지 않고, 개츠비처럼 낭만과 환

244

상에 빠져 객관성을 잃어버리지 않는다. 개츠비의 옛사랑 데이지나 그녀의 이기적 남편 톰을 비롯한 수많은 사람이 엄청난 거부가 된 개츠비 주변에 와글거렸으나, 막상 개츠비가 억울한 일을 당했을 때 남은 것은 오직 닉뿐이다. 모두에게 철저히 오해받고 은근히 따돌림당하던 개츠비가 처참하게 죽은 뒤, 신비로운 이방인 개츠비와 수많은 군중 사이의 균형추 같은 존재, 닉의 진가가 드러난다. 많은 사람이 개츠비의 융숭한 대접을 받았으나 모두 개츠비의 안타까운 죽음에 대해 침묵한다.

개츠비는 인근 모든 사람의 신분을 묻지도 따지지도 않고 자신의 집에 초대해 성대한 파티를 열었지만, 정작 누구에게도 환대받지 못했다. 그는 출신이나 이름은 물론 과거 전체가 의심스러운 이방인이었다. 오로지 닉만 개츠비를 의심하는 떠들썩한 소문의 공동체 어디에도 끼지 않고, 개츠비를 최대한 편견 없이 바라보려 노력했다. 그의 이름, 그의 경력, 그의 고향까지도 교묘하게 날조된 것임을 다 알면서도, 개츠비를 탓하거나 비난하지 않으면서 말이다.

진정한 지성인은 타인의 삶을 함부로 판단하지 않는다. 닉은 개츠비의 신분과 이력이 모두 허위라는 것을 알고 있었지만 단 한 번도 의심스럽다거나 못 믿겠다는 말로 개츠비를 힐난하지 않았다. 누구도 쉽게 판단하거나 의심하지 않으면서 닉은 신중하게 타인의 장점을 발견하고 끝내 타인을 존중하고 공감하며 이해하는 길로 나아간다.

닉은 이 소설에서 그 누구에게도 치명적 고통을 주지 않는 유일한 사람이다. 나도 그런 사람이 되고 싶다. 누구도 질투하지 않고 누구에게도 상처 주지 않는 사람. 누군가를 비난하고 싶은 마음이 생길 때마다 차분하게 자신의 과오를 돌아볼 줄 아는 닉의 조용한 품격이야말로《위대한 개츠비》를 끝까지 빛나게 하는 힘이다. 닉은 어린 시절 아버지의 말씀을 평생 기억한다. "혹시 네가 타인을 비난하고 싶을 때마다, 이 사실을 잊지 말거라. 세상 모든 사람이 다 너만큼 유복한 환경에서 자라지는 않았다는 것을 말이야." 닉은 자신이 유복한 가정에서 자랐다는 것, 남들보다 훨씬 안전하고 풍요로운 환경에서 살아왔다는 것을 잘 알고 있다. 그 유리한 위치를 그는 결코 이기적으로 활용하지 않는다.

닉은 타인의 비난으로부터 개츠비를 든든하게 지켜주고, 개츠비의 아버지밖에는 아무도 찾아오지 않은 쓸쓸한 장례식에서 홀로 개츠비의 마지막을 함께한다. 모두가 개츠비를 잘 아는 척했지만 아무도 개츠비의 진정한 편이 되어주지 않았다. 하지만 닉은 마지막까지 개츠비의 편이 되어준다. 이해받지 못하는 타인의 편에 서는 것, 끝없이 오해받는 이방인의 편에 서는 것은 단순한 균형감각이 아니라 눈부신 용기다.

도무지 마음에 들지 않는 타인들 때문에 괴롭다면,《위대한 개츠비》의 닉을 떠올려보면 좋겠다. 타인을 손쉽게 비난하고 싶은 마음을 누르고, 끝내 타인을 이해하고 존중하고 배려하는 길로 걸어간 닉처럼, 나도 고결하고 품위 있는 삶의 주인공이 되고 싶다.

데미안과
싱클레어

내 영혼의 거울이
되어준 존재

온전히 자기 자신이 되어본 적이 없건만,
누구나 자기 자신이 되려고 애쓴다.

헤르만 헤세, 《데미안》에서

　헤르만 헤세의 《데미안》 도입부의 이런 문장은 눈길을 끈다. "어떤 이들은 완전한 인간이 되지 못한 채 개구리나 도마뱀이나 개미인 상태로 멈춘다. 어떤 이들은 상체는 인간인데 하체는 물고기인 채로 살아간다." 완전한 자기 자신이 되는 것은 불가능할지라도 누구나 궁극의 자신을 향해 다가가려 노력한다. 개구리나 도마뱀이나 개미인 채로 멈춘다는 것은 완전한 자기 자신을 향한 변신, 즉 개성화가 되지 않은 상태로 끝난다는 것이다. 상체는 인간인데 하체는 물고기라는 것은 진정한 자기를 향한 여정에 실패한 상태를 말한다.

　셀프와 대화하지 못하고, 에고가 지나치게 팽창된 상태를 에고 인플레이션ego-inflation이라고 한다. 에고가 팽창하면 남들이 나를 어떻게 생각하는가만 신경 쓰다가 결국 셀프의 간절한 목소리를 듣지 못한다. 개성화의 투쟁을 멈추고, 안락한 사회화 혹은 획일화에 만족한다.

개성화된다는 것은 '모든 사람의 눈치를 보는 싱클레어'에서 '그 누구의 눈치도 볼 필요가 없는 데미안'이 되는 과정이다. 데미안은 타인의 시선에 휘둘리지 않는다. 사람들의 마음을 꿰뚫어 본다. 데미안의 통찰력은 신비주의나 초능력이 아니다. 타인을 향한 끝없는 존중과 배려, 차분한 관찰에서 우러나오는 에너지다. 누군가를 향한 끝없는 관심, 누군가의 아픔을 향한 절절한 공감이 강력한 통찰력을 만들어낸다. 미주알고주알 다 이야기해주지 않아도 저 사람은 무슨 문제로 씨름하는지, 무엇으로 고통받는지 알아채는 사람. 타인을 향한 따스한 관심과 진심 어린 소통을 포기하지 않는다면, 싱클레어의 오랜 아픔을 치유하는 데미안처럼 우리도 타인을 끝내 치유하는 존재가 될 수 있다.

고통은 참으로 이상하다. 고통으로 우리는 자신을 포기할 뻔하지만, 그 고통 때문에 예전에는 생각지도 못했던 일들이 일어나고, 그전에는 꿈꾸지도 않았던 성장이 가능해진다. 싱클레어는 크로머에게 괴롭힘을 당하면서도 그것을 어른들에게 말하지 않았지만, 데미안은 싱클레어의 고통을 첫눈에 알아보고 싱클레어를 도우려 노력한다. 무엇보다 데미안은 싱클레어가 미처 바라보지 못하고 있던 내면을 바라보게 도와준다. 그 수치스러운 내면은 셀프 밑에 가라앉아 있는 그림자다. 그림자는 트라우마나 콤플렉스의 집합체, 즉 우리가 숨기려고 하지만 잘 숨겨지지 않는 마음의 상처다. 싱클레어의 그림자는 '크로머 따위에게 괴롭힘이나 당하는 바보 같은 나' '동네 악당에게 당하기만 하면서도 단 한 번도 저항하지 못하는 나'에 대한 우울한 콤플렉스와 끔찍한 트라우마가 아니었을까.

그림자를 안다는 것, 상처나 콤플렉스를 들여다본다는 것은 결코 시간 낭비가 아니다. 자신의 어두운 그림자를 깨닫고 마침내 극복해 더 눈부신 나의 잠재력을 되찾는 것은 개성화의 과정이자 전일성wholeness을 회복하는 길이다. 전일성이란 자기 안의 빛과 그림자를 통합한 상태, 즉 트라우마를 완전히 내 것으로 만들어 다시는 트라우마가 나를 공격하지 못하도록 스스로를 지켜낼 수 있는 상태를 말한다.

콤플렉스와 트라우마의 존재가 우리를 더 못나게 하는 걸까. 우리를 더 불행하게만 하는 걸까. 그렇지 않다는 것이 융 심리학의 핵심이다. 그림자를 제대로 인식했을 때 오히려 자기인식의 진정한 관문이 열린다. 자기의 상처가 무엇인지 제대로 알고 그 상처의 핵심을 꿰뚫어 보는 사람이야말로 스스로 상처를 치유할 수 있는 존재, 개성화된 존재, 나아가 데미안에 가까이 다가가는 존재로 거듭난다.

라푼젤

세상에서 가장 슬픈
동화 속 주인공

어린 시절 《라푼젤》을 읽고 내가 읽은 가장 슬픈 동화라고 생각했다. 신데렐라는 아름다운 유리구두(원작에서는 황금구두)에 꼭 맞는 주인이 되어 멋진 왕자와 행복하게 결혼하고, 백설 공주는 죽어서도 일곱 난쟁이의 사랑을 듬뿍 받으며 마녀의 독이 든 사과를 뱉어내고 마침내 왕자와 결혼한다. 가여운 라푼젤도 신데렐라와 백설 공주처럼 왕자와 결혼하지만 어쩐지 비참하고 쓸쓸하다. 어른이 되어 《라푼젤》을 다시 읽고서야 그녀가 그토록 안쓰러웠던 이유를 이해할 수 있었다.

첫째, 라푼젤은 부모에게 완전히 버림받았다. 신데렐라의 아버지는 비록 딸의 고통에 무지했지만 그녀를 거리로 내치지는 않았고, 백설 공주의 어머니는 일찍 죽었지만 딸을 매우 사랑했다. 그러나 라푼젤은 유독 부모에게 사랑받지 못하고 태어날 때 버려졌다. 그것도 부모의 부주의함과 비굴함 때문에. 라푼젤의 부모는 아이가 태어나기를 간절하게 기도했다. 비로소 라푼젤을 가졌을 때, 어머니는 이웃집 정원에 무럭무럭 자라고 있는 싱그러운 상추를 너무도 먹고 싶어 했다. 그 상추는 무시무시하다고 소문난 마녀 고델의 것이었다. 아버지가 어머니를 위해 상추를 서리해서 나오는 순간 고델에게 딱 걸리고 만다. 고델은 무서운 표정을 지으며 아버지를 협박하고, 아버지는 제대로 저항하지 못하고 비겁하게 타협한다. 상추를 가져가는 대신, 아기가 태어나면 마녀에게 그 아기를 주기로 한 것이다. '라푼젤Rapunzel'이라는 이름에는 독일어로 '상추'라는 의미가 있다. 그 후 아기를 데려온 고델은 라푼젤을 엄청나게 높은 탑에 가둬놓아 세상과 완전히 단절시킨다.

둘째, 라푼젤은 인간사회의 보호를 받지 못한 채 마녀의 손아귀에서 키워졌다. 백설 공주가 일곱 난쟁이의 공동체 속에서 사랑과 보살핌을 받은 것과 달리, 신데렐라가 미움을 받으면서도 세상 사람들 사는 모습이 어떤 것인지는 알면서 꿋꿋하게 버텨낸 것과 달리, 라푼젤은 진정 사람답게 사는 것이 어떤 것인지조차 모르는 상태로 살아갔다. 고델이 한 행동은 엄연히 납치와 감금이지만, 아무것도 모르는 라푼젤은 고델이 성으로 올 때마다 탐스러운 긴 머리를 탑 아래로 늘어뜨려 타고 올라올 수 있게 했다. 라푼젤은 열다섯 살이 되도록 세상만사를 전혀 모른 채 살아갔다. 자신의 부모가 자신을 버렸다는 사실조차도 모른 채, 자신을 이용하기만 하는 마녀 고델이 어머니라고 믿으며.

셋째, 라푼젤은 사랑하는 사람과 오랫동안 이별해 그의 생사조차 알 수 없는 상황에 빠졌다. 게다가 신데렐라와 백설 공주와 달리, 라푼젤은 쌍둥이를 임신한 채로 황무지에 버려졌다. 라푼젤은 성에 침입한 왕자와 첫눈에 사랑에 빠지지만 그 행복은 잠시뿐이었다. 어느 날 라푼젤이 자신이 왕자와 열애 중이라는 사실을 모르는 고델에게 무심코 이렇게 말하고 만 것이다. "왜 어머니가 왕자님보다 훨씬 무겁게 느껴지는 걸까요? 왕자님을 끌어 올릴 때는 순식간에 제 곁으로 확 올라오거든요."

라푼젤은 태어나서 처음으로 어머니, 아니 자신을 감금한 마녀에게 저항했다. 왕자의 침입이 없었더라면, 라푼젤은 영원히 바깥 세상과 절연당한 채 인간다운 삶을 살지 못하고 죽었을지도 모른다. 왕자의 침입은 삶에서 타자의 출현이 얼마나 중요한지를 알려주는 상징적 사건이다. 나와 내 가족이 아닌 진짜 타인이 존재할 때 우리는 사회의 일원이 된다. 마녀만 머리카락으로 들어 올렸을 때는 무거운 줄 몰랐는데, 왕자와 비교해보니 확실히 마녀가 무겁게 느껴졌다. A와 B를 비교할 수 있다는 것, 그것은 라푼젤에게 타자를 인식하는 현실감각이 생긴 것이다.

그러나 이 깨달음의 대가는 혹독하다. 마녀에게 쫓겨난 라푼젤은 황무지에서 혼자 쌍둥이를 낳아 기르며 고통을 견디고, 마녀의 꼬임으로 성에서 추락한 왕자는 시력을 잃고 온 세상을 방랑한다. 하지만 이 간난신고艱難辛苦가 왕자와 라푼젤의 삶에서 매우 중요한 인식의 관문이 된다. 그들은 사랑의 고통과 함께 사랑의 절실함과 소중함을 깨닫고, 어떠한 마법과 재력도 통하지 않는 현실의 황야에서 살아남는 법을 배운다. 그들에게 닥친 시련은 곧 그들의 성장을 위한 기회였다.

아무리 힘든 상황에서도, 라푼젤은 굴하지 않는다. 라푼젤은 사회라는 공동체의 도움을 받지 못한 채 홀로 쌍둥이를 낳아 기르며 온갖 산전수전을 다 겪었을 것이다. 황무지여도 좋다. 아무도 나를 돕지 않아도 좋다. 살아남을 수만 있다면, 라푼젤이라는 구속에서 벗어나 누군가의 딸로서 감시받지 않을 수만 있다면. 라푼젤은 추방당했지만 자유를 얻었다. 비참한 굶주림과 추위를 견뎌야겠지만 오직 자유만이 그녀를 진정한 인간으로 만들어줄 것이다. 아무도 나를 사랑해주지 않는다는 고립감 속에서, 누구도 나를 돕지도 사랑하지도 지켜주지도 않는 고통 속에서 내가 나를 지켜야 한다는 절박함이 있기에 라푼젤은 진정한 자기 자신으로 거듭난다.

내가 동화작가라면 라푼젤을 더 용감하게 그렸을 것 같다. 라푼젤이 왕자와 결혼하지 않고, 아름다운 금발 머리카락을 능숙하게 다듬는 본래의 솜씨를 되살려 당당한 헤어 디자이너로 독립하는 모습을 그려내고 싶다. 동화 속 여자 주인공들의 가장 달콤한 해피 엔딩이 왕자와의 결혼식은 아니면 좋겠다. 혼자라는 슬픔을 이겨내고, 부모와 마녀와 왕자가 모두 나를 버리는 한이 있어도, 그 캄캄한 폐허 위에서 굳건하게 오직 나만의 길을 개척하는 용기를 지닌 라푼젤로 그리고 싶다. 나는 라푼젤이 단지 살아남아 사랑을 되찾는 것에 그치지 않고, 사랑보다 더 커다란 자신만의 꿈과 길을 찾아가기를 꿈꾼다.

프시케

사랑은 무한한 가능성을
발견하게 한다

인간을 성장시키는 가장 강력한 에너지 중 하나는 사랑이다. 사랑이란 소유할 수도 분석할 수도 없는 타인을 아무런 조건 없이 내 삶의 가장 중요한 위치에 올려놓는다. 때로 그 사람 때문에 마음이 갈기갈기 찢어지는 듯한 아픔을 느껴도, 사랑에 빠진 사람은 그 아픔마저도 자신의 소중한 일부로 받아들인다. 이런 사랑의 뿌리 깊은 원형을 가장 잘 보여주는 이야기는 그리스 로마 신화 '프시케와 에로스의 사랑'이다.

프시케는 인간이고 에로스는 신이다. 이루어질 수 없는 사랑이다. 에로스는 남을 사랑에 빠지게 할 수는 있어도 정작 자신은 사랑의 아픔을 느껴본 적이 없는 철없는 존재다. 하지만 프시케와 사랑에 빠지는 순간, 에로스의 운명은 돌이킬 수 없는 소용돌이에

255

빠진다. 무소불위의 권력을 휘두르던 에로스는 프시케를 사랑한 뒤 조심스러워지고, 비밀이 생기고, 가슴을 졸인다. 에로스는 프시케에게 신신당부한다. 자신의 얼굴을 절대로 봐서는 안 된다고.

한편 프시케의 운명은 에로스보다 더욱 드라마틱하게 변화한다. 프시케는 온 나라가 칭송하는 미녀다. 하지만 이상하게도 이 아름다운 여인 프시케에게 아무도 청혼을 하지 않는다. 신의 위대함을 위협하는 인간의 탁월함은 신들조차 긴장시킨다. 미의 여신 아프로디테는 아름다운 프시케를 향해 증오를 불태우고, 이 증오의 불씨는 아들 에로스가 프시케를 사랑하며 더욱 활활 타오른다.

프시케의 입장에서는 매우 불공평하고 억울한 상황이다. 누군가가 내가 어찌할 수 없는 이유로 나를 미워한다는 것, 그것 때문에 내 삶이 잘못될 수 있다는 것을 프시케가 알 리 없다. 프시케는 인간 세상과 먼 곳에 홀로 떨어져 두려움에 떨다가 아름다운 숲속의 궁전에서 에로스를 만나게 된다. 밤이 되어서야 나타나 동트기 전에 사라져버리는 남편이지만, 프시케는 있는 그대로의 에로스를, 얼굴을 보여주지 않는 남편을 사랑한다. 에로스는 말한다. "당신은 내 사랑을 의심하는가? 여전히 채워지지 않는 갈망이라도 있단 말인가? 내 진짜 모습을 본다면 당신은 나를 두려워하게 될 텐데. 당신은 나를 숭배하게 되겠지만, 내가 바라는 것은 그대가 나를 사랑해주는 것뿐. 나를 신으로 떠받들 것이 아니라 차라리 그대와 똑같은 자리에서 사랑해주기를 바랄 뿐." 신과 인간은 결혼할 수 없다는 철칙을 자신이 깨뜨린 것이 만천하에 드러나면 프시케를 영원히 잃어버릴까 봐 두려웠던 것이다.

프시케는 신랑이 알고 보니 괴물이면 어떻게 할 거냐는 언니들의 유혹에 넘어가 에로스가 잠든 사이에 에로스의 얼굴을 확인한다. 순수하고 꾸밈없는 사랑에 '의심의 싹'이 움트자마자 사랑은 무시무시한 그림자를 드러낸다. 끔찍한 괴물일지도 모른다고 생각한 에로스는, 너무도 아름답고 신비로운 신의 모습으로 눈부시게 빛나고 있다. 에로스는 프시케를 노려보고, 약속을 지키지 않은 그녀를 원망하며 천상으로 날아가버린다. 프시케는 처참한 고독 속에서 홀로 남는다.

하지만 그 후 프시케는 아프로디테의 가혹한 미션을 통과하며 성숙하고 믿음직한 존재로 거듭난다. 수많은 곡식을 분류하라는 첫 번째 미션은 인생에서 '중요한 것'과 '중요하지 않은 것'을 스스로 분별하는 지혜를 기르게 해준다. 무서운 감시망을 뚫고 황금 양털을 채취하라는 두 번째 미션은 때로 원하는 것을 얻기 위해 죽음을 불사할 가치가 있음을 가르쳐준다. 세 번째 미션은 매우 유혹적이면서도 가장 위험하다. 하데스의 아내 페르세포네가 사는 저승세계로 내려가 '미의 비밀'이 담긴 상자를 가져오는 것이다. 이 길을 가려면 '죽음의 세계'를 통과해야 했는데, 프시케는 온갖 역경을 뚫고 마침내 무사히 상자를 가져오려 하지만 에로스에게 아름답게 보이고 싶다는 열망 때문에 상자를 열어본다.

그 아름다움의 비밀은 '죽음처럼 달콤한 잠'이다. 죽음과 같은 잠에 빠진 프시케를 보고 에로스는 정신을 차린다. 그는 마침내 프시케를 안아 올려 그녀를 구해주고, 제우스에게게 '신과 인간 사이의 결혼'을 허락해주기를 부탁한다. 천방지축 장난꾸러기 에로스가, 이제 사랑하는 여인을 살리려고 누군가에게 정중하게 도움을 청할 정도로 성숙해진 것이다.

프시케는 홀로 불가능해 보이는 미션에 도전하며 마침내 자신의 힘으로 사랑을 쟁취하고, 그 모습에 감동한 에로스는 아집을 깨닫고 그녀를 사랑하는 것만이 진정한 삶임을 이해한다. 처음에는 불평등한 관계로 사랑을 시작하지만, 이후에는 신과 인간 사이의 경계가 허물어지고 여성의 사랑이 오히려 남성의 편견을 극복하는 경지로 나아간다. 프시케는 운명의 장애물을 뚫고 비로소 자신이 진정으로 원하는 삶을 성취하고, 신들조차 감동하게 만들어 인간들 가운데 그 누구도 해내지 못한 일, 즉 신과의 사랑과 결혼을 이루어낸다.

프시케는 운명 앞에서 도피하지 않는다. 도전하고 추구하고 포기를 모르고 전진하며 실수하더라도 다시 일어선다. 그런 용기야말로 프시케의 후예인 우리가 여전히 필요로 하는, 진정한 영혼의 자유가 아닐까. 죽음이 기다리는 줄 알았던 곳에서 아름답고 신비로운 운명의 사랑이 기다리고 있다. 참혹한 고통이 기다리는 줄 알았던 곳에서 뜻밖에 소중한 성장의 기회가 기다리고 있다.

맡겨진 소녀

사랑이 필요 없다고 말하는
사람에게도 필요한 것

38장

사랑받기를 포기한 적이 있는가. 나는 있다. 그것도 아주
많이. 첫 번째 기억은 '부모님은 날 이해하지 못한다'라는 생각
때문에 괴로웠던 어린 시절이다. 부모님은 내 고민을 이해하지
못하고 결정적 순간 내 편이 아니라는 생각 때문에 나는 괴로워
했다. 오랜 시간이 지나 이제야 부모님을 이해하고 사랑하지만,
내 안에 '아직 사랑받지 못한 영원한 내면아이'가 있다는 것을 안
다. 그 안타까운 내면아이를 일깨워준 작품이 클레어 키건의 소
설《맡겨진 소녀》다.

주인공은 아직 어린 소녀지만 어른들의 감정을 매우 날카롭게
포착한다. 엄마가 다섯 번째 임신한 뒤, 소녀는 친척인 킨셀라 부
부에게 맡겨진다. 소녀는 자신을 지극정성으로 보살펴주는 부부

259

에게 죽은 아이가 있었다는 사실을 알게 된다. 하지만 소녀에 대한 부부의 사랑은 단지 잃어버린 아들을 대신하는 것이 아니라 '바로 세상에 하나뿐인 이 소녀'를 향한 사랑으로 바뀌어간다.

이 소설에서 가장 슬픈 장면은 소녀가 부모에게 돌아와서도 환영받지 못하는 장면이다. 소녀가 지독한 감기에 걸려 재채기하는 모습을 보면서, 소녀의 아버지는 골칫거리가 하나 더 생긴 듯 귀찮게 여긴다. 소녀는 집에서 환영받지 못하지만, 이제 막 소녀를 데려다주고 떠나려 하는 킨셀라 부부에게 일체감을 느낀다.

소녀가 감기에 걸린 것은 킨셀라 아줌마에게 차를 끓여주고 싶어 물을 길으려 우물에 갔다가 빠졌기 때문이다. 엄마는 재채기하는 소녀에게 무슨 일이 생겼음을 눈치채고 자꾸 묻지만 소녀는 끝까지 입을 다문다. 입을 다무는 것이 아줌마와 아저씨를 위한 최선의 행동임을 소녀는 아는 것이다. 소녀는 우물에 빠져 죽을 뻔했던 사실을 기어코 숨기고자 한다. 혹시 자신이 우물에 빠졌다는 것을 알면 부모가 킨셀라 부부를 원망할까 봐. 킨셀라 부부와 소녀가 이별하는 장면에서 나는 참고 또 참았던 눈물을 터뜨렸다. 그 순간 내 마음속에서 오랫동안 보살핌을 받지 못했던 내 안의 작은 소녀를 꼭 안아주는 느낌이 들었다.

어린 시절은 왜 그토록 뜨거운 갈망으로 가득했을까. 부모님이 있었지만 왜 '더 다정하고, 더 친절하고, 더욱 나를 사랑해주는 또 하나의 부모님'을 갈망했던 것일까. 우리 모두의 가슴속에 남은 '더 깊이, 더 열렬히 사랑받고 싶은 마음'을 이 소녀가 건드렸다.

어려운 형편에 줄줄이 많은 아이를 낳아 기르느라 엄격해진 엄마를 보며, 소녀는 아무것도 부탁할 수 없다는 사실을 깨닫지 않았을까. 조르지도 않고 칭얼거리지도 않는 아이. 그래봤자 아무것도 나올 것이 없다는 것을 이미 알아버린 소녀는 사랑받기를 체념한 아이였다.

그러나 킨셀라 부부에게 느닷없이 따스하고 거침없이 환하며 지혜롭고 사려 깊기까지 한 배려와 교육을 받으니, 아이는 어느새 훌쩍 자라 어른들의 짐작을 뛰어넘어 행동하는 존재로 변신한다. 자신을 제대로 보살피지 못하는 부모를 이해한 것이다. 사랑이 전혀 없는 것은 아니겠지만, 사랑을 다정함으로 표현할 여유가 없는 부모의 곤궁함을. 그리고 다정함이 아무리 흘러넘쳐도 그것을 표현할 사람이 없어서 더욱 외로웠던 킨셀라 부부의 영원한 결핍을, 아이는 깨달은 것이다.

주변에 홀로 은둔하며 누구의 관심도 바라지 않는 사람이 있는가. '날 건드리지 마'라고 온몸으로 외치면서 주변의 관심 자체를 차단하는 사람이 있는가. 부디 그 사람을 홀로 내버려두지 않기를. 무관심을 요구하는 마음조차 실은 더 깊고 진정한 사랑을 필요로 하는 것임을, 우리 모두 똑같은 본능에서 우러나오는 존재임을 모두가 잊지 않기를. 부디 우리 곁에 있는 '더 많은 사랑과 관심이 필요한 사람들'의 내면아이를 돌봐주는 하루하루를 보내기를.

좋은 이웃과
난쏘공

**포기하지 않는 이들의
안식처를 생각한다**

3장

더 이상 친절하지 않은 이웃들

현대인들은 겉으로 우아하게 에티켓을 지키며 속으로 온갖 분노와 울화를 감추고 살아가는 '감정의 이중생활'에 익숙해졌다. 겉으로 미소 짓지만, 속으로 불편한 대표적 관계가 '이웃'이 되어간다. 가족도 친구도 연인도 아니지만, 불가피하게 마주쳐야 하는 아주 가까운 타인인 이웃. 이웃이라는 단어는 더 이상 다정함과 친밀감의 대명사가 아니라 골칫거리와 불화의 대명사로 전락한다. '이웃사촌'이라는 말은 이제 머나먼 과거의 유물이 되었다.

아파트 거주자들이 급증하면서 층간 소음은 이웃 간 불화를 상징하는 대표적 사회문제로 급부상했다. 위층에서 내려오는 생활

소음 때문에 괴로워하던 아래층 사람이 천장에 스피커를 달아 보복 소음을 울리는 일이 발생할 정도로, 이웃 간 갈등은 '절대 손해 보기 싫어하는 현대인'의 마음에 침투하는 스트레스의 주범이 되었다. 층간 소음은 골목골목에 수평적으로 존재하며 연대하던 이웃들이 위층과 아래층에 수직적으로 대치하게 되면서 발생한 현상이다. 첨단 건축 기술을 도입하고 건축비를 아낌없이 사용해도 층간 소음을 완벽하게 방지하기는 어렵다. 타인이 살아 있다는 신호가 곧 내가 피해를 당하는 이유가 되는 상황에 놓일 때마다, 현대인은 극심한 스트레스를 겪는다. 이웃은 수평적 연대의 존재에서 수직적 적대의 관계로 변모할 위험에 처했다.

제30회 오영수문학상에 당선되어 《창작과 비평》 194호에 수록된 김애란의 단편소설 〈좋은 이웃〉은 팬데믹 시대 타인과 이웃의 문제를 날카롭게 제기하고 있다. 서울 시내 한 아파트에 사는 40대 여성 주희는 일요일 아침 갑작스럽게 초인종을 누르는 타인, 미래의 이웃을 만난다. 위층 901호에 이사를 오게 되었다는 젊은 부부는, 입주 전 인테리어 공사를 시작하며 소음 발생을 대비해 주민들의 동의를 구하려고 주희네 집의 문을 두드린 것이다. 자택을 교실로 활용해 독서 지도교사로 일하고 있는 주희는 집이 곧 일터이기에 수업 중 소음이 발생할까 봐 전전긍긍한다. 수업 시간에는 큰 소음을 내지 않도록 조심해달라고 신신당부하지만, 위층에서 공사가 시작되자마자 각종 소음은 주희의 신경을 날카롭게 자극한다. 수업 시간에 큰 소음이 발생해 901호 남자에게 연락했는데도, 그는 말로만 알겠다고 할 뿐 실제 아무런 조치를 하지 않는다.

같은 동에 거주하는 주민들이 모두 볼 수 있게 엘리베이터에 붙여놓은 공지문은 901호 입주자의 허울뿐인 예의를 증언한다. 901호 입주자는 인테리어 공사로 주민 불편을 일으켜 죄송하다는 공지문을 붙이고, 기간 안에 꼭 공사를 마치겠다는 결의와 함께 좋은 이웃이 되겠다는 다짐까지 보여주지만, 그들은 약속을 지키지 않는다. 겉으로 좋은 이웃을 외치지만 실제로 인테리어 소음을 전혀 방지하지 않고 값싼 선물로 미안함을 대신하는 무신경함이 주희의 마음에 상처를 준다.

아기를 유산하는 참담한 고통을 겪은 뒤 독서 지도교사로 단순히 입시 장사를 넘어 사명감을 가지고 일하고, 특히 다리가 불편한 아이 시우를 각별하게 가르치면서 스스로 '좋은 이웃'이라 생각하던 주희에게도 위기가 닥친다. 주희는 살고 있는 전셋집을 비워주어야 하는 상황이 되자 불안해지고, 자기 마음속에서 자라나는 재산을 향한 이기심을 발견한다. 전셋집이지만 자기 집처럼 깔끔하게 가꾸던 주희 부부의 태도가 조금씩 바뀌어가는 과정은 우리가 '좋은 이웃이기를 자신도 모르게 조금씩 포기하는 과정'을 드러낸다. 주희를 둘러싼 다른 이웃들이 알고 보니 젊은 나이에 집을 소유하고 있다는 사실을 알게 되자, 주희 부부는 위축된다.

주희가 어느새 자신보다 잘사는 사람들을 부러워하느라 정신이 팔려 자신보다 더 많은 배려가 필요한 사람들에게는 좀처럼 눈길을 주지 않는 인물로 변모해가는 과정이 의미심장하게 펼쳐진다. 주희는 점점 더 여유를 잃어가는 스스로의 심경 변화를 예민하게 감지하지만, 남편은 훨씬 둔감하다. 지금까지 소중하게 간직해오던 책들을 '짐'이라고 폄하하고, 901호 입주자가 '싸구려 과자'를 선물로 내밀었다고 비난하며, '자가'로 집을 매매한 젊은 집주인들에게 질투심을 표현한다. 901호가 주희네에게 가하는 정신적 압박은 일종의 우아한 폭력이다. 예의 바른 완곡어법과 매끈한 페르소나로 무장한 이웃의 무례가 쌓여가면 우리는 '나의 친절과 선량함은 아무 보상도 받지 못하는 것인가'라는 뼈아픈 물음에 직면하게 된다. 우리는 우리에게 친절하지 않은 이웃을 향해 함께 '친절하지 않기'를 결심해야 하는 것일까.

위축되는 '환대, 연대, 공감'의 공동체

〈좋은 이웃〉은 내가 아무리 좋은 이웃이 되려 해도, 이웃은 나에게 관대하지 않다는 것을 발견할 때마다 점점 줄어드는 친절과 환대에 대한 예리한 성찰을 보여준다. 지금까지 좋은 이웃으로 살고 있었던 선량한 주희 부부의 마음을 점점 편협하게 만드는 요인은 무엇인가. 주희는 901호에 이사 오는 젊은 부부도 어마어마하게 화려한 인테리어를 하며 '자가'로 집을 산 '집주인'임을 알게 된다. 게다가 주희가 어쩔 수 없이 비워줘야 하는 이 전셋집을 매매한 새로운 집주인은 주희의 또래로 보인다. 또래의 동시대인들과 비슷한 가치와 속도를 공유하고 싶었던 주희의 소박한 꿈은 산산조각 난다. 설상가상으로 시우네가 드디어 새집을 구했는데, 그 집은 지금 사는 집보다 훨씬 넓고, '자가'로 매매한 것임이 밝혀진다. '나보다 형편이 어려운 집에서 자라나는, 장애를 가진 아이'를 열심히 가르친다는 자부심은 여기서 무너지고 만다. 알고 보니 시우네는 보이는 것보다 훨씬 형편이 좋았던 것이다. 시우 어머니가 과외비를 더 주겠다고 했을 때 굳이 마다했던 주희였다. 장애가 있는 아이를 키우며 힘들게 맞벌이를 하는 부부에게 부담이 되고 싶지 않았던 것이다. 하지만 이제 주희는 계속 시우를 지도해달라는 어머니의 요구에 선뜻 대답하지 못한다. 그녀의 긍지가 무너졌기 때문이다. 그런데 과연 이 모든 일은 주희가 '좋은 이웃'이자 '좋은 어른'으로 살기를 포기할 만큼 나쁜 일들이었을까.

주희는 살던 집에서 갑자기 나가야 하기 때문에, 부족한 돈으로 더 좁은 집으로 이사를 가야 하기 때문에, 윗집의 화려한 인테리어에 주눅이 들었기 때문에, 마음의 여유를 잃는다. 하지만 주희의 삶을 소중하게 지켜주고 있던 가치들은 그런 것들이 아니었다. 주희는 남편과 행복하게 살고 있었고, 훌륭한 독서 지도교사로 아이들을 잘 가르쳐왔으며, 전셋집도 마치 자기 집인 듯 소중하게 여기며 깨끗하게 관리해왔고, 살아오면서 남을 해치거나 손해를 끼친 적이 거의 없어 보인다. 주희는 선량한 이웃이자 책임감 있는 어른으로서 멋진 삶을 살아왔다. 그런데 그녀는 지금 그런 아름다운 가치들을 놓아버리려 한다. '집을 소유하지 못했다' 라는 사실이 그녀를 옥죄고 있는 한, 그녀는 마음의 여유를 찾기 어렵다.

주희 부부는 더 이상 집을 세심하게 관리하지 않고, 곰팡이가 생겨도 내버려두고, 형광등에 문제가 생겨도 방치한다. 부족한 돈으로, 갑작스레 집을 구해야 한다는 절박함이 그들을 사로잡고 있다. 물론 이런 상황은 부당하게 느껴진다. 40대에 접어든 부부가, 그것도 성실하게 맞벌이를 하는 부부가, 서울 시내에서 적당한 전셋집을 구하기도 어렵다니. 표류하는 주택정책, 늘어나는 빈부 격차, 요원한 내 집 마련의 꿈, 이 모든 것들이 부당하게만 느껴진다. 그럼에도 주희는 좋은 이웃으로 살아왔고, 책임감 있는 어른이자 성실한 교육자로 살아왔고, 그 사실은 매우 중요한 것이다. 세상을 더 나은 방향으로 이끄는 것은 소수 권력자의 일시적 업적이 아니라 더 나은 삶을 향해 나아가는 다수의 평범한 사람들이 만들어가는 소중한 하루하루가 아닐까. 한 사람 한 사람의 성실함과 선량함이 사회를 이끌어가는 주춧돌이 되지 못한다면, 그 사회는 얼마나 척박하고 황량한 것인가.

시우네의 이사 소식을 듣고 집으로 돌아온 날, 주희는 남편이 버리려고 내놓은 책더미 속에서 뜻밖의 책을 발견한다. 조세희의 《난장이가 쏘아올린 작은 공》(이하, 《난쏘공》)이었다. 주희에게는 결코 버려서는 안 될 책이었던 《난쏘공》이 재활용 박스에 분류된 장면만으로도, 주희는 충격을 받는다. 《난쏘공》은 '아파트'라는 것이 이제 막 들어서기 시작하던 시절, 가난하지만 평화롭게 살아가던 동네들을 '철거촌'으로 만들면서 평범한 사람들의 삶의 터전이 무너지기 시작하던 시절의 이야기다. 가난하지만 서로에 대한 사랑과 이웃 간의 따스한 인정人情이 있는 철거촌에 살고 있던 영희네. 삶의 터전을 빼앗기고 그 자리에 아파트가 들어서는 것을 온몸으로 막으며 목숨을 걸고 투쟁했던 난장이네 가족 이야기에 뜨겁게 공감했던 우리는 어디로 간 것일까. 팬지꽃을 머리에 꽂고 낡은 기타를 치던 영희를 사랑했던 우리들은 어디로 간 것일까.

주희의 남편은 자꾸만 무언가를 버림으로써 '과거의 자신'과 작별하려는 것 같다. 《난쏘공》을 버리는 것은 난장이네 가족의 아픔에 공감했던 과거 자신과의 결별이 아니었을까. 이제는 돈을 벌어야 하니까. 이제는 아파트를 소유해야 하니까. 주희는 20여 년 전 남편이 밑줄 그은 문장을 발견한다. 신애가 난장이를 바라보면서 하는 말이다. "저희들도 난장이랍니다. 서로 몰라서 그렇지, 우리는 한편이에요." 왈칵 눈물이 쏟아질 것만 같은 주희의 마음속에서, 비로소 오랫동안 쌓여 온 생각들이 폭발한다. 젊은 시절에는 '사람'을 지키고 싶었는데 요즘에는 자꾸 '재산'을 지키고 싶어진다고. 남편은 우리가 잘살게 되면 남을 돕자고 하지만, 우리가 정작 잘살게 되면 남보다 더 잘살고 싶어질 것이라는 생각에 사로잡힌다. 소유욕에는 끝이 없으니까. 더 잘살고 싶은 욕망에는 끝이 없으니까. 주희는 남편이 잘못 버렸을 거라 믿고 싶은 책,《난쏘공》을 손에 들고 나서야 비로소 자신을 괴롭히던 상실감의 원인을 깨닫는다. 그녀가 잃어버린 것은 단지 집이나 이웃이 아니라, 결국 '좋은 이웃이었던 우리 자신'이었음을 깨달은 것이다.

나는 과연 좋은 이웃일까

《난쏘공》의 감수성은 내 삶이 힘들더라도 결코 타인의 고통을 외면해서는 안 된다는 공동체의 윤리 감각에 기초한다. 남편이 오래전부터 두 사람이 자연스럽게 공유했던 책,《난쏘공》을 버렸다는 것은 결코 버려서는 안 될 소중한 보물을 잃어버렸다는 느낌을 준다. 우리가 결코 잃어서는 안 될 푸르른 젊은 날의 꿈을 스스로 저버렸다는 것. '나에게 왜 집이 없을까'가 아니라 '난장이 가족에게 왜 집이 없을까'를 고민하며 이 세상 수많은 난장이의 집, 가난한 자들의 집, 집 없는 모든 사람의 집을 걱정했던 우리의 순수한 열정을 잃어버린 것이다.《난쏘공》은 여전히 부동의 스테디셀러지만《난쏘공》의 정신,《난쏘공》의 감수성은 점점 더 설 자리를 잃어가는 것이 아닐까. 신애가 난장이 아저씨에게 우리도 난장이라고, 서로 몰라서 그렇지, 우리는 한편이라고 말할 때, 함께 울며 가슴 아파했던 우리는 어디로 갔을까. 주희는 '집을 소유해야 한다'라는 강박 때문에 자신들의 본래 모습을 잃어버렸음을 깨닫는다.

그렇다면 '좋은 이웃들이 가득한 세계'는 어떤 곳일까. 나는 영화 〈내 친구의 집은 어디인가〉에서 해답을 찾는다. 수업 시간에 실수로 친구의 노트를 가져온 아이가 노트를 돌려주려고 친구의 집을 무작정 찾아다니는 것이 주요 내용이다. 노트가 없으면 친구는 내일 무서운 선생님에게 혼쭐날 것이 뻔하기에. 친구가 지각 대장이라는 것은 알지만 정작 친구의 주소를 모르는 아이, 아마드는 무작정 친구의 동네를 찾아 헤매며 수많은 사람을 만난다. 밤늦게까지 친구의 집을 수소문해보았지만, 친구의 집을 아는 사람은 찾지 못한다. 마침내 집으로 돌아와 아마드는 결심한다. 친구의 숙제까지 대신 하기로. 다음 날 친구가 노트를 펼치자, 아마드가 친구 대신 밤새 숙제를 열심히 한 흔적과 함께 어여쁜 꽃 한 송이가 꽂혀 있다.

논리적으로 생각해보면 이 이야기는 실패의 서사다. 아이는 소중한 하루를 낭비했고, 친구 대신 숙제까지 해주느라 잠을 설쳤고, 친구의 집을 찾는 데도 실패했다. 하지만 '마음의 진실'을 따라가보면, 이 영화는 '내 친구의 집은 어디인가'라는 질문을 넘어 '내 친구가 걸핏하면 지각하는 이유가 무엇인가'를 깨닫고 친구를 더 깊이 이해하고 존중하게 되는 이야기다. 아마드는 친구의 집으로 가는 길이 그토록 멀고 험했기에 친구가 늘 지각했다는 사실을 깨닫게 된다. 친구의 노트를 돌려주기 위한 단순한 여정은 낯선 동네에 사는 수많은 사람의 우여곡절을 체험해보는 모험의 서사로 확장된다.

결국 아마드는 친구네 집을 찾지 못했지만, 친구네 동네에 사는 사람들은 너무나도 친절하고 다정한 사람들이었다는 것을 깨닫게 된다. 아마드는 자신의 실수를 끝까지 책임진다. 친구의 노트를 실수로 가져간 자신의 행동에 대한 책임을 끝까지 짊어지며, 아마드는 타인의 고통을 외면하지 않는 '좋은 이웃'으로 거듭난다. 게다가 친구네 마을로 짐작되는 낯선 장소를 탐험하며, 이 세상에는 내가 아는 사람들 말고도 많은 사람의 다채로운 이야기가 넘실거리고 있음을 알게 된다. 오직 친구 한 명을 찾겠다는 일념으로, 골목골목 굽이진 낯선 길을 간절한 마음으로 오르내리며, 아마드는 세상살이의 험난함을 알게 되고 나 아닌 타인의 눈으로 세상을 바라보는 법을 알게 되었을 것이다. 바로 이렇게 '내가 아닌 타인의 눈과 손과 발'이 되어보며 타인이 겪는 삶의 어려움을 깨닫게 되는 과정이야말로 좋은 이웃의 감수성이 아닐까.

무려 159명의 젊은이가 서울 한복판에서 압사당한 이태원 참사 이후, '국민이 죽어갈 때, 그들을 보호해줄 국가는 없었다'라는 것을 확인하며 고통스러워했던 우리에게 정부와 고위급 관료들은 국민에 대한 충격적 무책임함을 보여주었다. 하지만 그 무간지옥 같은 절망 속에서도 희생자의 죽음을 애도하는 한 사람 한 사람의 간절한 마음속에서 나는 희망을 보았다. 이태원역 1번 출구의 추모 메모 중에는 이런 글이 있었다. "서울의 한 여고 교사입니다. 참사 당일, 그저 우리 반 아이들의 안위나 챙기느라 급히 연락을 돌렸고, 모두 무사해 안심했습니다. 하지만 제 생각이 짧았습니다. 여기 희생자들은 저의 제자들이었고 모두 저의 자식들이었습니다. 모든 것을 참회합니다." 아무리 살려달라고 외쳐도 아무도 도와주지 않는 상황에서 고통스럽게 죽어간 159명의 희생자가 우리의 이웃이고 친구이고 아들딸이며, 우리 자신의 분신이었다. 영어학원 교사였던 최보람 씨는 참사 전날 아이들에게 핼러윈데이 풍습을 가르쳐주며 함께 파티를 했다. 그날 이태원 참사 희생자가 되었고, 그녀가 가장 최근 남긴 기록은 '청년 전세자금 대출'이었다고 한다.

한 사람 한 사람의 사연을 알면 그 어느 생명이 '우리의 이웃'이 아닐 수 있겠는가. 세상 그 누구도 그저 평범한 거리를 걷다가 죽을 것이라고는 상상할 수 없었다. 시민들이 간절한 마음으로 써 내려간 추모의 메모 중에는 이런 글도 있었다. "분홍색을 좋아하는 당신에게, 떡볶이를 좋아하던 친구에게." 나는 나도 모르게 이렇게 혼잣말했다. 분홍색과 떡볶이를 좋아하다니. 죽은 젊은이여, 너는 나와 똑같구나. 너는 나구나. 당신들은 바로 우리였구나. 그 순간 나는 아프게 깨달았다. 이 참혹한 고통을 벗어날 수 있는 출구는 좀처럼 보이지 않지만, 그들이 남긴 상처와 그들이 못다 한 삶을 살아내는 것이 내 남은 생의 절실한 화두가 될 것을. 한 번도 실제로 얼굴을 보지 못한 희생자들의 아픔에 공감하는 따스한 마음이 남았기에, 아직 우리는 더 나은 내일을 향한 희망을 포기할 수 없다.

나는 아직도 좋은 이웃들이 가득한 세계를 향한 끈덕진 희망을 내려놓지 않는다. 사랑은 포기하지 않는 자에게만 내려지는 축복이고, 우리에게는 저마다의 방식으로 죄 없이 죽어간 희생자들의 아픔에 공감할 수 있는 따스한 마음이 아직 남아 있다. 우리에게는 아직 좋은 이웃이 될 시간이 남아 있다. 우리는 문학작품 속에서 여전히 좋은 이웃이기를 포기하지 않는 사람들, 좋은 이웃으로서의 평범한 삶이 대단한 이웃이나 유명 인사가 되는 것보다 훨씬 아름다운 길임을 증언하는 사람들을 만난다. 나는 〈좋은 이웃〉의 주희가 한밤중에 남편이 내다 버린 《난쏘공》을 읽으며 잠 못 이루는 여린 감수성을 지닌 사람이기에 그녀에게 희망을 품는다. 우리는 우리 가슴속에서 여전히 살아 숨 쉬는 《난쏘공》의 순수를 포기하지 않을 것이다. 문학은 이 엄혹한 세상에서 여전히 좋은 이웃이기를 포기하지 않는 사람들을 위한 마지막 안식처가 되어야 하지 않을까.

이방인

타자를 껴안는 일

대학원 시절, 한 중국인 유학생이 나에게 말을 걸어왔다. "언니, 저 좀 도와주실 수 있을까요?" 수업을 같이 들어 이름과 얼굴만 알았지 어떤 사람인지는 잘 몰랐다. 하지만 대뜸 나를 '언니'라고 부르는 그녀의 다정함과 절박한 표정이 내 마음에 노크했다. 그때 나는 온갖 아르바이트를 전전하며 열정 페이를 받고 원고를 쓰느라 시달렸지만, 그녀를 도와야 한다는 생각이 들었다. 무슨 일이냐고 걱정스러운 얼굴로 묻자 그녀는 더듬더듬 사연을 털어놓았다. "제가 논문을 써야 하는데, 한국어 실력이 너무 부족해서요. 그런데 언니가 글을 너무 잘 쓰셔서 도움을 청하고 싶었어요." 내가 글을 잘 쓴다고 생각하지는 않았지만, 외국인 유학생이 절박하게 도움을 청하는데 차마 거절할 수가 없었다. 알

274

고 보니 사정은 심각했다. 그녀의 석사 논문을 얼핏 훑어보니 한 문장 한 문장 꼼꼼하게 수정해야 할 것 같았다. 아이디어는 좋은데 그것을 효과적으로 잘 표현할 수 있는 어휘력이 턱없이 부족해 보였다. 나는 한숨이 절로 나왔지만 애써 미소 지으며 '알겠다'라고 했다.

그날부터 엄청난 노동이 시작되었다. 그녀의 서툰 한국어 논문 속 어색한 문장들을 하나하나 정성껏 다듬었다. 처음에는 교정 교열 정도로 마무리하고 싶었지만, 도무지 그 정도로는 성에 차지 않아 내 나름대로 원문의 의도를 많이 뛰어넘지 않는 선에서 윤문과 가필까지 했다. 그냥 일을 처리해야 한다는 생각이 아니라 정성스럽게 나의 일처럼 열심히 돕는 나를 발견했다. 그 마음은 단지 나를 좋게 생각하는 사람을 향한 친절이 아니었다. 한국을 사랑해서 한국으로 유학까지 온 젊은이에게 좋은 기억을 남겨주고 싶었다. 다른 색 펜으로 알록달록하게 한 문장 한 문장을 다듬어서 논문을 돌려주려니, 주변 사람들이 나를 말렸다. "여울아, 그거 정말 공짜로 해주는 거야? 너 그러다가 소문나. 유학생들이 다 너에게 달려와서 문장 하나하나 첨삭해달라고 하면 어쩔 거야. 공짜로 해주면 안 돼. 수고비라도 받아." 하지만 차마 돈을 받을 수는 없었다. 나는 진심으로 그 유학생을 환대하고 싶었고, 그 마음을 돈으로 계산할 수는 없었다. 물론 너무 많은 사람이 달려든다면 도저히 해줄 수 없을 것 같았다. 내 일도 제대로 해내지 못해 허덕이고 아르바이트만으로 생계를 꾸려가기도 벅찬 시절이었기 때문이다.

나는 아무런 대가도 받지 않고 그녀에게 내가 정성껏 윤문한 논문을 선물로 주었다. 간단한 수정만을 상상했던 그녀는 자신의 글 자체가 엄청나게 바뀐 것을 보고 놀랐고, 고맙다는 말을 100번쯤은 했다. 어떻게든 수고비를 드리고 싶다는 말도 했는데, 나는 완강히 거절했다. 그녀가 따스한 마음을 담아 선물한 귀여운 손모아장갑은 받았다. 그건 수고비가 아니라 마음을 담은 선물이었으니.

그때 나는 깨달았다. 환대란 받는 사람을 기쁘게 하지만 주는 사람을 더 기쁘게 한다는 사실을. 그녀는 한국어가 너무 어려워 유학 생활을 포기하고 싶었던 적이 많았는데, 나의 따스한 마음으로 한국에 대한 사랑이 더 커졌다고 말했다. 낯선 곳에서 찾아온 외로운 이방인이 비로소 그 고장을 사랑하기까지는 따스한 환대의 미소가 절실히 필요하다. 나 또한 대학원에 갈 때 전공을 바꾸었기 때문에 '다른 과에서 온 사람'이라는 이방인의 고통을 너무나 잘 알고 있었다. 같은 한국인이라도 은근히 나를 이방인 취급하던 사람들의 싸늘한 눈초리를 잊을 수 없었다. 같은 학교인데도 다른 건물에서 왔다는 이유만으로도 차별을 받았는데, 다른 나라에서 온 사람들은 어떻겠는가. '텃세'라는 것은 우정과 환대를 가로막는 가장 흔한 장애물이고 가장 치명적 방해물이다.

나에게 환대의 아름다움을 가르쳐준 작품은 영화 〈르 아브르〉와 온잘리 Q. 라우프의 소설 《교실 뒤의 소년》이다. 르 아브르는 프랑스 서부의 항구도시다. 주인공 마르셀은 젊은 시절에는 보헤미안처럼 자유롭게 떠돌아다니다가 사랑하는 아내와 함께 이곳에 정착해 소박하지만 행복하게 살아가고 있다. 그러던 어느 날 아프리카에서 온 불법 난민 소년 이드리사가 마르셀의 일상으로 스며든다. 처음에는 이드리사를 잠깐 숨겨주려 했지만, 오히려 아내가 병으로 쓰러지는 어려운 상황에 놓이자 이드리사를 더욱 극진히 보살피게 된다. 이드리사를 추적하는 경감 모네가 호시탐탐 기회를 노리고 있고, 마르셀은 두 가지 길밖에 없다는 것을 깨닫는다. 이드리사를 신고하거나 아니면 이 아이가 진정으로 원하는 곳에 갈 수 있도록 도와주거나. 신고하거나 도와주거나, 버리거나 품거나, 추방하거나 환대하거나, 그 두 가지 길밖에 없다. 돌이켜 보면 우리가 사람을 맞이하는 방법도 결국은 그 두 가지 길뿐이 아닌가. 두 팔 벌려 환영하거나 아니면 냉대하거나.

이웃들도 점차 이드리사의 비밀을 알게 되고, 마르셀에게 걱정스러운 눈길을 보내거나 경찰에 신고해야 하는 것이 아닌지 망설이기도 한다. 하지만 난민이라는 것을 잠시 잊고 보면 이 낯선 소년의 진가가 보인다. 이 소년이 오랫동안 외로움에 몸부림쳤다는 것, 가족마저 잃고 쓰라린 상실감 속에 아파해왔다는 것, 그리고 너무나도 사랑스럽고 천진무구하며 간절히 어른들의 사랑을 갈구하는 존재라는 것. 그것이야말로 이드리사가 난민이라는 것보다 아프리카에서 왔다는 것보다 더 중요한 사실이었다.

처음에는 연민과 두려움으로 시작되었던 관계가 점차 환대와 우정으로 바뀌는 과정을 〈르 아브르〉는 그린다. 어느새 마르셸 혼자가 아니라 마을 사람들 모두가 처음부터 약속이라도 한 듯이 이드리사를 철저히 숨겨주고, 마침내 이드리사가 무사히 원하는 곳으로 갈 수 있도록 탈출을 돕기까지의 과정이 눈부시게 펼쳐진다. 영화 속 등장인물들은 제각기 '삶에서 가장 중요한 것은 환대'라고 외치는 듯하다. 영화가 끝나고 나서야 우리는 깨닫는다. 나도 이방인이고 약자라는 것을, 마르셸도 젊은 시절에는 난민과 다름없었다는 것을, 이방인에 대한 환대는 나 자신을 긍정하고 사랑하는 일이라는 것을.

《교실 뒤의 소년》은 외국인 친구를 사귀어본 사람이라면 누구나 공감할 수 있는 따스한 이야기를 들려준다. 아흐메트라는 낯선 아이가 전학 온 뒤로 수많은 소문이 돌기 시작한다. 밑도 끝도 없이 아흐메트가 위험한 아이라는 소문이 나고, 아무런 근거도 없이 아흐메트가 위험한 전염병을 앓고 있다는 소문이 나기도 한다. 전쟁터에서 간신히 빠져나온 아흐메트를 동정하는 사람도 있다. 그들은 뉴스에서 본 전쟁터의 모습은 참혹했다며, 아흐메트를 가엾고 안쓰러운 아이로 바라본다. 하지만 아무런 이유 없이 아흐메트를 싫어하는 사람들이 더 많다. 아무런 근거 없이 자신을 귀찮은 존재, 잠재적 범죄자로 취급하는 사람들의 냉정한 시선이 아흐메트의 가슴을 찌른다.

세간의 소문이 어떻든, 너무도 착하고 사랑스러운 아흐메트와 친구가 된 아이들은 아흐메트가 어떻게든 가족을 찾을 수 있도록 온 힘을 다해 돕기로 한다. 아이들의 따스한 마음속에 숨겨진 선의와 우정을 향한 간절한 열망은 차가운 어른들의 마음마저 움직인다. 마침내 아흐메트가 가족을 찾을 수 있도록 도우며, 아이들은 나 자신에게 세상을 바꾸는 힘이 있음을 깨닫게 된다. 아이들은 기특하게도 영국 여왕에게 편지를 써서 아흐메트가 부디 잃어버린 부모를 찾을 수 있도록 간절히 호소했던 것이다. 어른들은 '우리 영국'이 '난민들'에게 위협받는 것처럼 말하지만, 아이들은 아흐메트가 그들과 똑같은 아홉 살 아이일 뿐임을 알고 있었다. 아이들은 아흐메트가 '난민'이기에 앞서 '어린이'이고 '친구'라는 것, 그리고 우리 모두 다 같은 '사람'이라는 것을 깨달은 것이다.

아이들의 따스한 환대가 아흐메트의 닫힌 마음을 열고, 마침내 아이들의 우정과 용기가 결코 바뀌지 않을 것 같은 세상을 바꾼다. 우정의 힘은 이토록 세다. 환대의 힘은 이토록 강하다.

앤과 다이애나, 그리고 황광수

세상 무서울 것이 없는 우정

친구란 무엇인가?
두 개의 몸에 깃든 하나의 영혼이다.

아리스토텔레스

사랑보다 지키기 어려운 우정

오랜만에 아주 오래 그리워하던 친구를 만난 날이었다. 나는 이 친구를 중학교 시절부터 좋아했는데 마흔이 넘어서야 고백했다. 너랑 친구가 되고 싶었다고. 낯간지럽고 부끄럽지만, 마치 가슴 떨리는 첫사랑을 고백하는 심정으로 나는 '첫 우정'을 고백하고 있었다. 그제야 깨달았다. 첫사랑만큼이나 첫 우정도 소중하다는 것을. 그 우정이 짝사랑에 가까운 감정이라 나는 그것이 첫 우정임을 깨닫지 못하고 있었다. 나는 사랑을 지키는 것보다 우정을 지키는 것이 더 어려운 사람이었다. 사랑하는 마음은 본능적으로 열심히 지키게 되는데, 우정은 아차 하는 눈 깜짝할 사이 나도 모르게 멀어질 수 있기 때문이다. 그래서 몰랐다. 사랑처럼

280

우정 또한 '쟁취'해야 한다는 것을.

사랑을 쟁취하는 것은 수많은 소설이나 드라마의 영원한 테마지만, 우정을 애써 쟁취하는 것은 나에게도 여전히 낯선 일이다. 그러나 인생을 돌이켜보니 좋은 친구들과의 만남 속에는 항상 눈물겨운 노력과 안간힘이 깃들어 있었다. 우리는 서로를 지키기 위해 무던히도 애를 썼고, 잠시라도 그 긴장감을 놓치는 순간 우정은 손바닥을 빠져나가는 모래알처럼 사라져버렸다.

우정은 무엇보다도 '용기'가 필요한 일이었다. 때로 수줍고 때로 새치름한 상대방에게 먼저 다가가서, 내 친구가 되어달라고 말할 용기. 그것이 너무 어색하다면, 우리 같이 떡볶이를 먹으러 가지 않을래, 하고 자연스럽게 말을 걸 용기. 나에겐 그것이 부족했다. 다행히도 나이가 드니 조금 용감해져서 친구에게 이렇게 말할 수 있게 되었다. "친구야, 너를 보면 나는 아직도 떨려. 너에게 다가가고 싶었는데, 다가갈 용기가 없었어." '친구가 되고 싶었다'라는 말을 직접적으로 하진 못하고 '친구가 될 용기가 없었다'라는 고백을 할 용기는 생긴 것이다. 친구는 안개꽃처럼 희미하게 웃으며 말했다. "너는 햇살 같은 아이였어. 어릴 적 일기장에 사람들이 다 널 좋아한다고, 부럽다고 쓰기도 했는걸." 난 나를 어둡고 슬픈 아이라고 생각했는데, 그 친구는 나를 햇살같이 환한 미소로 바라봐준 것이다.

우리는 이렇게 서로를 잘 몰랐지만, 서로의 가장 환한 잠재력을 간파하는 맑은 눈을 지니고 있었다. 친구는 전교 1등을 밥 먹듯이 하고 전국 백일장을 휩쓰는 천재 소녀였지만, 늘 외롭고 서글픈 뒷모습을 감추지 못했다. 사람들은 그녀의 재능을 칭찬하고 질투했지만, 나는 그녀의 외로움과 슬픔마저도 사랑하고 싶었다. 나는 그 친구의 외로움과 서글픔의 동굴 속으로 숨죽인 채 조용히 들어가서, 가만히 그 아픔을 어루만지고 싶었다. 그 친구가 방해받지 않도록, 내가 곁에 있다는 것을 의식조차 하지 못한 채로 어디선가 따스한 기운이 그녀를 감싸는 느낌이 들기만을 바랐다.

이제야 아주 조금이나마 그 친구의 어깨를 토닥이는 용기가 생겨서 얼마나 다행스러운지. 조금 더 일찍 그 친구의 손을 잡아줄 수 있었다면, 얼마나 좋았을까. 하지만 이제는 부족한 내 용기를 탓하기보다는, 매일 1밀리미터씩이라도 자라나는 내 용기를 응원하고 싶어진다. 사랑이 부족해도 괜찮아, 사랑한다는 것이 중요한 거야. 아주 용감한 우정이 아니어도 괜찮아, 우정을 지켜낸다는 것이 중요한 거야. 그렇게 나를 응원하고 싶어진다.

내가 더 많이 사랑해도 내 사랑은 결코 줄지 않는다. 내가 더 많이 그리워하고, 내가 더 많이 아껴줄 때마다, 내 사랑은 오히려 커지고 강인해지며 풍요로워진다. 어떤 사람에게는 아무리 짝사랑을 퍼부어도 그 사랑이 아깝지 않다. 그가 나를 좋아하는 것보다 내가 그를 더 많이 좋아하는 것을 들켜도 괜찮다. 더 많이 기울어져버린 그 사랑, 그 우정, 그 기우뚱함이 전혀 안타깝지 않다. 그 친구를 통해 나는 '기울어진 우정'의 아름다움을 깨달았다.

진정한 우정을 향한 지름길

팬데믹 시대 이후, 나는 친구의 소중함을 더욱 절실히 깨달았다. 어딜 가나 거리두기를 강조하는 사회 분위기에 익숙해지다 보니 '친밀한 존재'를 향한 그리움이 더 커졌기 때문이다. 루시 모드 몽고메리의 《빨강머리 앤》 속 다이애나와 앤처럼, 서로를 향해 무한한 믿음과 열정을 아무리 쏟아부어도 아깝지 않은 진실한 우정은 얼마나 얻기 어려운 것일까. 앤과 다이애나는 한동네에 살며 거의 매일 만나면서도 서로에게 눈물겨운 애틋함을 담아 편지를 쓰고, 한밤중에도 맹렬하게 촛불을 깜빡이며 서로의 창문을 향해 신호를 보낸다. 서로를 무조건적으로 칭찬하고 응원할 뿐, 절대로 '너는 가졌는데 나는 못 가진 것' 때문에 질투하지 않는다. 이런 우정만 있다면 세상에 무서울 것이 없을 것 같다.

질투심으로부터의 자유. 그것이야말로 진정한 우정을 향한 지름길이다. 부러우면 지는 거라고 하지만, 부러움을 부러움 그대로 놓아두고 더 이상 질투심이나 패배감으로 발전시키지 않는 것이야말로 친구를 사귀는 비결이다. 나는 친구 S의 글쓰기 능력이 너무 부러웠을 때, 미친 듯이 질투심이 불타올랐지만 나 자신을 이렇게 달랬다. "그 친구의 글쓰기는 너무 아름답잖아. 아름다운 존재는 보호받을 권리가 있어. 내 친구의 재능을 나의 질투로부터 보호해주자. 나는 그 친구로부터 다만 배우고 또 배우면 되는 거야. 감동할 권리야말로 재능이 주는 눈부신 기쁨이니까." 스스로 이렇게 토닥이니, 놀랍게도 효과가 있었다. 이제는 S의 재능이 그저 부럽기만 한 것이 아니라 마치 오랫동안 소중히 보호해야 할 천연기념물이나 문화유산처럼 느껴진다.

나 또한 친구를 질투하지 않고 친구의 뛰어난 관찰력과 풍부한 감수성을 배우려고 노력하니, 조금은 성장한 느낌이었다. 친구를 질투하는 대신 기회만 있으면 친구의 재능을 칭찬해주고 자랑하며 선전했다. 질투의 감정을 우정을 향한 갈망으로 승화하니, 친구를 향한 사랑이 훨씬 크고 깊어졌다. 영국의 성직자인 토머스 풀러는 말했다. "보이지 않는 곳에서 나를 좋게 말하는 사람이 진정한 친구다." 그 말을 듣는 순간 깨달았다. 나뿐 아니라 그 친구도 어디선가 나에 대해 '좋은 말'만 골라서 해주고 있었음을. S를 만났다는 사람들은 하나같이 "그 친구가 널 그렇게 칭찬하고 자랑하더라"라고 전해주었다. 우리는 질투라는 장애물을 극복함으로써 더 깊은 우정의 바다를 향해 나아갈 수 있었던 것이다.

《빨강머리 앤》에서 앤과 다이애나는 함께 가는 산책이나 소풍 같은 전형적 우정의 제스처를 소중히 여긴다. 함께 산책하기 좋은 사람, 함께 소풍 가고 싶은 사람, 그런 사람이 멋진 친구가 아닌가. 그런데 이들의 우정이 더욱 빛나는 시간은 '황당무계하고 어처구니없는 일을 함께 할 때'다. 앤이 친구들과 연극 놀이를 한다며 강물에 낡은 보트를 띄워 '죽은 오필리아'의 역할을 연기하다가 강물에 빠져 죽을 뻔한 에피소드, 앤이 다이애나를 초대해 딸기주스인 줄 알고 포도주를 잘못 먹었다가 다이애나 엄마에게 혼쭐이 난 에피소드. 이런 우스꽝스러우면서도 천진난만한 앤의 성격을 아무런 편견 없이 받아들이는 다이애나의 모습이 오랫동안 진한 감동을 준다. 내가 실수해도, 내게 나쁜 소문이 생겨도, 그 모든 실수와 소문 너머에 있는 내 진심과 순수를 알아주는 사람. 그가 진정한 친구가 아닐까.

인디언 속담에는 친구에 대한 아름다운 정의가 있다. 친구란 내 슬픔을 등에 짊어지고 가는 사람이라고. 나를 질투하지 않고 진심으로 내가 잘되기를 응원하는 친구, 수많은 실수와 미숙함과 나쁜 소문까지도 다 걷어내고 나의 진심을 바라봐주는 친구, 나아가 내 슬픔을 등에 짊어지고 가는 친구라니. 이런 친구가 단 한 명이라도 있다면 우리는 어떤 순간에도 용기를 낼 수 있지 않을까.

세대를 초월한 친구가 있다는 것

나에게도 그런 친구가 한 명 있었다. 나의 멘토이자 스승이신 황광수 선생님. 그는 나의 아버지보다 나이가 많았지만, 항상 나에게 무언가를 '배운다'라고 말씀하셨다. 자존감이 한없이 부족했던 나에게 "너의 글은 항상 나에게 새로운 영감을 불어넣는다"라고 칭찬해주셨다. 힘든 일이 생겨서 풀이 죽어 있을 때는 어떤 섣부른 충고도 하지 않고 그저 오래오래 집에 가는 길을 함께 걸어주셨으며, 따스한 밥과 맛있는 커피를 사주셨다. 다 읽을 수도 없을 정도로 두껍고 어려운 책들을 선물하며 "언젠간 네가 이 책을 다 읽게 될 거고, 이 책은 반드시 너에게 도움이 될 거야"라고 말씀해주셨다. 호메로스의 《오뒷세이아》, 마르셀 프루스트의 《잃어버린 시간을 찾아서》는 물론 오비디우스의 《변신 이야기》에 이르기까지, 그 모든 책은 내게 '내 소중한 벗 황광수 선생님'의 따스한 분신이었다. 선생님은 병마와 싸우다가 돌아가셨지만, 선생님의 분신인 그 책들은 '끝까지 내 곁을 떠나지 않는 다정한 벗'이 되어주었다.

선생님은 항상 내가 쓴 책의 첫 번째 독자였고, 첫 번째 비평가였으며, 무조건적 열성 팬이었다. 나보다 서른두 살이나 많은 눈부신 은발의 친구, 황광수 선생님은 내게 어느 한쪽이 세상을 떠나도 계속 이어지는 우정의 아름다움을 몸소 가르쳐주셨다. "여울아, 네가 있어서 참 좋구나." "문병은 오지 말거라. 너와 함께 공저로 쓸 책을 생각하며 항암 치료의 고통을 견뎌볼게. 너와 책을 낼 수 있다는 게 내 마지막 희망이야." 선생님의 그 따스한 속삭임이 있었기에, 나는 선생님이 세상을 떠나신 뒤에도 우리의 공저 《마지막 왈츠》를 쓸 수 있었다. '이제 선생님이 안 계신데 어떻게 공저를 쓰지?'라는 의심이 들 때마다, 나는 선생님의 유고를 매만지며 나를 채찍질했다. '선생님은 여기 계시잖아, 선생님의 글 속에 선생님이 웃고 계시잖아'라며 나를 응원했다. 단 한 번도 질책하지 않고, 단 한 번도 오해하지 않고, 오직 끝없는 이해와 공감만을 내게 선물해주신 황광수 선생님이야말로 나의 변함없는 소울메이트다.

선생님을 처음 만났을 때 나는 그를 '너무나 존경스럽지만 나에겐 머나먼 존재'로만 바라보았다. 나에게 나이차가 서른 살이 넘는 베스트 프렌드가 생길 거라고는 꿈에도 생각하지 못했다. 하지만 선생님은 외롭고 지친 나에게 먼저 손을 내밀어주셨고, 그 따스한 손길은 일회적 연민의 제스처가 아니라 끝없는 우정과 공감의 시작이었다. 도저히 불가능할 것이라 믿었던 곳에서 우정이 피어나는 순간, 우리 삶은 새롭게 시작된다. 성별, 나이, 학교, 고향, 그 모든 것에 공통점이 하나도 없는 우리 두 사람은 '문학을 사랑하는 사람'이라는 유일한 공통점을 가지고 있었다. 우리가 친구가 되기 위해서는 그 하나의 연결고리만으로 충분했다. 선생님은 70대의 나이에도 언제나 푸르른 문학청년의 모습으로 내게 평생 기억될 것이다. 너무 많이 달라 보이는 우리가 참 많이 닮았다는 것을 알아채는 순간, 우리는 친구의 소중함을 깨닫는다.

어린 왕자가 지구를 떠날 때 조종사에게 말했다. 밤하늘의 별을 보면, 이제 내가 웃고 있을 거라고. 아저씨는 이제 웃을 줄 아는 별을 갖게 된 거라고. 나 또한 어린 왕자의 조종사처럼 밤하늘의 별을 바라보며 나는 내 '은발의 어린 왕자' 황광수 선생님을 떠올릴 것이다. 우리 부디 서로에게 좋은 친구가 되어, 아무리 아프고 외로울 때도 서로의 손을 꼭 붙든 채 이 험난한 인생길을 헤쳐갈 수 있기를. 당신이 가족에게도 연인에게도 전화할 수 없을 때 가장 먼저 떠오르는 그리운 얼굴, 그가 당신의 베스트 프렌드일 것이니.

우리 세 자매

쏟아지는 별들을
함께 바라볼 사람

나에게는 눈에 넣어도 아프지 않을 여동생들이 있다. 아니, 눈에 넣기도 전에 이미 눈물부터 날 것만 같은 애틋한 여동생들이 있다고 해야 할 것 같다. 나의 자매 사랑은 지나쳐서 남들은 "친자매를 그렇게 유난스레 사랑하는 사람은 처음 봤다"라며 혀를 끌끌 찬다. 우리는 걸핏하면 카카오톡 메시지를 주고받거나 전화 통화를 하면서 힘든 일, 아픈 일, 잊지 못할 일, 소소한 일 들을 나눈다. 그런데 셋이서 이야기를 나누다 보면 뜻밖에도 서로 보살피지 못했던 마음의 상처를 만난다. 얼마 전에는 둘째가 불쑥 이런 이야기를 꺼냈다.

"언니, 막내 교통사고 났던 거 기억나? 오토바이에 치여서 병원에 실려 가느라 학교도 못 갔잖아. 막내가 오토바이에 치인 걸

288

아무도 모르고, 애가 왜 안 오나 애태우고 있는데, 병원에서 전화가 왔잖아."

"뭐라고? 왜 나는 모르지? 어떻게 내가 모를 수가 있지?"

"엄마가 이야기 안 했구나? 언니는 야간자율학습을 하느라 매일 늦게 오니, 언니가 걱정할까 봐 말을 안 했나 봐."

"그래도 나한테 이야기했어야지. 다들 너무해. 내가 너무 미안하잖아. 어린 것이 얼마나 아팠을까. 얼마나 무서웠을까."

막내는 털털하게 웃으며 괜찮다고 한다. 막내는 예민하고 까다로운 두 언니의 눈치를 보며 자라서 그런지, 무엇이든 일단 괜찮다고 한다. 어설픈 연기력으로 괜찮지 않은 것이 빤히 보이는 나와 달리, 막내가 "정말 괜찮다"라고 하면 사람들은 깜빡 속아 넘어갔다. 힘들 때도 아플 때도 언제나 괜찮다고, 이 정도쯤은 아무것도 아니라고 이야기하는 막냇동생. 막냇동생은 나보다 훨씬 어른스러운, 인생의 선배 같다. 영문도 모른 채 병원에서 혼자 바들바들 떨면서 아픔을 참았을 어린 소녀, 내 막냇동생의 내면아이를 상상만 해도 가슴이 저렸다. 엄마 아빠도 언니들도 오지 않는 병원에서 혼자 떨었을 막내를 생각하면, 지금도 등골이 서늘하다.

"막내야, 이제 무슨 일 있으면 언니들한테 꼭 이야기해. 이야기만 하더라도, 걱정의 절반은 해결되잖아."

"막내는 속이 깊어서 힘든 일을 잘 이야기 안 하잖아."

"둘째 너도 그렇지. 넌 아기 때부터 아무리 아프거나 배가 고파도 말을 안 해서, 어른들이 네가 무슨 생각을 하는지 도통 몰랐대. 친척 집에 며칠만 보내면, 너는 꼬챙이처럼 빼빼 말라서 돌아왔잖아. 배고프다는 이야기를 안 해서, 먹을 걸 달라는 이야기를 안 하니까, 어른들은 네가 입이 짧은 줄 알았겠지."

"내가 그랬어? 아, 배고프다고 말하는 것이 쑥스러웠나 봐. 지금도 남에게 뭔가를 요구하는 것 자체가 나는 힘이 들어."

"이제는 아플 땐 아프다고 말해. 슬플 땐 슬프다고, 힘들 땐 힘들다고 이야기할 수 있다는 것만으로도 우리는 서로에게 도움이 될 수 있어. 감정을 표현한다는 것은 감정을 소중히 여길 줄 안다는 뜻이거든. 네가 느끼는 모든 감정은 소중한 거야. 이상하다는 이유로, 남에게 보이기 창피하다는 이유로 네 감정을 짓밟아버리지 말고. 너의 감정을 꼬깃꼬깃 숨겨놓은 그 커다란 이야기보따리를 좀 풀어놓아 봐."

"하하, 요새 작은언니 얼마나 수다스러운데. 큰언니한텐 다 말 안 해도, 나한텐 다 말해. 저번엔 이런 이야기도 했어. 큰언니가 어릴 때는 엄청 까칠하고 얄미웠는데, 요새는 철이 들었는지 많이 착하고 너그러워졌다고 하더라."

"정말? 또 둘이서 나를 따돌렸구나! 맨날 둘이서만 속닥거리더니! 나만 빼고 둘이 신났구나!"

그렇게 이런저런 농담을 섞어 이야기를 나누다 보면 뜻밖에도 아름다운 발견의 시간이 있다. 어린 시절 이야기를 함께 나눌 사람이 있다는 것은 우리 안의 '그림자아이'와 '햇빛아이'를 동시에 돌보는 일이기도 하다. 우리가 미처 보살피지 못했던 서로의 내면아이에 관해 이야기를 나누다 보면, 가장 아팠던 내면아이의 그림자뿐 아니라 우리가 가장 환하게 빛나던 순간의 햇빛아이도 만나게 된다.

"언니, 기억나? 우리 어릴 때 시골길에서 밤하늘의 별 바라보던 날. 갑자기 언니가 밤하늘에 별이 너무 아름답다고, 이건 그냥 서서 보면 안 되고 꼭 누워서 봐야 한다고 했잖아. 그래서 우리 세 자매가 다 시골길 바닥에 누워서 밤하늘을 봤잖아."

"내가 그랬어?"

"응, 우리 그땐 언니 말 잘 들었잖아. 언니가 길바닥에 드러눕자고 했는데, 아무도 투덜거리지 않고 그냥 다 길바닥에 누웠잖아. 그때 참 좋았어. 아무 말 없이 한참을, 반짝반짝 빛나는 시골 밤하늘의 별을 바라만 봤는데. 바라만 봐도 참 좋았어. 그때 언니 짱 멋있었는데. 초등학교 6학년짜리가 뭘 안다고, 동생들한테 시골길 바닥에 드러눕자고 해. 어이없지만 참 멋있었어, 언니."

이제야 기억이 났다. 내가 바라보고 있던 것은 밤하늘의 별이었는데 지금 생각해보니 그건 단지 밤하늘의 별이 아니라 우리들의 천진무구한 어린 시절, 그 자체였다. 때로 우당탕 싸우기도 하고, 때로 서로 다시는 안 보겠다며 별것도 아닌 일로 삐치기도 했지만, 몇 시간만 지나면 누가 언제 그랬냐는 듯이, 배시시 웃으며 서로에게 엉겨 붙던 우리들의 짠하고 정겨운 나날들. 고무줄놀이도 공기놀이도 못하는 내가, '얼음땡'이나 '무궁화 꽃이 피었습니다'를 할 때도 술래에서 벗어나지 못했던 내가, 그래도 밝고 환하게 자랄 수 있었던 것은 내 착한 동생들 덕분이었다. 나와 놀아주고, 나와 울어주고, 그냥 내 곁에 하염없이 같이 있던 내 동생들.

그 시골길의 밤하늘은 우리의 눈물과 미소로 마음껏 색칠할 수 있었던 거대한 캔버스이기도 했다. 가끔 내 마음속에 욕심의 씨앗이 자리 잡을 때, 너무 많은 일로 동생들과 잠깐 수다를 떨 시간조차 없을 때, 그때 나는 그 시골길의 밤하늘을 생각한다. 열세 살, 열두 살, 여섯 살이었던 세 자매가 시골길에 드러누웠던 그때, 자갈도 모래도 개의치 않고 그저 밤하늘에서 보석처럼 화르르 쏟아지던 별들을 바라보느라 시간 가는 줄 몰랐던 그때, 우리가 잃어버린 찬란한 내면아이의 잠재력은 바로 그때 그 장소에 있었다.

소중한 사람들과 잃어버린 옛 시절의 추억을 안주 삼아 도란도란 끝없이 수다를 나누는 것. 그것은 고고학자가 흙이 가득 묻은 고대 유물을 세상에서 가장 부드러운 붓질로 살살 털어내는 듯 가슴을 떨리게 한다. 우리 가슴속에서 밤마다 우는 내면아이의 상처를 보살피는 따스한 눈길, 그리고 서로의 잃어버린 내면아이를 꼭 안아주고 토닥일 수 있는 다정한 마음이야말로 내면아이의 찬란한 빛을 찾는 간절한 무기가 될 수 있다. 피아니스트가 되고 싶었고, 소아과 의사도 되고 싶었고, 그러나 아무것도 되지 못해도 그저 좋았던 우리의 어린 시절을 떠올린다. 무언가가 되어야만 하기에, 무언가를 꼭 이루어내야만 하기에 너무 괴로운 어른들과 달랐다. 우리의 내면아이는 아무것도 되지 않아도, 함께 까르르 웃으며 밤하늘을 바라볼 수 있다는 것만으로도 숨넘어가게 행복했다.

인어 공주

상처의 틈새로
쏟아지는
햇살의 온기

인어 공주는 그토록 아름다운 춤을 추어본 적이 없었다. 날카로운 칼날이 두 발을 베는 듯 고통스러웠지만 그런 것쯤은 아무것도 아니었다. 마음이 그보다 더 아팠기 때문이다.

한스 크리스티안 안데르센, 《인어 공주》에서

어떤 동화는 어른이 되어 읽었을 때 더욱 눈부신 감동으로 다가온다. 《인어 공주》는 사랑의 아픔을 온몸으로 체험한 어른의 눈으로 보았을 때 더욱 아름답고, 《피터 팬》은 악당 후크 선장도 결국 한 명의 나약한 어른일 뿐이었다는 것을 알게 된 어른의 눈으로 읽었을 때 더욱 크고 뜨겁게 다가온다. 왕자를 죽여야 내가 살 수 있다는 것을 알면서도, 왕자를 죽이지 않으면 내가 물거품이 될 것을 알면서도, 결코 왕자를 죽일 수 없는 인어 공주의 마음은 온갖 사랑의 산전수전을 겪어본 어른들의 마음속에 더 깊은 파문을 일으킨다. 피터 팬을 괜스레 괴롭히는 것처럼 보이지만 사실 피터 팬의 눈부신 젊음과 해맑은 순수를 질투하는 후크 선장의 마음을 이해한 뒤, 《피터 팬》을 디즈니판 동화가 아니라 제임

294

스 매튜 배리의 원작으로 읽으면 훨씬 감동적이다. 이렇듯 이야기의 감동은 나이가 들수록 풍요로운 울림으로 내면에 다가온다.

한스 크리스티안 안데르센의《인어 공주》원작을 읽어보면 인어 공주가 인간이 되고 싶었던 것이 단지 한 남자를 향한 사랑 때문만은 아니었음을 알 수 있다. 인어 공주는 어린 시절부터 인간 세계를 동경했다. 배가 침몰하면서 바다 밑으로 내려온, 눈처럼 흰 돌로 조각된 아름다운 소년의 조각상을 아끼는 인어 공주. 인어 공주는 할머니에게 '인간 세상의 이야기'를 들려달라고 조르며 어린 시절을 보낸다. 커다란 배와 화려한 도시, 하늘을 나는 새, 향기를 피우는 꽃, 그리고 인어와 달리 꼬리와 지느러미가 아닌 다리로 움직이는 인간에 대한 무한한 호기심.

할머니는 인어 공주에게 열다섯 살이 되면 통과의례를 거칠 것이라고 알려준다. "인어가 열다섯 살이 되면 마침내 바다 위로 나갈 기회가 주어진단다. 달빛이 어리는 바위에 앉아, 인간을 태우고 지나가는 커다란 배를 볼 수도 있단다." 여기에 결정적 이야기를 더한다. 인어는 무려 300년 동안 아무 걱정 없이 평화롭게 바닷속에서 살 수 있다고. 그에 반해 인간은 길어야 100년 정도밖에 못 살면서 온갖 걱정과 시름에 시달려야 한다고. 하지만 인어에게는 없고 인간에게는 있는 것, 그것이 '불멸의 영혼'이라고. 불멸의 영혼이라는 말에 인어 공주의 귀가 번쩍 뜨인다.

"인어에게는 불멸의 영혼이 없기에 영원한 생명을 얻지 못하지. 인간은 죽어서 흙으로 돌아간 뒤에도 영원불멸의 영혼을 지니게 된단다." 할머니의 이야기를 듣자 인어 공주는 불멸의 영혼이야말로 자신이 진정으로 얻고 싶어 하는 그 무엇임을 깨닫는다. "우리에겐 왜 불멸의 영혼이 허락되지 않나요? 단 하루만이라도 인간이 되어 저 하늘의 별 너머 찬란한 세계로 갈 수만 있다면, 내 목숨을 내주어도 아깝지 않을 텐데." 인간 세상을 잠깐 구경하지만, 역시 바닷속이 제일 아름답고 편하다고 생각하며 현실에 안주하는 언니들과는 달리, 인어 공주는 목숨을 걸고 인간이 되려고 한다.

가질 수 없는 대상인 지상의 왕자와 사랑에 빠지는 순간, 인어 공주는 이미 '인간의 영혼'을 닮아가기 시작한다. 가질 수 없는 것을 꿈꾸고, 닿을 수 없는 것을 열망하고, 사랑해선 안 되는 사람을 사랑하는 것. 넘을 수 없는 경계 너머를 꿈꾸는 것이야말로 인간이 지닌 가장 아름답고도 위험한 본능이니까. 인어 공주가 왕자와 사랑에 빠지는 순간, 아니 인어 공주가 왕자에게 일방적으로 사랑을 느낀 순간, 인간 세계와 인어 세계를 가르는 육중한 경계선은 이미 흔들리기 시작한다.

왕자는 바다에 빠져 목숨을 잃을 위기에 처하고, 인어 공주는 이미 산산조각이 난 거대한 배의 파편에 부딪혀 죽을 수도 있는 상황에서 용감하게, 그야말로 목숨을 걸고 천신만고 끝에 왕자를 구한다. 인어 공주는 자신의 마음 깊은 곳에 숨어 있는 이상형의 이미지를 왕자에게 투사한다. 어딘가에 있을 나의 간절한 반쪽을 찾는 인어 공주의 마음은 바다와 육지의 경계를 뚫고, 인간 세계와 인어 세계의 경계를 뛰어넘어, 마침내 '가능한 것과 불가능한 것'의 경계조차 뛰어넘는다. 더 높이 더 멀리 알 수 없는 곳으로 떠나고 싶은 인어 공주의 꿈은 마녀와의 계약이라는 무시무시한 장애물을 뛰어넘어야만 가능한 것이었다.

"날카로운 칼끝이 온몸을 찌르는 것처럼 고통스러울 거야. 하지만 사람들은 네 아름다운 자태를 보고 다들 넋이 나가버릴 테지. 너는 매 순간 걸음을 옮길 때마다 날카로운 칼날 위를 걷는 듯한 고통을 참아내야 해. 그래도 정말 괜찮다면 내가 널 돕겠다." 이런 무시무시한 협박을 들은 인어 공주의 단호한 결심은 충격적이다. "괜찮아요. 어떤 고통도 참아내겠어요." 인어 공주는 고통을 견뎌내고 인간이 된다. 왕자의 사랑과 불멸의 영혼을 얻기 위해. 하지만 왕자가 이름을 물을 때, 어디서 왔는지를 물을 때 혀를 잃어버린 인어 공주는 말을 할 수 없다. 인간의 다리를 얻은 대신 주체적으로 자신을 표현할 수 있는 능력을 잃어버린 것이다. 인어 공주는 발이 바닥에 닿을 때마다 날카로운 칼날 위를 맨발로 걷는 고통을 느끼지만, 오히려 왕자를 기쁘게 해주기 위해 더욱 아름답게 춤을 춘다. 왕자와의 사랑을 위해, 불멸의 영혼을 얻기 위해 인어 공주는 모든 것을 걸었다.

그러나 결국 왕자는 이웃 나라의 공주를 '자신을 구해준 사람'으로 착각하고 결혼을 하고, 인어 공주는 마침내 영원히 물거품이 되어 바다를 떠돌 위험에 처한다. 언니들은 인어 공주를 구하기 위해 마녀에게 머리카락을 팔아 마법의 칼을 얻어온다. 이 칼로 왕자의 심장을 찌르면 인어 공주는 다시 살아날 수 있다며, 언니들은 인어 공주를 반드시 살려내려 한다. 인어 공주는 잠든 왕자의 아름다운 이마에 입을 맞추고, 왕자와 칼을 번갈아 바라보며 괴로워하다가 마침내 왕자의 잠꼬대 소리를 듣는다. 꿈속에서도 신부의 이름을 부르는 왕자의 모습을 보며, 칼을 든 인어 공주의 손은 부르르 떨린다. 하지만 인어 공주는 차마 왕자를 찌르지 못하고, 언니들이 준 칼을 바닷속으로 던져버린다.

인어 공주는 왕자와의 결혼뿐 아니라 인어는 결코 가질 수 없는 '불멸의 영혼'을 원했다. 하지만 결국 불멸의 영혼보다 더 아름다운 어떤 것을 얻은 것이 아닐까. 내가 이렇게 생각하는 데는 세 가지 이유가 있다.

첫째, 인어 공주는 신분은 물론 '인간'과 '인간 아닌 존재'의 경계마저도 뛰어넘는 불멸의 사랑을 했다.

둘째, 인어 공주는 극한의 고통 앞에서도 자신의 의지를 굽히지 않는 존재의 아름다움을 온몸으로 증언했다. 인어 공주는 인간의 다리를 얻기 위해 마녀에게 혀를 뽑히고, 그것도 모자라 걸음을 옮길 때마다 칼로 온몸을 찌르는 듯한 날카로운 고통을 느끼면서도 미소를 잃지 않는다. 왕자를 죽이면 자신이 살아날 수 있는데도, 다른 여자와 신혼 첫날밤을 보내고 행복한 표정으로 잠들어 있는 왕자의 심장을 차마 찌르지 못한다. 사람들은 '바보 같은 선택'이라고 비난할지라도, 인어 공주는 자신의 사랑을 부정할 수 없었던 것이다.

셋째, 인어 공주는 불멸의 영혼보다 더 소중하고 아름다운 '존재의 눈부신 용기'를 보여주었다. 현대인의 시선으로 본 인어 공주는 어쩌면 너무 미련하고 순진하며 사랑밖에 모르는 바보처럼 보일지도 모른다. 하지만 나는 여전히 인어 공주의 용기가 눈물겹다. 그녀는 운명에 순응하지 않고 운명보다 앞서 떨쳐 나아갔고 운명의 장애물 앞에서 결코 물러서지 않았다. 사랑 앞에서 한없이 계산하고 '혹시 내가 손해 보지 않을까' 하며 전전긍긍하는 문명인들과 달리, 인어 공주는 마지막까지 '어떻게 하면 그 사람이 행복할까'를 생각하고 자기 사랑의 아름다운 마지막을 신이나 마녀의 도움이 아닌 자신의 손으로 장식했다. 나는 인어 공주에게 존재의 눈부신 아름다움을 본다. 자신을 가로막는 수많은 경계를 뛰어넘어 모든 장애물을 해체하는 존재의 눈부신 아름다움을.

세상 모든 꽃을
잘라버릴 수는
있어도

Die
Sensibilitätklasse —————————————————————
für dich

후주

봄이 유난히 더디게 찾아오는 해가 있다. '벚꽃 없는 벚꽃 축제'라며 아직 피지 않은 벚꽃을 아쉬워하는 사람들이 많은 날이 있다. 몇 년간 개화 시기를 종합해 예측했는데도 봄꽃 축제 예정일이 모조리 틀릴 때가 있다. 과학의 힘으로 어쩔 수 없는 자연의 예측 불가능성이 우리를 당황스럽게 한다. 하지만 그 느리디 느린 봄꽃 소식이 오히려 기다림의 설렘을 간절하게 만든다. 오늘은 피었으려나, 내일쯤 꽃봉오리가 솟아오르려나. 희미하게 솟아오르는 꽃봉오리 하나하나의 기미가 더욱 애틋해진다. 하루하루가 기다림의 설렘으로 충만해진다.

물가는 천정부지로 치솟고 국내외 정치 상황은 불안하며 일자리는 늘어날 기미를 보이지 않는다. 언제쯤 이 땅의 젊은이들은 마음껏 사랑하고 일하고 타오를 기회도 없었던 자신의 숨은 열정을 불태울 수 있을까. 새하얀 튀밥처럼 조그맣게 꽃망울을 터뜨리는 꽃들의 소리 없는 아우성이 가슴을 먹먹하게 한다. 원래는 목련이 먼저 개화하고 벚꽃이 나중에 개화하기 마련인데, 봄이 워낙 늦게 오다 보니 목련과 벚꽃이 함께 개화하는 진풍경도 곳곳에서 보인다. 벚꽃이 만개한 내소사의 봄 풍경을 들뜬 마음으로 맞이하러 갔다가 만개는커녕 이제 막 목련이 개화하기 시작한 안타까운 풍경에 조금은 실망한 채 발길을 돌렸다. 가지들은 앙상하고 봄꽃은 아직 일주일쯤은 기다려야 '만개'라는 표현을 서슴없이 쓸 수 있을 것 같았다.

그렇게 쉽게 오지 않는 봄을 아쉬워하다가 이 문장을 만났다.

"세상 모든 꽃을 잘라버릴 수는 있어도 봄이 오는 것을 막을 수는 없다."

칠레의 시인 파블로 네루다의 문장이었다. 나는 비로소 이 '감 질나는 봄꽃의 기다림'이 나를 괴롭히기보다 성장하게 하고 있음을 깨달았다. 세상 모든 꽃을 잘라버리겠다는 무시무시한 폭력은 어디서 연원하는 것일까. 그것은 꽃을 기다리는 수많은 존재의 희망을 말살하는 것이다. 꽃을 그저 사랑하는 우리 인류뿐 아니라 꽃이 있어야만 봄을 맞이하고 꿀을 모을 수 있는 꿀벌들, 꽃이 피어야만 시작되는 지구의 봄을 멈추는 가공할 폭정이다.

네루다는 아마도 우리처럼 '언젠가 반드시 도래할 봄'을 기다 리며 갑갑하고 힘겨운 겨울을 견뎌냈을 것이다. 그는 칠레의 독 재정권과 싸우는 시인이자 정치가였으며, 그가 시의 언어로 노래 하는 희망과 저항의 씨앗이 칠레뿐 아니라 전 세계에 울려 퍼졌 다. 우리가 네루다를 사랑하는 것은 그가 단지 노벨문학상을 받 은 위대한 문학가이기 때문만이 아니라, 자신의 자유가 곧 칠레 민중의 자유가 되기를 꿈꾸었던 그의 끊임없는 투쟁과 저항의 몸 짓 때문이다. 세상 모든 꽃을 잘라버릴지도 모르는 이 세상 모든 권력과 독재의 힘에 맞서, 우리는 우리의 발걸음 하나하나가 봄 이 오는 소리가 되도록, 더 나은 세상을 향해 하루하루를 더 아름 답게 꽃피우는 작은 실천들을 멈추지 말아야 한다.

비로소 꽃들의 느린 발걸음이 내게 더욱 커다란 영감을 주는 이유를 알 것 같다. 꽃이 우리에게 찾아오는 매 순간을 축복처럼 느끼라는 것. 바로 그런 자연의 발칙한 암시를 느꼈기 때문이 아닐까. 그저 정해진 날짜대로, 인간이 아주 쉽게 예측할 수 있는 날짜에 봄이 왔다면, 우리는 봄의 소중함을 제대로 느끼지 못했을 것이다. 청년들이 마음껏 날갯짓할 수 있는 희망의 봄, 꿀벌들이 마음껏 설탕물이 아닌 진짜 꽃의 꿀을 만끽할 수 있는 자연의 봄, 사랑에 빠진 모든 인류가 자신의 사랑을 저주하거나 징벌하지 않고 사랑 자체에 깃든 축복을 남김없이 들이마실 수 있는 영혼의 봄. 나는 그런 봄을 기다린다. 국민의 입을 걸핏하면 틀어막는 가짜 민주주의가 판치는 세상이 아니라, 세상을 더 나은 쪽으로 바꾸려는 모든 사람이 자신의 의견을 마음껏 말할 수 있는 진정한 민주주의의 꽃이 만발하는 세상을 꿈꾼다.

우리의 봄은 아직 오지 않았지만, 분명히 오는 중임을 당신이 잊지 말았으면 좋겠다. 당신의 입을 틀어막는 권력에 맞서, 당신의 꽃을 꺾어버리려 했던 모든 억압에 맞서, 꽃보다 더 아름다운 당신의 영혼이 비로소 '나만의 눈부신 언어'를 찾아 수줍은 꽃봉오리를 활짝 터뜨릴 날을 꿈꾸며. 세상 모든 꽃을 꺾을 수 있을지라도, 이미 눈부신 미소를 지으며 우리에게 오고 있는 그 봄은 결코 막을 수 없을 것이기에.

도움받은 책

책을 펴내며

목수정, 《파리에서 만난 말들》, 생각정원, 2023

정여울, 《오직 나를 위한 미술관》, 이승원 사진, 웅진지식하우스, 2023

전주

정여울, 《공부할 권리》, 민음사, 2016

더 케어 컬렉티브, 《돌봄 선언》, 정소영 옮김, 니케북스, 2021

정여울, 《끝까지 쓰는 용기》, 이내 그림, 김영사, 2021

메리 셸리, 《프랑켄슈타인》, 1818

1부 개념과 낱말

안보윤 · 강보라 · 김병운 · 김인숙 · 신주희 · 지혜 · 김멜라, 《이효석문학상 수상작품 집 2023》, 북다, 2023

캐럴라인 냅, 《욕구들》, 정지인 옮김, 북하우스, 2021

리베카 솔닛, 《걷기의 인문학》, 김정아 옮김, 반비, 2017

베셀 반 데어 콜크, 《몸은 기억한다》, 제효영 옮김, 을유문화사, 2020

리베카 솔닛, 《남자들은 자꾸 나를 가르치려 든다》, 김명남 옮김, 창비, 2015

김훈, 《저만치 혼자서》, 문학동네, 2022

김현경, 《사람, 장소, 환대》, 문학과지성사, 2015

마크 C. 테일러, 《침묵을 보다》, 임상훈 옮김, 예문아카이브, 2022

벤 허친슨, 《미드라이프 마인드》, 김희상 옮김, 청미, 2023

파스칼 브뤼크네르, 《아직 오지 않은 날들을 위하여》, 이세진 옮김, 인플루엔셜, 2021

윌 슈발브, 《엄마와 함께한 마지막 북클럽》, 전행선 옮김, 21세기북스, 2012

낸시 콜리어, 《나는 왜 생각을 멈출 수 없을까?》, 정지현 옮김, 현암사, 2022

빅터 프랭클, 《의미를 향한 소리없는 절규》, 오승훈 옮김, 청아출판사, 2017

빅터 프랭클, 《빅터 프랭클의 죽음의 수용소에서》, 이시형 옮김, 청아출판사, 2020

윌 버킹엄, 《타인이라는 가능성》, 김하현 옮김, 어크로스, 2022
호메로스, 《오뒷세이아》
빅토르 위고, 《레 미제라블》, 1862
야마오 산세이, 《어제를 향해 걷다》, 최성현 옮김, 상추쌈, 2022

2부 장소와 사물

마르셀 프루스트, 《잃어버린 시간을 찾아서》, 1913~1927
단테 알리기에리, 《신곡》, c.1307~1321
이 푸 투안, 《공간과 장소》, 윤영호 · 김미선 옮김, 사이, 2020
이광수, 《무정》, 1917
보리스 파스테르나크, 《닥터 지바고》, 1957
가와바타 야스나리, 《설국》, 1948
레프 니콜라예비치 톨스토이, 《안나 카레니나》, 1877
프란츠 카프카, 《변신》, 1916
한스 크리스티안 안데르센, 《빨간 구두》, 1845
롤랑 바르트, 《사랑의 단상》, 김희영 옮김, 동문선, 2023
니콜라이 바실리예비치 고골, 《외투》, 1842
마크 트웨인, 《왕자와 거지》, 1881
일연, 《삼국유사》
윌리엄 셰익스피어, 《로미오와 줄리엣》, 1597

3부 인물과 캐릭터

버지니아 울프, 《자기만의 방》, 1929
수전 손택, 《해석에 반대한다》, 이민아 옮김, 이후, 2002
김훈, 《하얼빈》, 문학동네, 2022
데이비드 리코, 《우연의 힘The Power of Coincidence》, 삼발라, 2007
존 윌리엄스, 《스토너》, 김승욱 옮김, 알에이치코리아, 2015
F. 스콧 피츠제럴드, 《위대한 개츠비》, 1925

헤르만 헤세,《데미안》, 1919
그림형제,《라푼젤》, 1812
클레어 키건,《맡겨진 소녀》, 허진 옮김, 다산책방, 2023
김애란,〈좋은 이웃〉,《창작과 비평》 194호, 창비, 2021
조세희,《난장이가 쏘아올린 작은 공》, 이성과 힘, 2024
온잘리 Q. 라우프,《교실 뒤의 소년》, 김경연 옮김, 다봄, 2022
루시 모드 몽고메리,《빨강머리 앤》, 1908
황광수·정여울,《마지막 왈츠》, 크레타, 2021
한스 크리스티안 안데르센,《인어 공주》, 1837
제임스 매튜 배리,《피터 팬》, 1911

도움받은 미술작품·음악·영화·드라마

전주

루트비히 판 베토벤, 피아노 소나타 제8번 c단조 〈비창〉, 1798

라흐마니노프, 〈보칼리제〉 작품번호 34, 1912

자코모 푸치니, '별은 빛나고', 오페라 〈토스카〉 3막 아리아, 1900

1부 개념과 낱말

김은숙 극본, 안길호 연출, 〈더 글로리〉, 2022~2023

박해영 극본, 김석윤 연출, 〈나의 해방일지〉, 2022

그레타 거윅 감독, 〈바비〉, 2023

2부 장소와 사물

리처드 세라, 〈시간의 문제〉, 1994~2005

루이즈 부르주아, 〈마망〉, 1999

틴토레토, 〈은하수의 기원〉, c.1575

마이클 패트릭 킹 감독, 〈섹스 앤 더 시티〉, 2008

장 바티스트 카미유 코로, 〈푸른 옷을 입은 여인〉, 1874

안토니오 다 코레조, 〈주피터와 이오〉, c.1530

페테르 파울 루벤스, 〈머큐리와 아르고스〉, 1636~1638

3부 인물과 캐릭터

압바스 키아로스타미 감독, 〈내 친구의 집은 어디인가〉, 1996

아키 카우리스마키 감독, 〈르 아브르〉, 2011

노래는 끝났지만 멜로디는 남는다.

어빙 벌린